高等学校审计学专业系列教材

定价理论与策略

Pricing Theory and Strategy

李继玲　编著

WUHAN UNIVERSITY PRESS
武汉大学出版社

图书在版编目(CIP)数据

定价理论与策略/李继玲编著.—武汉：武汉大学出版社,2023.3
高等学校审计学专业系列教材
ISBN 978-7-307-23589-2

Ⅰ.定…　Ⅱ.李…　Ⅲ.定价决策—高等学校—教材　Ⅳ.F714.1

中国国家版本馆 CIP 数据核字(2023)第 019651 号

责任编辑:詹　蜜　　　责任校对:李孟潇　　　版式设计:马　佳

出版发行:**武汉大学出版社**　　(430072　武昌　珞珈山)
　　　　　(电子邮箱:cbs22@ whu.edu.cn　网址:www.wdp.com.cn)
印刷:武汉邮科印务有限公司
开本:720×1000　　1/16　　印张:18.5　　字数:340 千字　　插页:1
版次:2023 年 3 月第 1 版　　2023 年 3 月第 1 次印刷
ISBN 978-7-307-23589-2　　定价:58.00 元

目　录

第一章　价格基础理论

人类社会有了以货币为媒介的商品交换，就出现了价格。价格是人民日常经济活动中最常见的现象之一，它直接关系到各市场主体的经济利益。为了全面系统地掌握价格理论，并能在实际工作中正确灵活运用，首先要研究价格基础理论，价格特征、本质、职能、作用和构成，以便为价格学的学习奠定基础。

第一节　价格概述

一、价格的本质和特征

（一）价格的本质

价格是商品价值的货币表现，这就是价格的本质。价格的本质揭示了价格、价值、货币三者之间的关系。其中价值是价格的实体，是决定价格内在的因素；货币是度量价值的尺度，货币价值也直接影响价格；价格是度量出来的标志，是价值的表现形式。

（二）价格的特征

价格的特征是指价格本身所具有的特征和习性，它是由价格本质决定的。了解价格的特征，有助于我们全面认识价格问题，正确运用价格手段。

1. 同一性

价格同一性亦称代替法则、一物一价法则，指同一市场、同一时间、同一商品，只应有一个价格的规律，这里由英国经济学家杰文斯于1871年提出。按照西方经济学原理，在完全竞争的条件下，商品成交终会形成一个供求均衡的价格。因为存在一个以上的价格，其中必然会有买方或卖方处于非自愿的成交状况，讨价还价的过程必然进行下去，直至达到供求均衡点。对于同一商品，不论各个生产者、经营者的劳动耗费有何不同，决定价值的标准——社会必要劳动耗费只有一个，这种价值的同一性必然表现为价格的同一性。当然，价格的同一性并不排斥企业实行差别定价策略。

2. 运动性

价格的运动性指价格是运动和变化着的。市场交换活动中，买卖商品的价格时涨时跌、起伏不定、不断变化的过程就是价格运动。价格之所以有运动性，是因为价格形成的基础——价值，以及影响价格形成的因素，如货币价值、供求关系、财政税收、货币政策等是不断变化的。由于众多的因素从不同的角度直接或间接地影响价格，推动着价格运动，从而使价格成为市场经济条件下一个非常灵敏、易变的经济元素，并能综合反映整个国民经济的运行状况。

3. 相关性

价格的相关性指各种商品价格之间相互衔接、相互联系的特性。这是因为国民经济各部门、各地区、各环节的经济活动是紧密联系的，价格作为经济活动的连接者，相互之间必然也是紧密联系的。一个部门的商品价格变动往往引起相关部门商品价格的变动，一个地区商品价格的变动往往带动其他地区商品价格的变动，一个流通环节的价格变动往往促成其他流通环节价格的变动，这正是价格相关性带来的连锁反应。

4. 分配性

价格的分配性是指价格的变动使参与商品交换的各方的经济利益此消彼长。这是因为在商品经济条件下，经济利益的分配基本上是通过货币的分配来实现的，在国民收入总额既定的情况下，由于价格的变动，会使一些人在交换中少支付货币而买到较多的商品，而有些人卖出相同数量的商品却只获得较少的货币收入等。价格的变动虽然没有改变国民收入总量，却改变了国民收入在商品交换之间的分配结构，从而使交换各方的经济利益此增彼减。

📖 1-1 资料

马克思主义的价值价格理论及其发展

为了探寻人类社会与经济发展的客观规律，揭示资本主义的基本矛盾，阐明资本主义必将被社会主义、共产主义取代的学说，马克思批判地继承了威廉·配第、亚当·斯密和大卫·李嘉图等人的劳动价值说，建立了马克思主义的价值价格理论。马克思主义的价值价格理论可以归纳为以下三点：

1. 使用价值不是价格形成的基础

马克思(1867 年)认为，商品具有二重性，即价值与使用价值。商品是劳动创造的，劳动的二重性决定了商品的二重性，即抽象劳动创造价值，具体劳动创造使用价值。使用价值是商品的自然属性，因而它们的使用价值也不同。马克思对使用价值的研究结论主要有以下 10 个方面：

(1)使用价值是指物的有用性，其构成商品的实体，使用价值是永远存在的，它表现为社会财富，是社会财富的存在形式。

(2)使用价值是商品的自然属性，它表现了人与自然的关系，是人与自然物质变换的结果。

(3)水可以解渴，衣服可以御寒，不同的使用价值可以满足不同的需要，但是使用价值不能比较，即使使用价值没有质和量上的通约性。

(4)一物有多种用途，例如食品既可以满足"胃的需要"，也可以满足"幻想的需要"，发现使用价值是一个历史过程，从发现到使用也是一个历史过程。

(5)一种物品对不同的人有不同的使用价值，比如烟草对有的人有很大的使用价值，而对有的人却毫无使用价值。

(6)使用价值是价值的物质承担者，"没有一个物可以是价值而不是使用价值"，但是由于商品是一个历史的产物，"一个物可以是使用价值"，而不是价值。

(7)商品经济条件下，使用价值是对别人有用，生产者是为了他人生产使用价值，即"生产社会的使用价值"。

(8)商品的使用价值在具体劳动中形成，"在使用和消费中得到实现"。

(9)在交换过程中，"就使用价值来看，交换双方都能得到利益"。

(10)使用价值作为满足需要的手段，是与社会需要一同发展的，并且需要"依靠这些手段发展的"。

2. 价格是价值的货币表现

威廉·配第(1662 年)在《赋税论》中提出了自然价格、政治价格和市场价格的概念。亚当·斯密(1776 年)在《国民财富的性质和原因研究》中认为，"自然价格"是指商品的供给与需求恰好相等时会有的销售价格，"市场价格"指一时一地的供给和需求所决定的成交价格。市场价格通常环绕自然价格上下波动，并最终会趋向于自然价格一致。大卫·李嘉图

(1871 年)在《政治经济学及赋税原理》中认为，商品在市场上进行交换时实际价格或市场价格与它们的原始价格和自然价格仍然可以有偶然和暂时的背离。

马克思批判地继承和发展了以上理论，认为配第的"自然价格"实际上指价值。马克思对价值以及价值与价格的关系进行了深入的研究，其理论主要有：

(1)阐述了价值的质的规定性，指出"价值是凝结在商品中的一般人类劳动"，通过区分劳动与劳动力、抽象劳动与具体劳动、流动的劳动与凝结的劳动、不同生产关系下的劳动的概念，解决了价值实体是什么的问题。

(2)分析了价值量的规定性，指出同质的东西，即具有通约性的东西才能在量上进行比较，有了价值质的规定性才有价值量的多和少的问题。

(3)价值量的多少应该用"社会必要劳动时间"来衡量，社会必要劳动时间即是"在现有的社会正常的生产条件下，在社会平均的劳动熟练程度和平均劳动强度下，创造某种使用价值所需要的劳动时间"。

(4)价值看不见，摸不着，在一定的条件下才能表现出来，即价值只能借助价值形式在交换中表现出来；价格与价值是形式与内容，内在的基础与外在的表象的关系。

(5)价值形式的发展经历四个阶段，即简单价值形式、扩大的价值形式、一般价值形式和货币形式。

(6)交换价值是商品价值的表现形式，一个商品的使用价值通过另一个商品的使用价值表现出来，就是商品的交换价值；一个商品的价值通过货币表现出来，就是商品的价格。

3. 价格形成基础的历史演变

马克思主义认为，价格形成基础不是一成不变的，而是由社会生产力发展水平、竞争环境及与生产力发展水平相适应的分配关系决定的。因此在商品经济发展的不同阶段以及在不同的社会形态下，价格形成的直接基础并不完全相同。

(1)在物物交换的条件下，交换价值是由个别劳动价值决定的。

(2)在简单商品经济条件下，价格是由平均价值决定的。

(3)在资本主义初级阶段，价格是由市场价值决定的。

(4)在资本主义发达阶段，价格是由生产价格决定的。

(5)在垄断资本主义阶段，价格是由垄断价格决定的。

（6）在社会主义阶段，价格是由价值或其转化形态决定的。

资料来源：石榴红，王万山. 网络价格[M]. 西安：西安交通大学出版社，2011.

📋 1-2 资料

商品价值

商品价值，是凝结在商品中的无差别的人类劳动力（包括体力劳动和脑力劳动）。商品的基本因素之一。具有不同使用价值的商品之所以能按一定的比例相互交换，是因为它们之间存在着某种共同的可以比较的东西。这种共同的，可以比较的东西就是商品生产中的无差别的人类抽象劳动力。无差别的人类抽象劳动凝结在商品中，就形成了商品的价值。无差别的人类劳动量与生产该商品的社会必要劳动时间成正比，因而商品的价值是生产该商品的社会必要劳动时间决定的。

资料来源：王燕，扬彦华，毕鹏. 政治经济学原理[M]. 北京：清华大学出版社，2017.

📋 1-3 资料

几种价格理论

国际上影响较大的价格理论主要有劳动价值论、生产费用论、边际效用论和均衡价格论等。它们都认为商品具有价值，但对价值的本质却作了不同的阐述：

劳动价值论认为，商品是由劳动创造的，价值是商品的内在属性，从本质上看是人类抽象劳动的凝结，从量上看是由社会必要劳动时间决定的。

生产费用论认为，商品价值是由劳动、资本和土地三种生产要素在生产中各自所提供的生产性服务共同创造的，并分别获得相应收入，即工人得到工资，资本家得到利息，土地所有者得到地租，以作为自身耗费的补偿。这些收入构成生产费用，决定商品的价值。

边际效用论认为，商品的价值是由物品的稀缺性与效用共同决定的，即认为价值并非商品内在的客观属性，而是人对物品效用的感觉和评价。效用是价值的源泉，也是形成价值的必要条件，而稀缺性是形成价值的充分条件。稀缺性与效用相结合，才是形成价值的充要条件。

均衡价格理论认为，商品价格是在供给和需求达到均衡时决定的，均衡价格就是商品的价值，是市场价格围绕波动的中心。

资料来源：陈峻. 中国价格签证通论[M]. 北京：中国物价出版社，1999.

二、价格的一般分类

根据商品交易的范围和交易过程的不同特点，价格可以进行如下分类。

(一)狭义价格和广义价格

商品有狭义和广义之分，因此价格就有狭义价格和广义价格的不同。所谓狭义商品指有形的物质商品，包括农产品、工业消费品和工农业生产资料三大类。狭义商品价格就是指包括农产品、工业消费品和工农业生产资料在内的工农业商品价格。广义商品指在市场上交换的所有商品，包括工农业商品、服务商品、要素商品三大类，与此相对应，广义商品价格就由工农业商品价格、服务商品价格和要素商品价格构成。其中，服务商品价格主要包括运输业价格、饮食业价格、服务业价格、旅游业价格、公共事业价格等。要素商品价格指通过市场进行交换的生产要素的价格，主要包括资本价格、劳动力价格、土地价格、技术和信息价格、企业家(才能)价格等。

🗎 1-4 资料

工业消费品：就是通过工业生产的商品，如空调、冰箱、酒等。
资料来源：俞利军. 市场营销导论. 北京：华夏出版社，2000.

生产资料：也称作生产手段，就是劳动者进行生产时所需要使用的资源或工具。工业生产资料一般可包括土地、厂房、机器设备、工具、原料等；农业生产资料一般包括农作物种子、农药、肥料、饲料和饲料添加剂(含渔用)、种畜禽、牧草种子、食用菌菌种、兽药、农机及零配件、水产苗种、渔药、渔机渔具等农业投入品的总称。
资料来源：百度百科。

生产要素指进行社会生产经营活动时所需要的各种社会资源，包括劳动力、土地、资本、企业家、技术、信息等，而且这些内容随着时代的发展也在不断发展变化。
资料来源：百度百科。

（二）买价、卖价、成交价

买价指购买者购买商品或服务时愿意支付的价格，从实际购物过程来看，消费者购买商品或服务愿意支付的价格是一个区间，在这个区间的最高值以下，购买者都愿意支付。卖价是指销售者销售商品时愿意接受的价格，这同样具有一个区间，在这个区间的最低值以上，销售者才愿意出售商品。成交价是购买者与销售者交易时的价格，它既是购买者购买商品时愿意支付的价格，也是销售者销售商品时愿意接受的价格。

（三）出厂价、批发价、零售价、收购价

从商品流转的顺序看，价格可分为工业品出厂价、批发价和零售价及农产品收购价。工业品出厂价是工业生产企业将产品销售给商业部门、物资供应部门和其他使用单位的价格，即工业产品进入流通领域的最初价格。它是商业、物资部门制订批发价格、零售价格和物资供应价格的基础。批发价格是商业批发企业向零售企业或其他企业单位、个人大批量出售商品的价格。零售价格是零售企业向消费者出售商品的价格。批发价格和零售价格属于经营者价格。农产品收购价格是指商业企业及企业向农业生产者收购农产品的价格，也就是农业生产者向商业企业等出售农产品的价格。农产品收购价是农产品进入流通领域的第一个价格，是农产品调拨价格、批发价格、零售价格的基础。出厂价和收购都属于生产者价格。

（四）管制价格、自由价格

根据价格形成方式的不同，商品价格可区分为管制价格和自由价格。管制价格指某些商品价格的形成要受到政府主管部门的管制，或者由政府主管部门直接制定，其表现形式就是政府定价和政府指导价。自由价格是指商品的价格由生产经营者根据各种因素自主制定或者买卖双方协商决定，正常情况下政府不进行直接干预，其表现形式就是市场调节价。

📖 **1-5 资料**

政府定价，指依照《中华人民共和国价格法》规定，由政府价格主管部门或者其他有关部门，按照定价权限和范围制定的价格。政府定价的范围包括与国民经济发展和人民生活关系重大的极少数商品的价格；资源稀缺的少数商品的价格；自然垄断经营的商品的价格；重要的公用事业的价

格；重要的公益性服务的价格。

公共事业价格包括居民用电、物业收取标准、居民生活垃圾处理费、公有住房租金、居民用天然气、居民用暖、居民用水等。

政府指导价指依照《中华人民共和国价格法》规定，由政府价格主管部门或者其他有关部门，按照定价权限和范围规定基准价及其浮动幅度，指导经营者制定的价格。包括最高限价，最低保护价等。

市场调节价是指由经营者(从事生产、经营商品或者提供有偿服务的法人、其他组织和个人)自主制定，通过市场竞争形成的价格。

国际贸易中常用的价格术语

FOB：离岸价格，也称装运到港船上的交货价格。

CIF：到岸价格，也称成本加运费和保险费价格。

CFR：离岸加运费价格，也称成本加运费价格。

贸易术语	责任		费用		风险
	租船订舱	办理保险	支付到目的地的港运费	支付保险费	装船后的风险
FOB	买方	买方	买方	买方	买方
CIF	卖方	卖方	卖方	卖方	买方
CFR	卖方	买方	卖方	买方	买方

资料来源：倪叠玖.企业定价[M].武汉：武汉大学出版社，2005.

三、价格的职能

价格的职能是指价格内在所具备的功能。它是由价格本质决定的，是在形成价格时就已内含的。因而，价格的职能是客观的，它不随人们的认识能力而变化，一般也不随价格所处的社会制度和条件而变化。

价格职能是近年价格理论研究日益深化的一个重要内容。只有把价格职能研究透了，才能真正理解和把握价格的作用。至今理论界对价格职能的认识还不完全一致。有一功能派、二功能派、三功能派和多功能派；有的认为价格各功能之间都是平等的、独立的；有的则认为各功能有主从或不同层次之分。一般认为表现商品价值的职能是价格最基本的职能。在此基础上又派生出若干职能。这些派生职能也很重要，都具有相对独立性。下面我们分别加以阐述。

（一）表现商品价值的职能

简称表价职能。价格的表价职能是价格通过货币来表现和度量商品价值量大小的功能。价格的这种职能是以货币作为商品交换中的一般等价物为前提的。在金属货币流通时代以金属重量来表示价格的，如几两、几钱、几磅等；在纸币流通时代则用纸币符号来表示价格，如几元、几角、几分等。表价职能的基本要求是使价格尽量正确地反映商品内在的价值量，因而，它也是价格最基本的一种职能。

在这里需要注意区分价格的表价职能和货币作为价值尺度职能之间的区别。粗看起来价格是用来表现价值的，而货币也是用来度量价值的，似乎没有多大差别。但是，只要仔细研究一下，就可以发现前者是表现价值的一种标记；后者则是被用来表现价值的材料或者工具。价值、货币、价格之间的关系就像布、尺子、尺寸三者的关系，布是被表现的对象，尺子是度量的工具，量出的长度用尺寸来表示。同样，价值是被表现的对象，货币是尺度，价格才是表现出来的数量。因而，我们必须注意价格职能和货币职能的差别。

虽然，价格要求正确反映商品的价值，但在现实生活中却又难以正确反映。这是因为价格的确定，不仅仅决定于商品的价值，而且还要受到货币价值、供求关系等多种因素的影响，使之有时高于价值，有时低于价值。就每一个时点来讲，很可能没有正确表现价值，但如果从一个长时期来看，高于价值的部分和低于价值的部分就会抵消，其平均数会大致等于价值。因而我们说，从一个长时期来看，从平均趋势来看，价格还是能正确的表现价值的。

（二）调节经济的职能

价格调节经济的职能，是指价格对各种经济活动，包括社会再生产各个环节的活动实现调节的一种功能。借助这种调节功能可以启动或抑制经济发展的某个方面。因而，我们通常把这种功能称为经济杠杆。在各种经济杠杆中，价格是最灵敏、最有效的杠杆之一。价格的这种职能也是建立在表价职能基础上的，并通过价格与价值的一致与偏离来实现的。

价格的调节功能是在和供求规律的相互作用中发挥出来的。当某种商品供不应求时，价格就会上升。这样，一方面吸引了更多的生产要素投入，使产量增长；另一方面又限制了消费需求，于是慢慢就发展为供过于求；这时生产者不得不降价求售，部分生产者负担不起亏损而退出生产，使产品减少，同时消费者却因价格降低而增加了需求，于是新的一轮的供不应求又重新开始。在商品经济中，价格就是这样通过自身的涨落来调节生产和消费，使之不断符合社会需要。同时随着生产和消费规模的扩张和收缩，流通规模、速度也发生相应变化，而在价格的涨落中，交换双方的经济利益不断被重新分配。所以价格同时也调节着流通和分配。在社会主义市场经济条件下，价格的调节职能可以是自觉地，也可以是自发的，对少数关系国计民生的重要商品，国家将自觉按照价值规律要求，制定出合理价格，以指导生产和消费。对大多数商品则是在宏观控制条件下，允许通过价格的自发涨落来调节生产和消费，因为这对众多次要产品来说会更直接、更有效。当然，我们也必须防止价格在自发调节经济中的盲目作用。因此，搞好宏观调控是规范价格调节职能的前提。

📖 1-6 资料

经济杠杆（economic lever），是在社会主义条件下，国家或经济组织利用价值规律和物质利益原则影响、调节和控制社会生产、交换、分配、消费等方面的经济活动，以实现国民经济和社会发展计划的经济手段，包括价格、税收、信贷、工资、奖金、汇率等。运用经济杠杆，就是根据国家或经济组织的既定目标，从生产、交换、分配、消费等方面对从事经济活动的经济单位和当事人造成有利条件或不利条件。利用这种经济利益的变动作为阀门，以影响、调节、控制它们的经济活动，促进或保证既定目标的实现。

资料来源：百度百科。

（三）传递经济信息的职能

价格传递经济信息的职能，是指价格作为一种信息载体能反映、传送经济信息的一种功能。价格的这种功能是建立在价格的表价职能基础上的，是通过价格与价值的一致或背离，以及背离的方式和程度来起作用的。

价格的信息传递职能，主要表现在三个方面：一是向生产经营企业传递供求、成本、盈利等方面信息，为企业经营决策提供依据；二是向政府决策机构传递社会总供给与总需求、生产结构、消费水平与消费结构等方面的信息，为政府宏观决策提供情报；三是向消费者传递信息，引导消费者作出购买决策。

📖 1-7 资料

价格总水平稳定预示着社会总供给与总需求大体平衡，经济稳定发展。价格总水平上升，预示总需求大于总供给，价格升幅越大预示着总供求矛盾越大。如果价格水平下降，则预示着相反的情况。通过对社会总供给和总需求矛盾状况的分析可以进一步反映出影响总供给和总需求的诸方面因素。如财政收支、银行信贷、进出口贸易、货币发行、基本建设、消费基金等方面是否存在问题，进而还可分析产业结构、流通体制、管理体制等方面更深层次的问题。我们常常说"物价是国民经济的综合反映"就是指的这个意思。通过对价格总水平的监测与分析使国家能及时掌握整个社会经济动态，及时采取各种对策．保证经济的顺利发展。

资料来源：百度百科。

价格总水平也叫一般价格水平，是指一个国家或地区在一定时期(如年、季、月)内全社会所有商品和服务价格变动状态的平均或综合，一般用价格指数来度量。目前，世界各国，特别是在发达国家或地区，度量价格总水平的方法主要有两种：一是编制各种价格指数，如消费者价格指数(Consumer Price Index，简称 CPI)、批发价格指数(Wholesale Price Index，简称 WPI)等；二是计算国内生产总值缩减指数(GDP deflator)。很多国家或地区都用消费者价格指数(CPI)，作为度量价格总水平的主要指标。政府工作报告称中国确定 2015 年居民消费价格涨幅控制目标为 3% 左右。

资料来源：价格总水平如何度量[EB/OL]．[2021-12-08]．https://www.gaodun.com/wenda/zhongji/100455.html.

(四)经济核算的职能

价格的核算职能，是指价格是被用来计量和核算经济效益的功能。社会物质生产的内容是千差万别的，生产中所使用的生产要素更是各不相同，使用实物指标是无法进行直接计算相对比的。在目前无法直接使用价值量指标来进行核算的情况下，价格就成了进行计量、核算、比较经济活动效益最好的工具。同时，在商品经济条件下，每个企业和个人生产的产品还只是一种个别劳动，这种个别劳动能否取得社会的认可，尚需要通过市场卖出去才得以实现。也只有在这一市场交换过程中才能完成个别劳动向社会劳动的折算。因而，用价格作为核算工具，不仅便于计算，而且是价值实现的客观要求。企业利用价格计算成本、利润、税金，才能比较投入和产出，从而起到加强管理，评价微观经济效益的作用；政府利用价格确定各种经济指标，制定经济发展规划，核算宏观经济效益。

📋 1-8 案例

彩电降价现象透视价格职能

20 世纪 70 年代末 80 年代初，电视开始步入我国家庭，一家人攒好几年钱买上一台十几英寸的黑白电视机就不错了。80 年代后期，随着通货膨胀和消费需求的拉动，电视机价格一涨再涨，到 90 年代前期彩电价格涨到顶峰。如 1993 年买一台 21 寸的彩电需要花 3300 元左右，大约相当于农村居民人均年收入的 4 倍。长期过高的价格带来的高额利润使一些有资金有实力的企业趋之若鹜，彩电生产线不断增加。同时，"日本兵团"索尼、松下、东芝、日立等，"欧洲王牌"飞利浦及"韩流"LG 和三星等外国品牌纷纷进入中国市场。彩电不但一统天下，而且体积越来越大，频道和功能越来越多，价格越来越低，彩电业开始进入微利时代。到 2005 年，一台 29 寸的彩电只要 1000 多元，只占农村居民人均收入的一半左右。彩电大幅降价让城乡居民得到了实惠，改善了生活质量，同时也使彩电生产企业获得了经验教训，有利于彩电行业整体素质的提高。

资料来源：翟建华，冯春林. 价格理论与实务［M］. 大连：东北财经大学出版社，2013.

问题：彩电的大幅降价反映价格的哪些特征？体现了价格的什么职能？

(五) 价格各个职能之间的相互关系

价格的各个职能之间的相互关系是统一的、互相联系的，但又是相对独立的和相互制约的。具体表现在：

(1) 价格的各项职能不完全是等同的。其中表价职能是最基本的职能，其他调节、信息、核算等职能都是建立在表价职能基础上的。或者说表价职能是基本职能，而其他职能则是派生职能。当然，在几个派生职能中也不是等同的，其中调节职能是主要的。

(2) 价格的各个职能是统一的。统一的基础是同一种商品的同一种价格，也就是说只要存在一个价格，就同时具备了上述各项职能，只是由于具体价格外在条件的差异，各项职能的表现程度不完全一致，但不会出现这种价格有这一职能，那种价格有那种职能的情况。

（3）价格的各项职能是相对独立的。各派生职能虽然都是建立在表价职能基础上的，但相互之间存在着相对的独立性，其重要程度也不同，各自的功能是不能互相代替的。调节职能、信息职能、核算职能，各有各的作用，其中调节职能的作用最重要，最广泛，在作用于国民经济时效果最明显。

（4）价格的各项职能间是相互制约的。在某种条件下这个职能和那个职能之间是对立的，从而起到相互制约作用。比如表价职能和核算职能都要求价格尽可能符合价值；而调节职能有时需要价格背离价值，甚至大幅度地背离价值，这和表价职能、核算职能是矛盾的，这就制约着价格不能长期、大幅度背离价值。

全面认识价格职能及其相互关系，有助于对价格本质的理解，有利于正确认识价格的作用和驾驭价格。

📋 1-9 案例

运用价格杠杆实现政策调控的目的

2004 年 6 月，国家发展改革委将电解铝、铁合金、电石、烧碱、水泥、钢铁 6 个高耗能行业区分成淘汰类、限制类、允许和鼓励类企业，并对其实行差别定价政策。对允许和鼓励类企业，电价对各地工业电价统一调整；对限制类和淘汰类企业，电价在电价基础上再分别提高 2 分钱和 5 分钱。2004 年 6 月下发差别电价政策后，截至 2005 年 8 月 20 日，全国除西藏、吉林外，其余 29 个省（自治区、直辖市）均贯彻执行了差别电价政策。据不完全统计，2004 年 6 月到 2005 年 6 月，全国经甄别认定的电解铝、电石、烧碱、水泥、钢铁、铁合金 6 类高耗能企业约 8000 家。执行差别电价的企业约 2541 家，其中淘汰类 2029 家（占 80%），限制类 512 家（占 20%）；执行差别电价的电量为 185 亿千瓦时，主要集中在内蒙古、山西、宁夏等省（区）；执行差别电价收入约 3.1 亿元。

资料来源：国务院办公厅. 电价形成机制发生深刻变革 [EB/CL]. http://www.gov.cn, 2006-01-01.

问题：国家实行差别电价政策的目的是什么？这主要运用了价格的哪项职能？

四、价格的作用

价格的作用是指价格在实现自身职能时，对国民经济产生的效果。简单地说，价格的作用是价格职能的外在表现，而价格职能与作用既有区别又有联系，它们之间是本质与现象、内容与形式的关系。价格的职能是内在的、固有的，一般不受外界环境的影响。价格的作用则是价格职能在一定经济条件下的表现，客观条件不同，价格作用也不尽相同。

在社会主义计划经济时代，价格的计划管理和长期稳定虽然保证了国家建设和人民生活的安定，但也使我国经济付出了缓慢发展的高昂代价，计划价格的负作用十分明显。

现在我国已转入了社会主义市场经济，国家在宏观调控下依靠市场来配置资源，建立起了主要依靠市场形成价格的机制，这显然给经济发展带来了活力，加快了经济发展。但同时也带来了价格盲目发生作用的弊病，有时甚至还十分严重，这也已被近几年的大量事实证实。因此，我们同样也必须摸索出一套有效的调控办法，尽可能发挥价格的积极作用，减弱价格自发调节的消极作用，使之更好地为社会主义市场经济建设服务。

由上可见，价格的作用是二重性的，既有可能发挥促进经济发展的作用，也有可能对经济起破坏作用。回顾过去，我们总是说资本主义制度下价格都是起坏作用，社会主义制度下价格只会起好作用。这种说法不符合客观实际。承认价格的二重性没有什么坏处，只会给我们敲响警钟，谨慎从事。我们研究价格的职能和作用，就是为了掌握规律，尽量发挥它们的积极作用，避免它们的消极作用。

因此，价格能发挥什么样的作用与客观环境和条件有密切的关系。因而，我们尚需研究应该为价格发挥作用提供一些什么样的条件。

（一）发挥价格积极作用的条件

上面讲到要使价格发挥积极作用，还必须具备一些必要条件，这些条件主要是：

1. 国家要搞好宏观调控，为价格形成和运行提供一个比较宽松的市场环境

只有通过国家宏观调控，使社会商品总供给与总需求大体保持平衡，形成宽松的市场环境下，作为微观企业指示器的商品价格才能为企业提供比较正确的价格信息，价格的调节职能、信息职能才能比较好地发挥出来。相反，如果社会总供给与总需求之间存在着很大的矛盾，具体商品的价格必然会较大的背离价值，这种价格为企业提供的信息和随之而来的调节作用必然是扭曲的，往往导致社会经济进一步陷入混乱。

2. 要有比较完善的市场体系和公平的竞争机制

所谓完善的市场体系，一方面是指整个社会市场体系基本形成，即不仅有

商品市场，而且还有劳务市场、资金市场、信息市场、技术市场、房地产市场等。也就是说使价格的职能不仅在商品市场中，而且也能在其他市场中同样发挥作用。不仅在商品市场中通行等价交换原则，而且在其他市场中也实行等价交换。这样价格的作用就可以渗透到商品经济的各个领域中去，价格的作用面也就宽了；完善市场体系的另一方面是指在各个市场领域中基本建立起来的各种规则、交易能有序进行，使价格的作用不被扭曲。这里一个非常重要的问题就是看是否具备了平等竞争的条件。因为，不平等的竞争条件会产生不公平的价格，这种价格就难以发挥正确的调节、导向作用。因而，我们要反对画地为牢、地区封锁、搞垄断或权力经营，而应当建立一个全国统一的、内容完整的市场体系。

3. 要使所有企业真正成为独立核算、自负盈亏的商品经营者

只有在这样的体制下，企业才能规范自己的经济行为，自觉约束自己的经营决策，价格的刺激作用才能发挥出来。如果继续像过去那样吃国家大锅饭，赔赚都与企业及职工自身利益没有多大关系，那么价格的作用再大对它也不起作用。

📖 **1-10 资料**

> 市场体系是在社会化大生产充分发展的基础上，由各类市场组成的有机联系的整体。它包括生活资本市场、生产资料市场、劳动力市场、金融市场、技术市场、信息市场、产权市场、房地产市场等，它们相互联系、相互制约，推动整个社会经济的发展。
>
> 资料来源：百度百科。

(二)价格在国民经济中的作用

价格职能外化对国民经济的作用是广泛的，可以起到导向、促进、调节、分配、影响效益等作用，但是归纳起来无非是一种调节作用。这种调节作用可以从各种不同的角度去讲，为了便于分析，我们还是从社会再生产的四个环节说起。

1. 价格对生产的调节

(1)调节产业结构和生产比例。社会上存在着许许多多的产业部门，各部门之间客观上要求有一定的比例。这种比例是由社会需要决定的。合理产业结构的形成，当然要靠国家的统筹规划和合理的产业政策，但是价格也起着重要

的作用。合理的价格会使人、财、物等生产要素按照社会需要流动，这在实行市场调节的商品中是十分明显的。较高的价格会吸引大量的生产要素流入，从而使产量增加，需求得到满足。较低的价格则会起相反的作用。即使对国家管理价格的产品，合理的价格也会保证计划顺利地实现。所以，价格是使产业结构和生产比例合理化的重要杠杆。

（2）有利于提高产品质量。商品的价值是由生产这些商品时所花费的社会必要劳动时间决定的，一般精料细作的商品质量好。对少数计划商品，物价部门通过实行优质优价的政策，可以使生产优质商品的企业卖到好价钱，得到较大的盈利。对粗制滥造的商品则规定惩罚性价格，让这些企业无利可得。而对众多由市场形成价格的商品，在竞争中也会形成优质优价的格局，优质产品受人欢迎、销路广、利润多，在市场环境宽松的情况下尤其是这样，从而促使企业不断更新设备，改进工艺，严格操作，争创优质名牌产品，推动整个社会产品质量日益向高档发展。

（3）促进企业不断改进经营管理，提高经济利益。在商品经济条件下，市场价格是由代表社会必要劳动时间的部门平均成本来决定的，在价格面前人人平等。个别成本低于社会成本的企业可以获得利润和超额利润；高于平均成本的企业则只能保本甚至亏损。随着我国经济体制改革的深入，各类企业都在逐步成为自负盈亏的经济实体，成本的高低将决定企业命运。因而，反映商品价值的价格不断起着鞭策企业改进经营管理，努力降低成本的作用。

（4）促进生产的合理布局。在同一市场、同一价格原则指导下，企业的建设必然会在设置地点、规模大小、技术档次等方面按技术经济条件选择最佳方案。这些企业会因接近原料地或销售地而节约运力，或因技术规模与资源匹配恰当，而使经济效益良好，从而使生产能力形成合理布局，起到优化社会整体结构，充分利用资源的作用。

📖 1-11 资料

产业结构，亦称国民经济的部门结构。国民经济各产业部门之间以及各产业部门内部的构成。社会生产的产业结构或部门结构是在一般分工和特殊分工的基础上产生和发展起来的。研究产业结构，主要是研究生产资料和生活资料两大部类之间的关系；从部门来看，主要是研究农业、轻工业、重工业、建筑业、商业服务业等部门之间的关系，以及各产业部门的内部关系。

资料来源：什么是产业结构？［EB/OL］. https://www.yxxf.gov.cn/html/2021/mrjj_1206/96964.html.

2. 价格对商品流通的调节

价格对流通的调节主要表现在价格的高低会影响流通的规模和速度，以及流通企业的经济效益。所谓流通规模，是指一定时期实现的商品销售量。流通速度是指商品周转的快慢程度。

一般情况下，合理稳定的价格有利于实现商品流通，使流通保持适当的规模和速度。价格的波动会引起流通规模和速度的变化。如果是单个商品价格变动，则这种商品的流通量和速度会与价格呈反方向变化。如价格上升则购买减少，销售呆滞；价格下降则情况正好相反。如果是价格总水平的变化，那情况要复杂得多。按道理说，物价总水平的升降对流通的规模和速度所产生的影响应和单个商品价格的变化一样，但这是以居民购买力不变为前提的。在现实生活中却往往是购买力膨胀和物价总水平上涨结伴而生，居民收入减少和物价水平下降相继而到。在这种情况下，我们会看到，前者是价格越涨人们越抢购，人们越抢购价格越涨。商品流通不仅规模大，而且速度快。后者情况却正相反，价格虽然降了，但人们反而不着急买了，造成市场疲软，生产呆滞，这必然影响人们收入增加，反过来又进一步影响物价和市场，这时商品流通规模缩小，市场疲软、速度减慢。目前，我国市场面临的就是类似这种情况。当然这种现象都是反常的，也是不会长久的。但不管情况如何复杂，价格是影响流通规模和速度的关键因素却是无疑的。

与此相关的，当由于商品价格变化引起流通规模增大、速度加快时，流通企业的周转量大，周转速度快，经济效益就好；相反，流通规模缩小，速度减慢时，流通企业的效益就会下降。

📄 **1-12 资料**

流通企业：在商品流通过程中，从事商品批发、商品零售或者批发零售兼营的企业，称为商品流通企业。

资料来源：百度百科。

3. 价格对收入分配的调节

国民收入的分配和再分配，主要是通过国家财政来实现的。国民收入在工业、农业、交通运输等物质生产部门创造出来以后，首先由国家通过税收、利润、工资等杠杆在国家、企业、工人、农民之间进行初次分配，然后又通过各种预算渠道进行再分配。在国民收入的分配和再分配过程中价格都参与了这些分配过程。价格参与国民收入的分配和再分配，主要是通过价格与价值的一致或不一致，以及通过价格的变动来实现的。在国民收入初次分配中价格水平的高低会影响国民收入可分配的总数，以及国家、企业和个人之间的分配的比例，在商品交换过程中价格的变动则会引起各方已获得的国民收入发生再分配，使一方的利益转入另一方。如在国家与农民之间，国家提高农产品收购价格会引起国家增支，农民增收；而如果提高工业品销售价格，则会发生国家增收，农民增支。类似这样的再分配，在国家与企业、国家与职工之间，在生产不同产品的这一个地区和那一个地区之间；在生产不同产品的这一部分企业和那一部分企业之间；在使用不同产品的这部分消费者与那部分消费者之间都有可能发生。

价格的这种调节分配的作用与财政等经济杠杆相比具有一定的隐蔽性，在一定程度上比较好实行。因而，必要时国家可以借助于价格杠杆调整各方面收入分配。但正因为价格所调节的收入是以另一方面的损失为前提的，所以，必须审慎行事，以不影响调出方的经济承受能力为界限。

4. 价格对消费的调节

价格对消费的调节主要体现在调解消费总量和消费层次结构上。前者主要是通过价格总水平的变动来实现的，后者则是通过具体商品价格的变动来实现的。

生产和消费的平衡是通过社会商品可供量和有支付能力的消费需求及购买力的平衡来实现的。在商品可供量既定的情况下，已经形成的购买力实际能买到多少实物，是由价格总水平来决定的。如果商品总量供不应求，许多商品纷纷涨价，引起价格总水平上涨，则原有的购买力就会折损，使实际消费品减少，如果总量供过于求，则情形正好相反。当然现实生活中的情况要复杂得多。国家会采取各种措施，如增加有效供给，控制需求增长，实行财政金融双紧政策等。但价格总水平对消费的调节是最敏感的。

某一种商品或一部分商品价格变动会引起消费者对这些商品需求的变化，从而调节了消费结构。在计划价格条件下，利用价格的这一作用，国家可以通过提高一部分商品价格、降低另一部分商品价格来调节消费。譬如，我们曾经通过提高天然织物价格，稳定和降低化纤织品价格来鼓励多穿化纤，少穿天然织品。在市场价格情况下，一部分商品价格的上涨必然会引起购买力向另一部分商品的转移，使消费结构发生变化。

在物价方面我们总的奉行保持物价总水平基本稳定的方针，尽可能使价格符合价值。因为只有这样，广大职工群众的工资才能买到足够的生活资料，才能使职工的实际生活水平得到保障，并随着工资的提高而使生活有所改善。因而，价格是实现社会主义按劳分配的重要杠杆，正因为如此，党和国家历来重视价格问题，在调整价格时，必须要保护职工群众利益不受损害。

第二节 价格构成

价格构成是商品价格的形成要素及其组合，亦称价格组成。反映商品在生产和流通过程中物质耗费的补偿，以及新创造价值的分配。价格一般是由构成价格的各个要素组成，掌握各个要素的地位与核算方法，是进行价格决策、正确制定价格的前提。

一、价格构成概述

(一)商品价格构成

在现实生活中，商品种类繁多，规格万千，再加上一种商品从生产领域到消费领域往往要经过几道环节，从而产生几道环节的价格，因此，价格种类繁多可想而知。不同的价格其具体的构成虽然不完全一致，但一般是由四个要素构成，即生产成本、流通费用、税金和利润。而不同商品的生产、流通到消费的不同环节上，价格构成的具体因素不断变化，其基本形态或表现形式如下：

1. 商品生产环节价格构成(生产者价格构成)

(1)农产品收购价格。由农产品生产成本、农业税(对农林特产征收特产税)和农业纯收益构成。

(2)工业品出厂价格。构成有三种情况：第一种是一般工业品出厂价由生产成本、工业利润构成；第二种是工业企业生产应税消费品，则出厂价格是由生产成本、利润和消费税构成；第三种是开采矿产品或制盐的生产企业，则出厂的价格是由生产成本、利润和资源税三个因素构成。这三种类型再加上工业生产环节的增值税销项税额，即为含税出厂价格。

2. 商品在流通环节价格的构成(经营者价格的构成)

(1)商品产地批发价格。由出厂价格(或收购价格)、产地批发企业流通费用和利润及该环节的增值税销项税额构成，即为含税产地批发价。

(2)商品销地批发价格。由产地批发价格、销地批发企业流通费用和利润及该环节的增值税销项税额构成，即为含税销地批发价。

(3)商品零售价。由批发价格、零售环节的流通费用和利润及该环节的增值税销项税额构成，即为含税零售价格。日常说的零售价格是含税零售价格。

各种商品在各环节上的价格构成如表 1-1 所示。

表 1-1　商品价格构成

生产环节			流通环节						增值税	含增值税价格
生产成本	工业利润、农业纯收益	消费税、资源税、农业税	产地批发环节		销地批发环节		零售环节		生产环节的销售产品增值税	含税工业品工厂价
			流通费用	批发利润	流通费用	批发利润	流通费用	批发利润		
生产者价格			进销差价							
产地商业批发价					地区差价				批发环节增值税	含税批发价格
销地商业批发价							批零差价		零售环节增值税	含税零售价格
零售价格										

注：①应税消费品生产者价格构成中有消费税；②矿产品和盐的生产者价格构成中有资源税；③农产品价格构成中不含增值税；④"含税价格"中的"税"是指增值税。

📋 1-13 资料

应税消费品是指《中华人民共和国消费税暂行条例》规定在生产销售、移送、进口时应当缴纳消费税的消费品。

主要包括五种类型的产品：

第一类：一些过度消费会对人类健康、社会秩序、生态环境等方面造成危害的特殊消费品，如烟、酒及酒精、鞭炮、焰火、木制一次性筷子、实木地板等。

第二类：奢侈品、非生活必需品，如贵重首饰及珠宝玉石、高档手表、化妆品、高尔夫球及球具等。

第三类：高能耗及高档消费品，如游艇、小汽车、摩托车等。

第四类：不可再生和替代的石油类消费品，如成品油等。

第五类：具有一定财政意义的产品，如汽车轮胎已于（2014 年 12 月 1 日停止征收）、护肤护发品等。

消费税（消费行为税 Consumer tax/Excise Duty）指以消费品的流转额作为征税对象的各种税收的统称。消费税征收的对象主要是上述的应税消费品，只征收一次，属于价内税。"消费税是对特定货物与劳务征收的一种间接税，就其本质而言，是特定货物与劳务税，而不是特指在零售(消费)环节征收的税。消费税之'消费'，不是零售环节购买货物或劳务之'消费'。"(《深化财税体制改革》)在对货物普遍征收增值税的基础上，选择部分消费品再征收一道消费税，目的是为了调节产品结构，引导消费方向，保证国家财政收入。

资源税(resource tax)是以各种应税自然资源为课税对象、为了调节资源级差收入并体现国有资源有偿使用而征收的一种税。

增值税(Value Added Tax，VAT)是以商品(含应税劳务)在流转过程中产生的增值额作为计税依据而征收的一种流转税。从计税原理上说，增值税是对商品生产、流通、劳务服务中多个环节的新增价值或商品的附加值征收的一种流转税。增值税是在货物生产、流通各环节道道征收。实行价外税，也就是由消费者负担，有增值才征税没增值不征税。增值税是中央和地方共享的税种，中央收取75%，地方收取25%。但交增值税的时候是交到国税，然后由国税划拨25%给地税。

销项税额指增值税纳税人销售货物和应交税劳务，按照销售额和适用税率计算并向购买方收取的增值税税额，此谓销项税额。

资料来源：(1)百度百科；(2)张瑞琛. 财务会计理论与实务[M]. 北京：中国财政经济出版社，2020.

(二)价格构成与价值构成的关系

价格是价值的货币表现，价格构成也是价值构成的货币表现形式。所谓价值构成是指构成商品的价值的各个组成部分及其在商品价值中的组合状况。商品价值是由凝结在商品中的社会必要劳动时间决定的，这种价值量在生产领域形成，又在流通领域得到追加。在生产领域，劳动者与生产资料相结合，把生产资料的价值转移到新产品中去，同时创造新价值。其中转移到新产品中去的生产资料的价值，是前人的劳动的凝结，称为物化劳动价值，道常用字母"c"表示；新的价值是指生产过程中新投入的活劳动消耗的凝结，它又分为两部分，一部分是维持劳动者及其家庭成员所必需的生活资料的价值(劳动力再生产费用)，这对劳动者来说是必要劳动，称为自己劳动创造的价值，通常用字母"v"表示，另一部分是劳动者在劳动过程中创造出超过自己需要的价值——剩余价值，称为社会劳动创造的价值，通常用字母"m"表示。

当商品离开生产领域进入流通领域后，为了促使商品流通的顺利进行，同样要投入一定的生产资料和劳动力，耗费物化劳动和活劳动，从而形成流通领域的价值，同样包括生产资料转移价值"c"、劳动者为自己劳动创造的价值"v"和为社会劳动创造的价值"m"。

由此可见，商品价值由生产领域形成的与流通领域追加的三个价值 c、v、m 组成，它们用货币表现出来就转化为价格构成。如果将生产领域创造的价值用 c_1、v_1、m_1 表示，流通领域创造的价值用 c_2、v_2、m_2 表示，则商品的价格及其四个要素与商品价值及其三个组成部分的关系如图 1-1 所示。

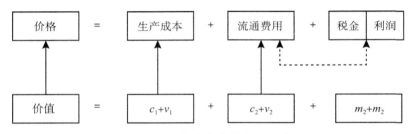

图 1-1 价格构成与价值构成的关系

二、成本

成本是商品价格构成中一项最基本、最重要的因素，是价格构成的主体，成本的变化会对商品的价格产生直接影响。因此，准确核算成本，才能为正确制定价格提供可靠的、重要的依据。按照企业的性质或商品所处的环节不同，成本又分为生产成本和经营成本。

（一）生产成本

生产成本指工业企业和农民生产一定数量的某种商品所耗费的物质资料和支出的劳动报酬总和，是商品价值中物化劳动和劳动者自己的劳动所创造的价值的货币表现。由于工农业生产的不同特点和财务核算的不同要求，工业品生产成本和农业品生产成本的具体构成是不同的。

1. 工业品生产成本的构成

工业品生产成本由制造成本和期间费用构成。其中制造成本指与企业直接生产有关的物质消耗和工资支出，具体包括：直接材料、直接工资、制造费用。其中直接材料指企业生产过程中实际消耗的原材料、辅助材料、设备配件、外购半成品、燃料动力、包装物、低值易耗品等；直接工资指企业直接从事商品生产的人员的工资、奖金、津贴、福利费等；制造费用指企业各个生产单位如分厂、车间为组织和管理生产所发生的生产单位管理人员的工资、职工福利费，生产单位房屋、建筑、机器设备等的折旧费，以及修理费、物料消耗、低值易耗品摊销、取暖费、水电费、办公费、差旅费、运输费、保险费、设计制图费、实验检验费、劳动保护费、修理期间的停工以及其他制造费用。其间费指与直接生产过程无关但又与生产活动有关的费用，具体包括：管理费用，即企业行政管理部门为管理和组织经营活动所发生的各项费用；财务费用，即企业为筹集资金而发生的各项费用；销售费用，即企业在销售产品、自制半成品和提供劳务过程中所发生的各项费用及专设销售机构的各项费用。工业品生产成本构成如图1-2所示。

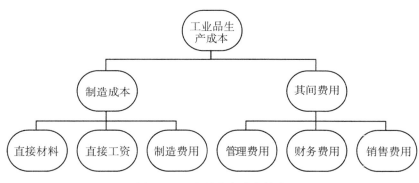

图1-2 工业品生产成本构成

2. 农产品生产成本构成

农产品生产成本由农产品直接生产过程中消耗的物质费用、劳动费用和期间费用构成。其中物质费用指生产者花费在生产资料上的费用，包括种子、肥料、农药、燃料、电力及饲料等消耗的费用、生产和管理固定资产的折旧费和修理费、小农具的购置和修理费、产品的包装和运输费等；劳动费用指直接生产过程中消耗的各种劳动的支出，即人工费用；期间费用包括土地承包费、管理费、销售费和财务费。由于农林牧副渔业生产受自然生长周期的影响，因此，成本计算期不可能完全一致。一般而言，对于经常有产品产出的橡胶、乳牛、家禽等生产，按月计算产品的实际成本；对于一年只收获一次或几次的粮食、棉花、果、桑、茶等产品在产品的收获月份计算产品的实际成本。因此，农业产品的计算期可以是定期的，也可以是不定期的。为了正确计算农业产品的成本，应按不同的生产类型分别设置农业生产成本、林业生产成本、畜牧业生产成本等账户。对于辅助生产费用、机械作业费用可以在各业生产成本账户下分别辅助生产、机械作业费用明细账户进行归集分配，也可另设一级账户进行核算，先按费用发生的地点进行归集，然后分别计入各业成本明细账中。

3. 生产成本在价格构成中的地位

（1）生产成本是价格的主要组成部分

生产成本是产品中必要且最基础的投入成本，是价格构成的主要组成部分。以农产品价格构成为例，根据新的农产品成本核算制度规定，农产品生产过程中的全部支出按性质划分为生产成本、期间费用和税金三部分。生产成本是农产品直接生产过程中消耗的物质和劳动效用的总和。其中物质费用为农产品直接生产过程中的物质性支出，包括种子费、化肥费、农药费、机械作业费、排灌费、折旧费和修理费等；劳动费用指农产品生产过程中消耗的各种劳动的现金支出（如雇工工资）和折价支出。例如，2008 年长春玉米生产中，每亩生产成本 407.28 元，其中每亩物质和服务费用 227.10 元，每亩人工成本为 130.18 元；每亩玉米土地成本为 226.06 元，而每亩主产品产值为 649.84 元，每亩副产品产值为 21.63 元，这样使每亩玉米产值合计为 671.47 元。不难看出，生产成本在产值中比重占 60% 以上，假如再考虑土地成本则成本比重高达 94.32%。

（2）生产成本是制定价格的最低经济界限

企业是自负盈亏的商品生产者和经营者，为了保证再生产按原有规模进行，其生产耗费用自身的生产成果，即销售收入来补偿。马克思指出："商品出售价格的最低界限，是由商品的成本价格规定的。如果商品低于它的成本价格出售，生产成本中已经消耗的组成部分，就不能全部由出售价格得到补偿。如果这个过程继续下去，预付资本价值就会消失。"[1]正常的价格必须高于成本，这样才可能弥补企业生产费用的开支，上缴税金，取得盈利，为扩大再生产创造条件。

（3）生产成本的变动制约着价格的变动

生产成本是价格构成的主要组成部分，其变动成本必然引起价格的变动。例如，2008 年上半年，中国大中型钢铁生产企业炼钢中生产制造成本平均上升 57.57%，每吨喷吹煤采购费用平均上涨 62%，冶金焦上涨 82%，进口矿上

---

① 解读《价格法》（九）[EB/OL].法律快车官方整理，https://www.lawtime.cn，2019-10-30.

涨 54%，国产矿上涨了 95%。在铁矿石等原料价格大幅上涨的带动下，国内钢材价格也一路冲高。

(二)经营成本

经营成本指的是商品流通企业在商品经营活动中用以支付购买商品的货款和各项费用之和，是商品流通企业在商品购进、销售中所垫付的资金量。经营成本由商品进价成本和流通费用两部分组成。其中商品进价成本可分为国内购进商品进价成本和国外购进进价成本。国内购进商品进价成本是指国内购进商品的原始进货价格；国外购进商品进价成本是指进口商品到达目的港时所发生的各种支出，包括到岸价和进口环节税金(关税、增值税、应税消费品的消费税)。流通费用指购进、运输、储存和销售过程中花费的各项支出。经营成本的构成，如图 1-3 所示。

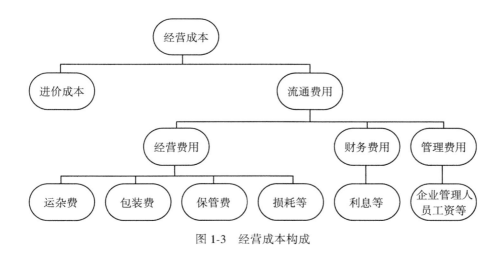

图 1-3　经营成本构成

三、流通费用

(一)流通费用的定义

为了实现商品从生产领域到消费领域的转移，商业经营者必须投入必要的人力、资金、设备，完成商品从购进、运输、储存和销售的四个环节。流通费用是指商品从生产领域向消费领域转移过程中各种物资消耗费和人工报酬的总和。具体地说，商品流通费用是商品由产地到销地之间的运输、保存、整理、包装以及商品的买卖和商业企业的管理核算业务有关的各项支出。

(二) 商品流通的分类

商品流通费用按其经济性质不同，可以分为三类：

1. 经营费用

经营费用通常也称为直接性流通费，指商品在流通领域中转移的有关费用。包括：

(1) 商品的运杂费 (运输费、装卸费、杂费)。运输费指商品流通企业在购入商品过程中，使用各种运输工具所支付的运费和运输过程中所发生的搬运费以及同运输有关的各种杂费。装卸费指在车站、码头、仓库、货场所发生的付给装卸单位的费用。杂费是指调车费、站台码头租用费、港口建设费等。

(2) 包装费。包装费指对商品进行包装或改装时所要支付的费用，包括包装物或改装所支付的包装用品费；包装物折损与修理费用；包装物挑选、整理、洗刷、修补费以及包装物的租用费等。

(3) 保管费。保管费指商品存储过程中所支付的一切费用，包括倒库、晾晒、冷藏、保暖、挑选整理、消防、委托保管、库房租赁、商品养护、商品检验等费用。

(4) 商品损耗。商品损耗指在商品运输、保管、销售过程中发生的损耗。

2. 管理费用

管理费用指商业企业行政管理部门为进行商品流通管理和组织商品经营活动而发生的各项费用，包括由企业统一负担的管理人员工资、业务招待费、技术开发费、董事会费、工会经费、职工教育经费、管理人员福利费、劳动保险费、涉外费、租赁费、咨询费、诉讼费、商标注册费、技术转让费、折旧费、房产税、印花税等。

3. 财务费用

财务费用指企业为筹集资金而发生的各项费用，包括企业为经营某种商品发生的利息净支出、外汇调剂手续费、支付金融机构手续费等。

管理费用和财务费用通常也称为间接性流通费用。

📖 1-14 案例

油价上涨对公共汽车票价的影响

自 1999 年石油输出国组织实行限产保价协议后，国际原油价格一路上扬，受其影响，我国原油和成品油价格亦出现持续上涨的情况。成品油价格的持续大幅度上涨直接影响许多行业的成本，首当其冲的是交通运输业。据石家庄市公交总公司的反映，在其经营成本中成品油费用占 30% 左右，据此测算，2000 年因油价上涨使公司多支出 750 万～800 万元。公共汽车票价如不做调整，公司出现亏损已成定局。由于多方呼吁，经当地物价局批准，2000 年 7 月 1 日公司提高了票价，由原来的 0.5 元提高到 1 元。广大市民对此表示理解和支持。

资料来源：翟建华，冯春林. 价格理论与实务［M］. 大连：东北财经大学出版社，2013.

问题：油价上涨对公交公司有何影响？你认为公共汽车的票价该不该调整？

【问题分析】公交公司的经营成本是公共汽车票价构成的基本要素，而油价的持续大幅度上涨又使得经营成本不断提高，在价格不变的前提下，无疑加重了公交公司的负担。提高公共汽车票价既有成本依据，又有利于公交公司的正常营运，从而方便了市民的工作和生存。

四、税金和利润

税金和利润总称盈利，是劳动者在商品生产和流通过程中为社会劳动所创造价值的货币表现，是商品价格超过生产成本和流通费用的余额。盈利的多少、盈利率的高低，是衡量生产经营者经济效益高低的重要指标。

（一）税金概念与分类

税金是指国家凭借政治权利，按法定标准对企业和个人创作的一部分社会产品进行强制、无偿征收的财政收入。税收按照征收对象的不同，可以分为流转课税、所得课税、资源课税、财产课税、行为课税五大类。按照税收管理和享用权制划分为中央税、地方税、中央与地方共享税。按税种与价格的关系可以划分为价内税与价外税两种。

价内税是指能作为一个独立的价格构成要素计入价格的那些税种，如营业税、消费税、资源税、关税等。在价格制定时主要研究价内税。价外税是指不能以独立要素计入商品价格的税种，如企业所得税、外国投资企业或外国企业所得税、个人所得税以及对土地、财产、特定行为征收的税金。

几种主要税金介绍：

(1)消费税。消费税是对在我国境内生产、委托加工和进口的应税消费品的个人和单位，就其应税消费品的销售额或销售量征收的一种税。现行应税消费品有11类税目，分别是烟、酒及酒精、鞭炮焰火、化妆品、护肤护发品、贵重首饰及珠宝玉石、汽油、柴油、汽车轮胎、摩托车、小汽车。

(2)营业税。营业税是对我国境内提供应税劳务、转让无形资产、销售不动产的单位和个人，就其营业额征收的一种税。营业税的征收范围包括交通运输业、建筑业、金融保险业、邮电通信业、文化体育业、娱乐业、服务业及转让无形资产和销售不动产。

(3)增值税。是对我国境内销售货物、提供加工、进口货物以及从事修理修配单位和个人，就其增值额征收的一种税。增值税在生产环节和批发环节为价外税，而在零售环节则合并为价内税，具有价内税和价外税的双重特征，但一般则作为价内税来分析。增值税不是价格的构成要素，而是附在价格之外向买方收取，这就是价税合并价格，即人们习惯上说的含税价格。

(4)关税。是一个国家对进出国境或关境的货物或物品征收的一种税。关税分为进口关税和出口关税，其中进口关税是关税的主体，是进口商品的国内市场价格的组成部分。

(5)资源税。是对我国境内开采矿品或生产盐的单位和个人，就其开采或销售的资源数量征收的一种税。资源税的征收范围包括原油、天然气、煤炭等非金属矿原矿，有色金属、黑色金属等金属矿原矿和盐(含固体盐和液体盐)。

(二)利润概念与分类

利润是价格构成中的一个要素，是商品价格超过生产成本、流通费用和税金的余额，是生产经营者的纯收入。商品价格中的利润按其所在环节可分为生产利润和商业利润。生产利润又可分为工业利润、农产品纯收益；商业利润按照商品的流通过程又可分为批发利润、零售利润等。

(1)工业利润。是工业品生产者价格即出厂价格的组成部分，计入出厂价格中的利润通常是通过利润率来计算的，具体指标有资金利润率、销售利润率和成本利润率。目前在制定工业品出厂价格时一般用成本利润率来计算。

(2)农产品纯收益。是农产品生产价格组成部分，是农产品生产价格减去生产成本后的余额。

(3)商业利润。是商品经营者价格的组成部分，是商品经营者价格减去经营成本后的余额。

📋 1-15 案例

税金的作用

从亨利·福特时代到 20 世纪 50 年代初，美国始终处于世界汽车霸主的地位。随着欧洲、日本经济的快速发展，美国逐步成为汽车进口大国。20 世纪 80 年代，美国进口汽车总量约占本国市场份额的 25%。面对国内市场的如此情况，遭受生产能力过剩和失业双重打击的汽车公司和工会，提出设置汽车关税的解决方案，即对每辆进口汽车征收 2000 美元的关税。

资料来源：翟建华，冯春林. 价格理论与实务［M］. 大连：东北财经大学出版社，2013.

问题：企业纳税会影响商品的供求进而影响企业的利润，企业因此能拒绝纳税吗？

📅 附：扩展阅读

月饼成本价格调查报告

2004 年中秋节期间，"天价月饼"现象在社会上引起了强烈反响。国家发展改革委价格司组织各地价格主管部门成立调查队对全国有代表性的 91 家月饼生产企业和 116 家大中型商场（超市）开展了月饼成本价格专项调查。调查结果表明：月饼市场绝大多数为中低档月饼，"天价月饼"只是个别现象；月饼包装过度现象普遍存在，包装成本明显过高；部分企业广告与销售费用偏高；月饼价格和市场有待规范。

一、月饼成本价格调查实施情况

在设计调查方案时我们发现，由于各地的消费习惯、口味不同，月饼这种传统食品原料千差万别，很难在全国范围内按原料类型对月饼进行分类和统计汇总。在前期对北京地区月饼生产企业和销售企业实地调查摸底的基础上，我们采取了按月饼价格水平进行分类和调查月饼成本中各项费用构成比例的方法。实践表明这种方法是合理可行的。具体的分类方法是：按每 500 克单位价格将月饼分为低档、中档、高档和"天价月饼"四个档次，其中 50 元以内为低档月饼，50～250 元为中档月饼（实际调查时

又划分为 50～150 元和 151～250 元两档），251～500 元为高档月饼，500
元以上为"天价月饼"。需要说明的是，价格达万元甚至数十万元的"超天
价月饼"没有纳入本次调查范围，因为这已经不是传统意义上的月饼，不
具有典型性。为保证调查数据的代表性，此次调查采用重点调查方法，91
家生产企业均为各地月饼的主要生产厂家，116 家商场也均为各大中城市
的大中型商场（超市）。各地价格主管部门高度重视这项调查工作，积极
与有关部门、行业协会沟通，及时组织部署。各地成本调查队深入到企
业、商场，反复宣传调查目的和意义，消除生产厂家和经营者的顾虑，使
大多数被调查单位能够较好地配合调查，如实填报相关数据。在取得原始
数据的基础上，各地成本调查队认真测算、严格审核，有时为几个数据而
数次到企业进行核实，确保了调查数据的真实性、准确性。

二、月饼市场构成情况

调查表明：无论是从月饼生产量还是从月饼销售量来看，中低档月饼
都占绝大多数，高档和"天价月饼"比重极小。

以生产量来看，91 家月饼生产企业 2004 年共生产月饼 8358.2 吨，
其中 250 元以下的中低档月饼产量占总产量的 99.4%，高档月饼只占
0.5%，"天价月饼"仅占 0.1%。这说明 2004 年全国月饼消费市场基本正
常，"天价月饼"只是个别现象。

从销售量来看，被调查的 116 家商场（超市）2004 年中秋节共购进月
饼 1375.2 吨，售出 1282.8 吨，售出率为 93.3%。其中 250 元以下的中低
档月饼销售量占总销售量的 98.2%，销售收入占总销售收入的 87.6%；
500 元以上的"天价月饼"的销售量占总销售量的比例不到 0.1%。

三、月饼成本和价格构成情况

调查表明：月饼档次越高，原料费用比重越低，包装费用比重则越
高，利润也越大。在中低档月饼成本中，费用比重最大的是原料费；而在
高档和"天价月饼"成本中，费用比重最大的则是包装费。各档次月饼中
均存在过度包装现象，档次越高越明显。月饼价格主要决定于生产企业，
部分商场的不合理收费行为也抬高了月饼价格。月饼的生产利润率较高，
高档和"天价月饼"利润丰厚。

（一）主要费用情况

原料费。原料费占生产成本的比重，低档、中档、高档和"天价月
饼"分别为 48.1%、38.2%、31.9%和 13.1%；原料费占出厂价格的比重，
低档、中档、高档和"天价月饼"分别为 37.7%、28.2%、21.5%和

20.6%。高档和"天价月饼"的原料费只占出厂价格的1/5左右,有的企业生产的天价月饼的原料费仅占出厂价格的4%。

包装费。包装费占生产成本的比重,低档、中档、高档和"天价月饼"分别为18.9%、29.7%、43.1%和47.1%,高档和"天价月饼"的包装费几乎占生产成本的一半;包装费占出厂价格的比重,低档、中档、高档和"天价月饼"分别为14.8%、22%、29%和31.5%。许多国家规定,包装成本不应超过产品出厂价格的15%,若超过15%,则属于"过度包装"。按此标准衡量,目前国内市场中档以上月饼包装费比例均超过15%,均存在过度包装问题,并且价格越高,包装费比例就越大。有的厂商生产的"天价月饼"的包装费(为便于调查,我们将高档和"天价月饼"礼盒中搭售的其他物品的进货成本一并计入包装费)比例高达51.5%。低档月饼同样存在过度包装现象,个别企业生产的低档月饼,包装费比重甚至也高达42%。

广告费。月饼生产的丰厚利润和激烈的市场竞争推动各月饼生产厂家大打广告战,加上许多媒体的广告价位越来越高,广告费在月饼生产成本中所占比重较大。所有被调查企业的广告费占生产成本的比重基本在4%以上,有些企业甚至高达8%~9%。销售费。许多月饼生产企业反映,某些月饼价格之所以较高,并非生产成本高,而是一些大中型商场和超市利用市场优势地位向企业收取进店费、返利等不合理费用,企业有苦难言,导致销售费增加很多。中低档月饼销售数量多、占用场地面积较大,而销售价格又相对较低,因此销售费对成本影响较大。有的低档月饼的销售费占出厂价格的比例高达25.7%。

(二)损耗

月饼消费期很短,加之市场竞争激烈,企业难以把握市场风险,因此总会有一部分月饼不能销售出去,客观上存在一定的损耗。调查表明,中档和高档月饼损耗较多,占生产量的比例均为3.7%,而低档和"天价月饼"损耗率相对低一些,分别为2.8%和2.7%。

(三)利润

生产企业利润。调查表明,月饼生产是具有较高利润的行业,低档和中档月饼平均净利润率分别达到10.8%和15.1%,在食品加工行业中已属于较高水平,高档和"天价月饼"的净利润率则更是分别高达20.5%和22.4%。随着档次的提升,企业生产月饼的净利润率越来越高。某企业生产的低档月饼的净利润率仅为4%,而"天价月饼"的净利润率却高达

43%。这也是许多企业竞相推出天价月饼的重要原因。销售企业利润。调查表明，月饼销售环节大幅度加价现象并不多见，大多数商场(超市)月饼销售加价率维持在20%左右的正常水平，其中低档、中档、高档和"天价月饼"的平均进销差率分别为21%、19.9%、22.8%和18.9%。

附件一

月饼出厂价格构成表

项目	单位	月饼档次			
		50元以内	50~250元	250~500元	500元以上
一、产量	吨	5658.7	2646.4	46.2	6.9
二、销售量	吨	5066.7	2356.2	39.2	5.0
三、平均出厂价格(含税)	元/500克	22.0	110.9	283.6	846.8
四、出厂价格构成	%	100.0	100.0	100.0	100.0
(一)生产成本	%	78.4	73.8	67.3	66.5
1. 原材料	%	37.7	28.2	21.5	20.6
2. 直接人工	%	8.2	6.6	4.0	3.8
3. 包装费	%	14.8	22.0	29.0	31.3
4. 广告费	%	3.6	4.0	2.7	2.6
5. 管理费	%	3.1	3.1	2.4	2.2
6. 销售费	%	7.4	6.7	5.2	3.6
7. 其他费用	%	3.6	3.3	2.6	2.4
(二)税金	%	8.0	7.4	8.6	8.4
(三)损耗	%	2.8	3.7	3.7	2.7
(四)净利润	%	10.8	15.1	20.5	22.4

注：调查了91家企业。

附件二

月饼生产成本构成表

项目	单位	月饼档次			
		50元以内	50~250元以内	250~500元	500元以上
生产成本		100.0	100.0	100.0	100.0
1. 原材料		48.1	38.2	31.9	31.0
2. 直接人工		10.4	9.0	5.9	5.7
3. 包装费		18.9	29.7	43.1	47.1
4. 广告费		4.5	5.4	3.9	4.0
5. 管理费		4.0	4.3	3.6	3.3
6. 销售费		9.4	9.0	7.7	5.5
7. 其他费用		4.6	4.4	3.9	3.6

月饼销售加价率情况表

项目	单位	月饼档次			
		50元以内	50~250元以内	250~500元以内	500元以上
进货数量	吨	907.9	439.9	22.9	4.5
平均进货价格	元/500克	22.4	123.6	289.4	541.7
销售数量	吨	866.6	393.1	19.3	3.8
平均销售价格	元/500克	27.1	148.2	355.4	643.9
销售加价率	%	21.0	19.9	22.8	18.9

注：调查了116家企业。

资料来源：国家发展改革委价格司．月饼成本价格调查报告[EB/OL]．中国价格信息网，http://www.cpic.gov.cn，2005-07-25.

第二章　价格体系

社会主义市场体系既包括商品市场，又包括生产要素市场，有市场就有交易，有交易就有价格。因此，社会主义市场体系同样也存在包括商品劳务价格和生产要素价格在内的庞大的价格体系。

第一节　价格体系的概述

价格体系是社会主义市场经济体系极为重要的组成部分。在这个体系中，各种商品价格之间有何关系？什么样的价格才是合理的价格？这是经济工作者和市场营销人员应该弄清楚的基本问题。

一、价格体系的概念

价格体系又称价格结构。在一些经济学家看来，市场是调节经济最有效的手段，而价格是信号灯。价格体系是指一个国家或地区内各种商品、服务和生产要素的价格相互关系、相互制约的有机整体。社会主义市场经济体系是一个靠商品交换维系在一起的有机整体，在交换过程中产生了各种价格，既有日用消费品价格，又有工农业生产资料价格，还有服务商品和生产要素价格。由于各种商品种类、品种、规格、型号、质量、经营地区、经营环节、经营季节不同，所以其价格也多种多样、纷繁复杂。但这些价格并不是彼此孤立的、无序的，而是相互联系、相互制约的，是一个有机整体。

二、价格体系的构成

价格体系可以从不同的角度划分为若干个分支体系，从市场体系来考察，首先可以分为两大体系，即生产要素商品价格体系与工农业商品和服务商品价格体系，如图 2-1 所示。

1. 生产要素商品价格体系

生产要素是实现物质生产过程必备的基本因素，主要包括资本、劳动力、

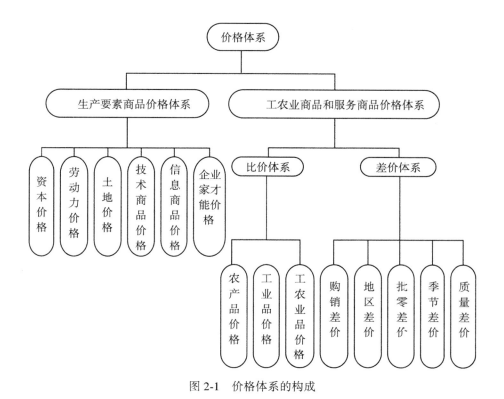

图 2-1　价格体系的构成

土地、技术、信息、企业家才能等。在市场经济条件下，这些要素都已商品化，由此就形成了生产要素商品价格体系，简称为要素商品价格体系。

2. 工农业商品和服务商品价格体系

工农业商品和服务商品价格体系，即商品服务价格体系，这是整个价格体系的主体部分。商品服务价格体系中的各种商品价格存在着纵横两方面的关系。从横向看，主要是国民经济各部门的价格及其比例关系形成不同商品价格之间的比价体系；从纵向看，主要是同种商品不同环节、不同季节、不同地区、不同质量的价格及其形成的差价关系。

第二节　商品比价差价体系

商品比价是指在同一市场、同一时间内的不同商品价格之间的比例关系，反映了市场交易过程中交换各方的经济利益，其实质是商品价值量之间的比例关系。此外，商品比价还受到市场供求、宏观经济政策、历史价格水平等因素的影响和制约。保持各类商品之间合理的比价关系，对于调整产业结构、优化资源配置、促进国民经济协调发展有重要意义。

一、农产品比价

农产品比价是指同一市场、同一时期内不同农产品价格（主要指农产品生产者价格）之间的比例关系，可分为农产品单项比价和综合比价。

（一）农产品单项比价

农产品单项比价是指一种农产品收购价格与另一种农产品收购价格之间的比例关系，其计算公式为：

农产品单项比价＝交换品收购价格/被交换品收购价格

其中，交换品是指定价决策分析的商品，被交换品是指用来与所分析的商品进行比较的商品。计算结果是两种农产品实物量之比，如一斤猪肉换多少斤玉米。但要判断这一比价关系是否合理，还应该结合这两种农产品的成本、净产值等指标进行比较。

📖 2-1 案例

仔猪成交价格为何上升

据某市物价局的调研资料可以看出，皖苏边界地区 2000 年农民养猪积极性大大高于 1999 年。1999 年这一地区的玉米每千克 1.10 元，生猪收购价格每千克 4.50 元左右，仔猪成交价格每千克 5.20 元左右；而 2000 年该地区的玉米每千克降到 0.75 元，生猪收购价格每千克 5 元左右，仔猪成交价格每千克 5.90 元左右，比上年同期平均上升 13.5%。

资料来源：翟建华，冯春林. 价格理论与实务［M］. 大连：东北财经大学出版社，2013.

问题：仔猪成交价格为何出现大幅度的上升？试分析。

分析提示：仔猪成交价格的大幅度上升，说明农民养猪有利可图，补栏热情较高，仔猪的供求关系发生了变化。之所以会出现这种变化，是由于猪粮比价关系发生了变化，从而使农民养猪的收益有所增加。1999 年的猪粮比价是 1：4.1（4.5÷1.1＝4.1，即猪粮比价为 1：4.1），而 2000 年的猪粮比价是 1：6.7（5.0÷0.75＝6.7，即猪粮比价为 1：6.7）。

（二）农产品综合比价

农产品综合比价是指某一类农产品的综合价格与另一类农产品的综合价格之间或若干农产品的综合价格之间的比例。如经济作物类价格与粮食类价格之间的比例，畜产品类价格与粮食价格之间的比例等。农产品综合比价可用以观察各类农产品价格变动的趋势。计算农产品综合比价，不能简单地采用各个品种的价格直接比较，而应采用各类农产品价格指数来比较，计算公式是：

农产品综合比价＝交换品价格指数/被交换品价格指数

二、工业品比价

工业品比价是指同一时间、同一市场的不同工业品价格之间的比例关系。在实际工作中，所谓不同工业品，主要指在生产上或消费上有关联的产品。研究工业品比价的主要目的是处理好工业品各部门之间的经济利益，利用各种经济政策来协调工业品内部的比例关系，促进专业化分工与协作，建立合理的工业化生产结构，以优化资源配置，以最大限度地满足人民日益增长的物质和文化需要。工业品比价一般只进行单项比价的计算，其计算公式为：

工业品比价＝交换品价格/被交换品价格

公式中的价格可以是出厂价，也可以是零售价，但必须上下一致。

三、工农业品比价

工农业品比价是指在同一时间、同一市场内工业品零售价格同农产品收购价格之间的比例关系。它反映农民用一定数量的农产品所能换回的工业品的数量，以及一定数量的工业品所能交换的农产品的数量，所以也称为工农业商品交换率。研究工农业品比价对于正确处理政府与农民、工业与农业的关系，促进工农业生产协调发展，扩大城乡物资交流具有重要意义。

（一）工农业品单项比价

工农业品的单项比价是指在同一时期、同一市场中的某种农产品收购价格同某种工业品的零售价格的比例，它有两种计算方法：

1. 以农产品为交换品，工业品作为被交换品

其公式为：

农产品换工业品单项比价＝某种农产品收购价格/某种工业品零售价格

计算结果表明，农民用一定数量的某种农产品可换到多少数量的工业品。

2. 以工业品作为交换品，农产品作为被交换品

其公式为：

工业品换农产品单项比价 = 某种工业品的零售价格/某种农产品的收购价格

计算结果表明用一定数量的某种工业品能换到多少数量的农产品。

在工农业商品单项比价中，政府较为重视、农民较为关注的主要有以下几种：

（1）农业生产资料与主要农产品的比价，如化肥、农药、农机、农膜与粮、棉、蔬菜的比价等；

（2）农民必需的日用工业品与农产品的比价，如棉布、食盐、肥皂、洗衣粉等与粮食、鸡蛋、蔬菜等农产品的比价；

（3）工业制成品与农产品原料的比价，如棉布与棉花、卷烟与烟叶、白酒与粮食等之间的比价。

（二）工农业商品的综合比价

工农业商品的综合比价是指农村工业品的零售价格指数与农产品收购价格指数之间的比例关系。其结果反映了工农业商品交换变化的情况。计算方法有两种：

1. 农产品换工业品的综合比价指数，通常称其为正指标

计算公式为：

农产品换工业品的综合比价指数 = 农产品收购价格指数/农村工业品零售价格总指数

2. 工业品换农产品的综合比价指数，通常称其为逆指标

计算公式为：

工业品换农产品的综合比价指数 = 农村工业品零售价格总指数/农产品收购价格总指数

通过工农业商品综合比价指数的观察，可以从总体上看出工农业商品交换变化的情况。如果正指标越来越高，则表明农产品的价格相对提高，等量农产品换到的工业品数量增加；如果逆指标越来越高，则表明工业品价格相对提高，等量工业品换到的农产品数量增加。

四、商品差价

商品差价指同一种商品在流通过程中，由于购销环节、购销地区、购销季

节和商品质量的不同而形成的价格差额，反映了市场价格运动的纵向联系。常见的商品差价主要有购销差价、地区差价、批零差价、季节差价、质量差价等。

一般来讲，研究商品比价主要是基于宏观经济的价格调控与决策，而研究商品差价主要是基于微观经济主体的定价决策行为。

(一)商品差价

商品差价是指同一种商品在流通过程中，由于购销环节、购销地区、购销季节和商品质量的不同而形成的价格差额。商品差价是价格体系的重要组成部分，体现价格运动的纵向联系，其种类主要有五种，即购销差价、地区差价、批零差价、季节差价、质量差价。

(二)购销差价

购销差价是指同一种商品在同一时期、同一产地市场，商品生产者价格与销售价格之间的差额。购销差价是商品从生产领域进入流通领域的第一道环节的差价，包括工业品购销差价和农产品购销差价。

1. 工业品购销差价

工业品购销差价一般称进销差价，是指同一种工业品在同一产地、同一时期内的商业批发价格与工业品出厂价格之间的差额。其大小由两个因素决定：一是产地批发企业流通费用的大小，另一个是产地批发企业利润水平的高低。进销差价一般是由政府有关部门(政府定价的极少数商品)和经营单位，根据以往情况事先预定一个进销率计入价格。进销差价差价率的计算公式有两种：

进销差率＝(产地批发价格－出厂价格)/出厂价格×100%

销进差率＝(产地批发价格－出厂价格)/产地批发价格×100%

产地批发价格＝出厂价格×(1＋进销差率)＝出厂价格÷(1－进销差率)

2. 农产品购销差

农产品购销差是指同一种农产品，在同一时期内收购价格与销售价格之间的差额。由于农产品的产销特点和形式不同，购销差价分为两种情况：

其一，当地生产、当地销售的农产品购销差价，形式有三种：①购零差价，即当地收购未经加工就在当地销售的零售价格与收购价格之间的差额，如蔬菜、水果、鸡蛋等；②购批差价，即收购某些农产品如竹、木、家禽等卖给当地加工企业的批发价格与收购价格之间的差额；③原成差价，即收购某些农产品后在当地经过简单加工、出售成品的成品零售价与原材料收购价之间的差额，如猪肉与生猪、絮棉与皮棉等。

其二，当地收购后调往外地销售的农产品购销差价——购调差价，也叫调拨差价，是指产地调出价格与收购价格之间的差额。由于农产品的大部分要调往城市销售或加工，所以这种差价形式十分普遍。

（三）地区差价

地区差价指同一种商品，在同一时期不同地区的相应环节的价格之间的差额。地区差价主要有两种类型：

（1）不同地区生产者价格之间的地区差价。例如，不同地区农产品收购价格之间、工业品出厂价格之间的价格差额等。形成这一地区差价的主要原因是不同地区的生产条件、劳动生产率不同，尤其是农产品、矿产品受自然条件和资源分布的影响较大，造成地区社会成本之间的差异，从而造成不同地区收购价格的差异。

（2）不同地区销售价格之间的地区差价。这主要是指不同地区的工农业品批发价格之间的差价和零售价格之间的差价，其中主要是指批发价格之间的地区差价。形成这一地区差价的主要原因是商业企业把商品从产地运往销地而花费的流通费用的补偿，一定利润的取得，都要从销售价格中解决，从而形成销售价格之间的地区差价。

（四）批零差价

批零差价是指同一种商品，在同一市场、同一时期内批发价格与零售价格之间的差额。批零差价是商业零售企业补偿组织商品经营过程中花费的流通费用并取得利润的来源，它的高低既关系到零售企业的正常经营，又关系到市场物价和人民生活。

由于零售环节的价格是价税合并在一起的，所以与消费者见面的实际零售价是含增值税的。

📖 2-2 案例

药品销售暴利急需整治

据报载，有关部门 2003 年年底对某省药品市场进行调研，发现药品销售中的暴利现象依然十分严重。例如，VC 冲剂每盒进价（出厂价格）是 2.8 元，批发价格是 4.2 元；VC 注射剂每盒进价 0.7 元，批发价格是 2.6

元；而需求量很大的抗菌类药，如某地产的环丙沙星批发价每盒1.7元，零售价每盒8元；新药类人上海产的LG头孢曲松，批发价每支10元，零售价竟高达65元。为了降低药品的"虚高"价格，国家物价局和卫生主管部门已对该药品实行严格差率控制，规定要定进销差率最高不得超过20%，批零差价不得超过15%。

资料来源：翟建华，冯春林.价格理论与实务[M].大连：东北财经大学出版社，2013.

问题：该药品市场的销售价格是否需要整治？为什么？

〔分析提示〕从案例提供的价格可以计算出VC冲剂和VC注射剂的进销差率分别达到50%和271%；而环丙沙星和LG头孢曲松的批零差率分别达到370%和550%。可见，该药品市场的进销差率和批零差率大大高于国家规定的水平，有暴利之嫌。不论是从价格管理的要求来看，还是从减轻社会医药费用负担，保障医疗保险制度改革的顺利进行出发，该药品市场的销售价格都急需整治。

(五)季节差价

季节差价是指同一商品，在同一市场、不同季节的收购价格之间或销售价格之间的差额。季节差价按其形成的原因不同，可以分为两种：

(1)淡旺季节差价。这主要是指同种农产品在不同季节生产所耗费的生产成本不同而形成的季节差价。如冬季的大棚蔬菜，像西红柿、黄瓜、茄子等的成本大大高于夏天露地生产的蔬菜、水果，为了提早上市也得采取技术措施(如地膜)而增加成本支出，从而使反季节蔬菜和早春果蔬价格高于旺季价格，形成季节差价。

(2)储存季节差价。这主要是指季节生产常年消费或常年生产季节消费者的商品，企业在储存和保管这些商品的过程中，花费的仓储费、利息、损耗、管理费等费用要得到补偿并获得一定的利润，从而形成了季节差价。

(六)批量差价

批量差价是指同一种商品在同一市场、同一时期内，由于成交的批量大小不同而形成的价格差额。批量差价是在批量作价中形成的一种差价形式，主要反映商品经营者之间的利润分配关系。这种作价方法不分进货对象的性质、地域，只按购买的数量确定供货价格，即量大价低，量小价高，由此形成批量差价。在实际工作中，批量作价有"折扣"法和"顺加"法两种：

1."折扣"法

这种方法是根据进货数量和市场供求等因素确定不同的批量折扣率，在供货企业正常销售价格的基础上打一折扣，从而形成不同的批量价格。其计算公式为：

批量价格＝正常销售价格×(1－批量折扣率)

2."顺加"法

这种方法是根据进货数量和市场供求情况等因素确定不同的批量加价率，在供货企业进货价格的基础上顺加加价率，从而形成不同的批量价格。其计算公式为：

批量价格＝进货价格×(1＋批量加价率)

(七)质量差价

质量差价是指同一种商品在同一市场、同一时期内，由于质量不同而形成的价格差额。商品质量是指商品的性能和能够满足人们需要的程度，一般表现为商品的适用、耐用程度，效用的大小，性能的好坏，知名度的高低，造型花色是否美观等。同种商品的质量差别，首先是由于生产过程中适用的原材料、劳动者熟练程度、生产设备和工艺以及自然条件不同等原因造成的；其次流通过程中运输、保管、包装、宣传、售后服务等工作的好坏也会影响商品的质量。车间生产和流通过程中投入的劳动数量和质量的差别是形成质量差价的主要原因。当然，消费习惯、社会心理等因素也会对不同质量的同种商品供求发生影响，因而也会影响质量差价。

按照质量差别的具体内容不同，质量差价可以分为：

(1)品质差价，是指同种商品的不同品质之间的价格差额。商品品质的优劣，在很大程度上取决于商品所含的主要成分或有效成分的多少。如化肥、西药等一般按有效成分的高低来制定不同价格。

(2)品种差价，是指同种商品不同品种之间的价格差额。如苹果有红蕉、青蕉、国光、金帅、红富士等品种，由于品种不同而有不同的价格，形成品种差价。

(3)等级差价，是指同种商品，按其质量的好坏分为若干等级，不同等级之间还有不同的价格。如某些农产品分为特定、一等、二等、三等，从而形成等级差价。

（4）规格差价，是指同种商品不同规格之间的价格差额。不同规格，一般是指同种商品的大小、长短、轻重、厚薄、粗细、宽窄等方面的差别。如压力锅有 18cm、20cm、22cm、24cm 等不同规格，电视机有 18 英寸、21 英寸、25 英寸、29 英寸、34 英寸等规格。这些不同规格之间的价格差额就是规格差价。

（5）花色式样差价，是指同一品质、规格的商品，因花色、式样的不同而形成的价格差额。如玻璃有无色玻璃、彩色玻璃，彩色玻璃又分为茶色玻璃、蓝色玻璃、绿色玻璃等。这些不同花色、式样的同种商品，价格也不同，从而形成花色式样差价。

（6）牌誉差价，是指同种或同类商品，因品牌不同而形成的价格差额。如卷烟中的中华牌与其他品牌，白酒中的茅台、五粮液与其他白酒，运动服中的李宁牌与其他品牌等等。由于名牌产品知名度高、质量优、信誉好，因而价格也比较高，从而形成于其他品牌产品的牌誉差价。

除了以上差价之外，还有包装差价、新陈差价、死活差价等差价种类。

质量差价是客观存在的，质量差价应合理安排。合理安排质量差价的基本原则是坚持按质论价——即同类或同种商品按照其质量的差别分别定价，实行优质优价、劣质低价、同质同价、按质论价，从而促进商品质量的不断提高。

📋 2-3 资料

工农业品价格"剪刀差"

对于剪刀差的含义，理论界存在多种认识，其中有两种表述方法较具普遍性：一种是从价格动态或工农业品比价角度下定义，称为"比价剪刀差"，即在工农业商品交换中，工业品换农产品的综合比价指数越来越高，农产品换工业品的综合比价指数越来越低，这种现象在统计图表上表现出来，像一把张开的剪刀，故叫"剪刀差"。另一种是联系工农业品价值下定义，称为"比值剪刀差"，即在工农业商品交换中，农产品价格低于其价值，工业品价格高于其价值，因而对于同一价值量来说，反映在农产品价格上越来越低，反映在工业品价格上越来越高。这种剪刀状的价格差反映的是工农业品的不等价交换及其发展趋势。

对于剪刀差产生和存在的原因，理论界的观点也不完全一致，一般认为有两个方面的原因：一是工农业劳动生产率的差距，如果工业劳动生产率高，农业生产率低，就会产生剪刀差；二是政策原因，例如国家有意识的实行从农业中提取一部分资金发展工业的政策，这样就必然会产生剪刀差。

我国目前工农业品价格仍然存在一定的剪刀差，其主要原因是：第一，由于历史上形成并遗留下来的剪刀差较大，尽管新中国成立后采取了一系列缩小剪刀差的措施，但短期内难以消灭；第二，经济发展过程中又不断出现新的剪刀差，这是由于工农业劳动生产率增长的差异性，即工业劳动生产率增长速度快于农业劳动生产率增长速度所致。因此，缩小剪刀差的根本途径是提高农业劳动生产率，同时对农业实行价格支持和政策保护。

资料来源：（1）价格剪刀差，百度百科；（2）卢向宇. 我国工农业产品价格剪刀差的形成、发展趋势及对策[D]. 沈阳：东北大学，2012.

第三节　价格总水平

价格总水平是各种商品价格运动的综合结果。价格总水平属于宏观经济范畴，它一方面综合反映着国民经济的状况，是政府宏观经济决策的重要依据，另一方面又能动地反作用于个人消费、企业成本与收益、财政信贷等经济活动，是实现经济政策的重要工具。保持价格总水平的基本稳定，对于促进经济持续发展，安定人民生活有重要作用。

一、价格总水平的含义

价格总水平是指一定时期内全社会所有商品价格的平均水平。它表明全部社会商品价格在一定时期、一定条件下的运动变化情况即价格的动态反映。影响价格总水平的因素很多，如社会劳动生产率、劳动者工资报酬、社会积累、社会商品总需求量与商品可供量的关系、商品价格的调整、货币价值的变动等，都可引起市场价格总水平的变化。

为加强和改善宏观调控，我国价格法把稳定市场价格总水平作为立法宗旨的一项主要内容，并明确规定：稳定市场价格总水平是国家重要的宏观调控目标，国家根据国民经济发展的需要和社会承受能力，确定市场价格总水平调控目标，列入国民经济和社会发展计划，并综合运用货币、财政、投资、进出口等方面的政策和措施，予以实现。

现代市场经济国家纷纷把价格总水平的相对稳定作为国家宏观调控的主要目标之一，其根本原因在于，价格总水平的激烈波动，无论是急剧下降还是大幅度上涨，对于整个社会的安定、经济的稳定协调发展都是十分有害的。作为我国宏观调控的首要目标，稳定价格总水平自然成为价格立法的重要目的。为了实现稳定市场价格总水平的政策目标，需要运用货币、财政、投资和进出口等调控经济的宏观政策。货币政策方面，主要是利率、公开市场业务、降低贴现率、提高商业银行准备金率等间接的金融调控手段来调节流通中的货币供应量，保持币值稳定；财政政策上，从增收节支着手，通过财政收支的变动来影响宏观经济活动水平，进而影响市场价格总水平；投资方面，通过增减投资总量，调控调节投资方向，减少市场价格总水平波动的资金压力；进出口方面，是通过调节关税，加强国内市场管理等方面来调节供给，防止价格总水平的剧烈波动。

稳定市场价格总水平是指价格总水平的相对稳定或基本稳定，即不发生大幅度的波动，关系国计民生的重要商品和服务价格更不应暴涨暴跌。价格总水平基本稳定一般有三个数量界限：即价格上涨的幅度不超过经济增长率，不超过人们工资收入增长的幅度，不超过银行存款的利率。

二、价格总水平指数

价格总水平通常用价格总指数来表现，如果价格总指数大于100%，就表明价格总水平上升了；如果价格总指数小于100%，就表明价格总水平下降了。可见，价格总水平的含义有三层含义：其一，价格总水平包括的商品范围是全社会商品，即社会总商品；其二，价格总水平是全部社会商品价格综合平均动态；其三，价格总水平是以各类商品价格指数加权平均的总指数表现出来的。

价格总水平是通过价格总指数来表现的，测算或者统计价格总水平时，应把所有商品价格变化包含在内，但由于资料搜集和统计方面的原因，一般国家不编制价格总指数，而是以某一方面的价格总指数来代表反映价格总水平的变化情况。例如，许多国家测量价格总水平的指标是以下几种：

消费品价格指数，也称零售物价指数。这一指数只计算商品而不包括劳务项目，而且是按零售商业经营的全部商品的销售额计算，反映的是不同时期内的商品零售价格水平变化的趋势和程度。

消费者价格指数，又称生活费用指数。这一指数的计算包括城乡居民所购买的所有消费商品和服务项目，反映的是直接影响居民生活的价格水平变化情况。

批发物价指数。这一指数是根据制成品和原料的批发价格编制而成的指数。

国民生产总值平减指数，即以当年价格计算的国民生产总值与按固定价格计算的国民生产总值之比来表现价格总水平的变化。这一指数的计算范围不仅包括消费商品和服务项目，还包括生产资料与资本财产、进出口商品与劳务价格等价格在内。

上述四种衡量价格总水平的指标中，消费者价格指数和国民生产总值平减指数采用的较为普遍。

我国编制和使用的测量价格总水平的指标主要有商品零售价格总指数和居民消费价格总指数两种。长期以来，我国价格统计指数的公布和使用以商品零售价格总指数为主，但从 2000 年起改为居民消费价格指数为主。这样做主要出于以下几个方面的考虑：

(1)商品零售价格总指数主要反映居民消费品零售价格的变动，而居民消费价格指数不仅反映居民消费品零售价格的变动，而且也反映居住和服务项目价格的变动。

(2)目前世界上大多数国家采用居民消费价格指数来衡量价格总水平的变动幅度，我国改以居民消费价格指数为主，主要是为了与国际管理接轨，以有利于我国与世界大多数国家进行比较和分析。

(3)居民消费价格指数能够比较全面、真实的反映市场价格的实际变动情况，有利于改善价格总水平调控。

表 2-1 是 2016 年我国消费价格指数统计情况。

表 2-1 2016 年消费价格指数情况

（上年＝100）

指　　标	全省	城市	农村
居民消费价格总指数	101.9	102.0	101.8
服务价格指数	101.9	102.0	101.5
工业品价格指数	99.8	99.8	99.5
消费品价格指数	101.9	101.9	101.9
非食品价格指数	101.2	101.3	100.8
扣除食品和能源价格指数	101.5	101.6	101.2
一、食品烟酒	104.4	104.4	104.5
1. 食品	105.1	105.0	105.5
(1)粮食	100.5	100.7	99.9

续表

指　　标	全省	城市	农村
(2)薯类	103.2	102.8	104.4
(3)豆类	100.8	101.2	99.9
(4)食用油	101.6	100.9	103.2
(5)菜	112.8	112.9	112.3
#鲜菜	114.0	114.2	113.6
(6)畜肉类	111.9	111.5	113.1
#猪肉	116.0	115.9	116.4
(7)禽肉类	102.6	102.6	102.4
(8)水产品	104.8	104.8	105.1
(9)蛋类	96.5	96.5	96.3
(10)奶类	100.2	100.0	100.6
(11)干鲜瓜果类	98.5	98.7	97.7
#鲜瓜果	97.3	97.5	96.4
(12)糖果糕点类	101.3	101.4	101.0
(13)调味品	102.6	102.9	101.8
(14)其他食品类	101.7	101.7	101.8
2. 茶及饮料	100.5	100.4	100.7
3. 烟酒	102.2	102.4	101.8
(1)烟草	102.7	103.0	102.1
(2)酒类	101.1	101.2	101.0
4. 在外餐饮	103.8	103.9	103.5
二、衣着	101.5	101.5	101.5
1. 服装	101.6	101.7	101.3
2. 服装材料	101.5	101.1	102.4
3. 其他衣着及配件	100.7	100.8	100.4
4. 衣着加工服务费	105.0	104.4	106.6
5. 鞋类	101.3	101.0	102.1

续表

指　　　标	全省	城市	农村
三、居住	101.0	101.1	100.8
1. 租赁房房租	101.9	101.6	103.5
2. 住房保养维修及管理	101.8	101.9	101.3
3. 水电燃料	98.5	98.7	98.0
4. 自有住房	101.6	101.6	101.5
四、生活用品及服务	100.2	100.1	100.3
1. 家具及室内装饰品	100.1	100.1	99.9
2. 家用器具	99.1	98.8	100.1
3. 家用纺织品	99.5	99.4	99.9
4. 家庭日用杂品	100.0	99.9	100.3
5. 个人护理用品	100.9	100.9	100.6
6. 家庭服务	103.6	103.5	103.9
五、交通和通信	98.7	98.8	98.6
1. 交通	98.7	98.9	98.0
2. 通信	98.9	98.6	99.8
六、教育文化和娱乐	102.7	102.9	101.7
1. 教育	104.0	104.6	102.0
2. 文化娱乐	100.8	100.8	100.9
七、医疗保健	101.3	101.5	100.7
1. 药品及医疗器具	103.5	103.9	102.3
2. 医疗服务	100.0	100.0	100.1
八、其他用品和服务	102.5	102.5	102.8
1. 其他用品类	104.0	104.4	102.3
2. 其他服务类	101.6	101.2	103.2

三、价格调控措施

为了实现市场价格总水平的稳定，我国价格法规定了以下几项具体的价格调控措施：

（一）建立价格监测制度

国家若要通过宏观经济调控稳定市场价格总水平，就必须对市场价格有全面和充分的了解。价格法第二十八条规定：为适应价格调控和管理的需要，政府价格主管部门应当建立价格监测制度，对重要商品、服务价格的变动进行监测。这是由于价格是市场上最活跃的因素，是受多种因素制约的一个变量，要了解价格涨落的真正原因及其发展趋势，绝不是一件轻而易举的事情。因此，价格法规定政府价格主管部门应当建立价格监测制度，对重要商品、服务价格的变动进行监测。只有通过科学的方法，对重要商品和服务价格的变动进行必要的和经常性的监测，才能获得准确的有价值的价格信息、资料和有关数据。这是政府及时对价格采取必要、正确的调控措施的基础和前提。《价格监测规定》已经被国家发展和改革委员会办公会议讨论通过，自 2003 年 6 月 1 日起正式实施。

（二）建立重要商品储备制度，设立价格调节基金

在主要由市场形成价格的机制形成以后，绝大多数商品和服务价格实行市场调节价，即由经营者在市场竞争中自主定价，受供求关系的影响，商品价格的波动是不可避免的。一般商品价格的波动和变化不会影响大局和社会的稳定。但是，一些关系国计民生的重要产品，如粮、棉、石油产品、钢材等，其价格波动起伏如果超过消费者和生产者的承受能力，就会影响社会的安定和市场经济的健康发展。为了国家与人民整体的长远利益，价格法规定，应当建立起比较健全的重要商品储备制度和设立价格调节基金。通过储备商品的吞吐来调节供给和需求。当某种重要商品价格上涨过高时，可以抛售储备商品，抑制价格上涨；当某种重要商品价格过低，影响生产者的合理收益时，即收购这种商品，以支持价格，实践证明，用这种方式调控价格，能够起到稳定市场的作用。设立价格调节基金的目的也在于平抑市场物价，避免或缓解商品价格出现反常和较大波动带来的冲击。

（三）对主要农产品实行保护价格

为防止谷贱伤农，保护农民的生产积极性，稳定和保障农产品市场供给，价格法规定："政府在粮食等重要农产品的市场购买价格过低时，可以在收购中实行保护价格，并采取相应的经济措施保证其实现。"依法对重要农产品实

行保护价格的制度，具有十分重要的意义。例如，倘若农业连年丰收，一些农业产品销售不畅，价格大跌，农民收入增长减缓时，政府可作出按保护价敞开收购议价粮的决定，要求按保护价收购议价粮，不拒收，不限收，不停收，不压级压价，不打白条，这会极大地鼓舞和调动农民的生产积极性，为保持农业发展的良好势头和国民经济持续、快速与健康发展奠定基础。

(四)对部分价格可采取干预措施或紧急措施

在市场经济条件下，价格围绕商品的价值上下波动，受供求关系的影响发生涨落，是正常现象，也是发挥市场优化资源配置功能的必要条件。然而，由于政治、经济和自然灾害等多方面的原因，一些重要商品和服务价格，也有可能发生突发性显著上涨或者下跌。显然，如果发生这种情况，就会导致人民群众生活水平的下降和社会秩序紊乱，影响社会的稳定和妨害国民经济发展。因此，价格法规定："当重要商品和价格显著上涨或者有可能显著上涨，国务院和省、自治区、直辖市人民政府可以对部分价格采取限定差价率或者利润率、规定限价、实行提价申报制度和调价备案制度等干预措施。"

价格法还规定，在特殊情况下，国务院可以采取紧急措施，调控市场价格总水平。因为在一般情况下，国家通过政策和法律措施能够保证市场价格总水平的稳定或基本稳定，而不会出现异常和巨大的波动。但是，也不能完全排除由于战争、自然灾害、通货膨胀等原因引起的市场价格总水平突发性的剧烈波动。所以，价格法规定："当市场价格总水平出现剧烈波动等异常状态时，国务院可以在全国范围内或者部分区域内采取临时集中定价权限、部分或全面冻结价格的紧急措施。"这是在非常时期稳定物价，保障供给，安定群众生活，维持正常社会经济秩序，避免给国民经济造成严重损失而应当作出的选择，符合国家和人民的根本利益。当依法实行紧急措施的情形消除后，应当及时解除紧急措施，恢复正常秩序。

📖 附：扩展阅读

联想战略降价

2004 年 8 月 3 日，正值酷暑。但天气的炎烈远比不上商战的激烈。联想，这个中国乃至亚洲最大的 PC 厂家在此时将其旗下的家用电脑家悦系列全线大降价，最低的一款甚至达 2999 元，比普通的组装机价格还要便宜，开品牌电脑"价格"低于 3000 元的先河。一时间，媒体和行业哗然：电脑行业的价格战要开打了！电脑行业要蹈彩电行业的覆辙了。有人分析认为联想降价是为了争夺更多的市场份额，稳固其亚洲第一电脑厂商的地位，联想方面对此次降价的"解释"是为了推行"乡镇电脑普及计划"，占领中小城市和乡镇的潜在市场，以低价 PC 撬开电脑消费的"冻土层"。诚然，低价是敲开低端市场一个最有力的武器，联想这样大张旗鼓地"降价"明显地要争抢更大的市场份额，不过。挑开纷繁和热闹的"面纱"，我们会惊奇地发现，联想不仅仅是在打价格战，不仅仅是为了争夺更多"暑期"份额，换句话说联想的这次降价不只是战术上的，而是战略上的逼宫供应商。

众所周知，一台电脑中最贵的硬件是处理器和显示器；软件是操作系统，在处理器中长期占据垄断地位的是英特尔的奔腾系列处理器，从奔腾 I 到奔腾 II、III；每推出一代奔腾处理器便引起电脑市场的"风起云涌"，多少电脑整机厂商以成为英特尔的合作伙伴为荣，仿佛一旦取得"合法地位"便财源滚滚。事实上，很多国内的 PC 巨头，包括联想就是靠英特尔的扶持才很快"壮大"起来。英特尔在电脑的核心部件 CPU 上的垄断地位使其对整机厂家"牛气十足"，它常常利用推出新一代处理器的机会"要挟"下游厂家，因为它的新处理器优先供给哪个整机电脑厂家，哪家就会迅速取得优势市场地位。前几年，英特尔就将奔腾四处理器在中国推广的伙伴选择了 TCL 电脑而非当时已经居 PC 市场老大但正在倾力处理奔三库存而不愿意推 P4 的联想。TCL 电脑凭借 P4 的"东风"一路横扫，很快在国内 PC 市场上风头盖过联想。好在联想发起的"液晶风暴"运动也取得了辉煌战果，遏制住了 TCL 电脑的发展势头。虽然联想在"液晶对 P4"一役中采取"避其锐气、独辟蹊径"的战术而战绩不俗，但也感到"后怕"，赶紧在其品牌电脑中装上 P4，老老实实地做英特尔的"铁杆"拥护和支持者。

联想作为 PC 产业链中游的整机生产厂家自然不愿意其上游供应商，尤其是关键部件的供应商过于强势，这样在与供应商合作的时候话语权会很小，处处受制于人，随时要"讨好上游"，时时担心上游"喜新厌旧"把自己抛弃。要改变这种状况，一个可以自己"纵向一体化"向上游延伸，自己进入处理器行业，不过这样会带来巨大的投资，在技术也无法和老牌的英特尔比拼，再有就是 CPU 行业换代很快，当你联想研制出相当于奔三的 CPU 的时候，可能奔五奔六都出来了，永远的追赶永远落后，而落后的技术在这种高科技的行业是没有立足之地的。另一个办法就是扶持另外一个较有实力的 CPU 厂家与英特尔竞争，让英特尔的竞争对手强大起来，起到牵制的作用。

在这次联想大降价的背后，联想得到了英特尔的竞争对手 AMD 的支持。其实联想早在今年的六月初就试探性地在其"锋行"系列上安装 AND 的 CPU，看看英特尔是什么反应。没想到英特尔对此"没有什么表示"。联想为了这次降价行动，先和英特尔长时间的"沟通"，英特尔方面终归不肯低下"高贵的头"。

联想终于决定放手一搏：采用 AMD 的新的 64 位的 CPU，大幅度的降低售价，之后大幅扩大市场份额，利用其规模优势再向 AMD 采购 CPU 中获得更大的折扣。更大采购量将使得英特尔不得不重视，为了保住联想这个大客户不被 AMD 完全"占据"，会在未采用 AMD 处理器的其他联想电脑上给予更好的政策。联想之前之所以迟迟未与 AMD 合作，就是想获得 AMD 更好的供价。联想这次降价借 AMD 来逼英特尔降低 CPU 的价格，颇有当年英特尔借 AMD 来逼联想推 P4"异曲同工"之妙。不过当年英特尔凭的是"过硬的技术"而联想凭借的是庞大的市场份额及由此形成的规模效应。联想扶 AMD 而"打击"英特尔也向更多的中小的 CPU 厂家发出信号：只要真正能研制出物美价廉的处理器一样有可能很快发展壮大，因为有联想这样的巨大的 PC 制造商在扶持！联想与上游厂家的博弈中将有更大的"声音"。

联想在三年前连续获得亚洲 PC 霸主地位后，如同很多中国的企业一样"雄心勃勃"开始多元化扩张，先后进入互联网、手机等行业，在经历了互联网泡沫等挫折后，联想"蓦然回首"才发现还是主业 PC 在支撑整个集团的利润，而此时联想 PC 的领导地位已然受到威胁。根据 GARTNER 的调查数据，联想在亚洲的霸主地位已经被惠普抢去了，但仍然占据国内的领头地位。虽然就连居于国内 PC 第二位的戴尔的市场占有率只有 7% 左右，远不能与联想的 21.3% 相提并论，不过戴尔挟其先进的"直销"模式正以三倍于联想的出货量在追赶，还有方正也在以 2 倍的出货量奋力直追。联想的市场份额正受到蚕食。

联想要想甩开这些追赶者，只有寄希望于一方面在笔记本电脑市场上有所作为，另一个方面就是不断地挖掘新的消费区域和群体市场，前者自然是指中小城市和发达的乡镇，后者指工薪阶层和学生群体，这两种市场的明显的特征是消费能力不强，昂贵的如六七千的电脑大多承受不起。启动这个市场最有效的方式是降价，一步到位降到其能够承受的心理价位，引爆这些市场的消费热情。

根据有关的统计表明，中小城市和乡镇市场将占到全国市场的 20%，若联想能够占到其一半，将极大地提高联想的整体的市场份额。要知道这部分市场非戴尔、IBM、惠普等在四到六级市场网络不全的洋巨头们能做的，而二线电脑品牌和 DIY 机在联想低到 3000 元以下的价格打压下也全然没有优势可言。联想的低价将极大地抢占"冻土层"同时争夺二三线品牌和 DIY 原有的市场份额，以绝对的市场份额拉开与追赶者的距离，继续"笑傲 PC 江湖"！

构筑行业壁垒

若到各地的电脑城看看，许多人会发现电脑品牌多如牛毛，许多有名的其他行业的厂家也推出其品牌电脑，如紫光、海信、夏新，但有的是闻所未闻。这些形形色色的品牌活得还很"滋润"，因为 PC 是个"暴利"行业，其运作模式也简单：只要向上游供应商"赊"来一批原料再找工厂贴牌生产，而卖给渠道的时候则要现货现款，这样无须多大的本钱就可以做 PC 了。这时只要市场推广和运作做得好就可以赚大钱了。市场运作这一块只要到其他的老牌的 PC 企业挖几个高级经理也 OK 了。紫光和海信都是这样做的。

这些企业不用卖"很大的量"也有"暴利"。有名的企业还想打打广告树立品牌，那些更小的厂家则赤裸裸的用比主流品牌"低"得多的价格去抢市场，也依然活得很好——显然这样低价后还有很大的利润空间。神州和七喜电脑就是靠低价起家的，现在七喜在广州市场的占有率已经超过联想，居第一，近年来更是成功上市。

资本是逐利而动的，在家电等传统行业利润已经很微薄的情况下，资本的目光会盯上尚有可观利润的 PC 行业。联想的这一波降价会使得其他主要品牌跟进，导致整个行业 PC 价格提前"探底"，这时要想在这个行业生存得好，必须有大的销量，产生规模经济，使分摊到各个单品的成本降低，同时成本控制能力也"很关键"，在行业利润普遍变薄情况下，谁的费用少，谁就有更好的收益。这样一来，行业的门槛高了，而联想则凭借其庞大的销量和较强的成本管理能力依然挣钱，享受稳定的"微利"！

稳固联想国际化的"后方"

联想作为中国标杆性的企业，肩负着太多的国人的期许。走向世界，成为国际性大公司是联想的目标也是国人对联想的期望。

2003 年联想更换标志，用更国际性的 LENNOVO 代替原来的 LENGEND，并开展大规模的宣传推广活动包括借"神舟五号"升天进行的事件营销。这次换标被看作联想"大踏步"走向世界的开始。一年之后，联想更是拿出 8000 万美元顶"IBM"的缺成为国际奥委会顶级赞助商。显然联想国际化战略上向韩国三星看齐，试图借 TOP 计划一步登峰，丑小鸭变成白天鹅。联想这一系列国际化动作表明联想国际化的决心。

不过联想国际化的背后需要巨大的投入。除去换标的宣传费用，单是赞助国际奥委会就让联想拿出 8000 万美元，虽有一半可用设备来代付，但根据业内人士指出，联想要想借奥运来提升自己的品牌影响力还需要投入 3~5 倍的"真金白银"来进行相关的市场运作，这笔大约 20 亿元的钱要在 2004 年到 2008 年投入。尽管联想现在每年用于市场推广的费用是销售额 250 亿元的 2% 即约 5 亿元，四年间要投入 20 亿元到奥运营销推广上还是相当吃力的。

这就要求联想未来几年有稳定的销售收入和相当丰富的现金流。而根据联想的财务显示，其 PC 业务为集团贡献了绝大部分利润。因而 PC 是联想国际化运作的支柱。联想此次大降价，要在"乡镇普及"电脑，是想以价格尖刀切入四到六级市场并使其成为未来几年联想 PC 销量增长的主要拉动，稳固 PC 主业市场地位，为其国际化运作提供"源源不断"的资金活血，保证联想"涅磐"。

检阅新的渠道架构和策略

从 2004 年 2 月开始，联想对其 PC 渠道按照"细分市场、权力适度下放、结构扁平化、矩阵管理"的原则进行调整。调整后，联想将财务、市场规划等统一到中央平台由总部统一调配，而将原来七个大区细划为 18 个分区，各个分区总经理权限放大，有人、财、市场权，甚至可自己商定与销售代理之间的返点并可以拒绝销售不适合自己区域的产品。这样分区可更贴近顾客。联想为了应对戴尔的直销，也开始针对大客户和成长型的企业客户进行"电话营销"和"跟踪营销"。联想渠道调整使得其渠道管理层级减少，指挥和管理前移，更为重视大客户，顺应了渠道扁平化的趋势。但这种合直销和传统渠道于一身的架构到底行不行，尚需要市场的检验。而联想发动的这次降价事件则刚好可检阅新的渠道架购和策略合不合理？

此外，联想推行渠道扁平化的变革，势必是重点扶持四到六级市场的代理商，这些代理商极需要一批物美价廉的产品来冲击低端市场靠经营"低价"杂牌机和 DIY 机生存和发展的商家。联想砸向市场的这批机型给足了这些代理商支持和信心，联想渠道调整后 18 个分区经理有了较大的权力，不过也让他们面临业绩说话的巨大压力，他们面对竞争对手"一波高于一波"的降价冲击的时候，开始还能用买联想电脑送"宽带"或者返还现金等促销方式来支撑，但对手更甚：七喜扔出买电脑送打印机的招牌，TCL 电脑则返还更大额度的现金。联想此番价格降到见底，足以让各个分区的销量上去，给予这些经理们巨大的支援和鼓舞。

在联想直接的电话和跟踪大客户抢去原由代理商负责的市场情况下，原有代理商对联想所谓的渠道"短链"优化肯定有所不悦和抵触，不过戴尔等正在不断侵蚀联想大客户和企业客户市场，联想这样做也是"情非得已"！不过作为对这些被"削番"的代理商的补偿，联想抛出了这批特价机，让他们获取好的收益，安抚"人心"，毕竟联想的 80% 的销量是由这些代理商来完成的。

联想需要再创辉煌来证明自己

联想早年在杨元庆的带领下成就 PC 霸业，但步如杨元庆时代的联想在 2001 年提出的战略目标远未实现，多元化运作也鲜见胜绩，反而是主业日渐受到戴尔、惠普等的挑战。于是近几个月来联想受到业界内外和媒体一片质疑，争论此起彼伏。联想为了应对质疑，先是高层集体"主动"降低薪水以示对联想近年业绩不佳"负责"。接着战略性裁撤一些业务以便将绝大部分资源投入 PC 主业，对于由此也带来裁员几百人的震动，不过也相应降低成本。

这些动作虽对恢复股市和股东的信心，回应外界起到一定的作用。但一个企业要真正让人信服，还需要以实实在在的战绩来说话的。以"成败论英雄"绝对是市场经济中一条不变的真理。联想深谙此理，此役"乡镇电脑普及计划"降价行动实则肩负着重振联想的大任，只许胜不许败！

理想与现实

联想或许踌躇满志要通过降价风暴来"再创辉煌"，但市场竞争已今非昔比，昔日的杂牌厂家如今已经得道成仙，如七喜，在广州区域市场就占有很高的市场份额和市场知名度以及美誉度，上个月更是成功上市，神舟电脑也日渐成气候。他们是靠低价起家的，现在有了一定的资金实力和规模，更不惧怕打价格战，就在联想 2999 元 PC 面市没几天，他们就打出了同样的价格但配置远好于联想的机子。至于 DIY 市场，由于 CPU 等配件竞争日胜于一日，价格也是江河日下。DIY 一台一般配置的台式电脑也要 2500 元左右，水降船低，这些商铺可利用卖其他数码产品来补过电脑组装方面的"不饱"。联想降价的"影响力"就被跟进得所剩无几了。

这几年电脑价格不断下滑，各个厂家利用各种手段来刺激消费者，让消费者对价格的敏感性"递减"，这就又使得联想降价效果不可与当年同日而语。再加上经过长年电脑知识教育的普及，消费者——即便是乡镇的消费者的电脑知识也提升很多，电脑消费已经比较理性，对电脑的要求不仅仅是价格，还有配置，还有是否隔代的产品，还有服务？？诚然联想作为中国 PC 第一厂家，服务自不在话下，不过其降价到 2999 的产品的配置实在是不敢恭维，在超平已经快要过气而液晶成为主流的情况下还用球面显示器，其他的如 CPU、内存等也比较落后，这如何令消费者心动？价廉物却不美，与对手相比竞争力何在？如此配置是否有清理库存配件之嫌？如此怎能配得起联想是中国乃至亚洲第一 PC 厂家的称号？

还有联想在大举进行 TOP 营销以提升联想品牌的情形下还大张旗鼓地打价格战，沉浸于"低端"市场，这是否与其要把联想培育为具有奥运品质的高端形象相悖？这边在大把地烧钱要给品牌升级，那厢则为了"养家"在不断地侵蚀其品牌形象，我想这绝不是联想所愿意看到的。

资料来源：卢旭成. 联想战略降价[EB/OL]. 中国营销传播网，2004-9-29.

思考题：

1. 联想降价的目的和背景是什么？
2. 联想降价的得与失何在？
3. 你认为联想要取得战略降价的成功还需要做哪些方面的努力？

第三章 定价程序

对企业来说，定价是一项系统、复杂的工程，不能单纯依靠经验判断。企业必须按照科学、严密的定价程序和方法来制定产品价格，这样才能决胜于市场。一般来讲企业的定价程序分为三个环节即定价前期工作环节、定价中期工作环节、定价后期工作环节，具体包括价格的调查与预测、明晰定价限定因素、确定定价目标、选择定价方法、运用定价策略、价格执行及调整等内容。

第一节 定价前期工作环节

在经济运行中，产品的价格常因受到复杂因素的影响而表现出较强的波动性，从微观层面看，这会严重影响到该类产品定价决策行为；而从宏观层面看，不利于对相关产品的价格进行有效监管，因其价格异常波动所带来的不利影响易波及宏观经济其他领域，从而给一国经济乃至世界经济造成严重冲击，如20世纪70年代初的两次石油危机就酿成世界性的经济危机。因此，为了做出合理、有效的定价行为策略，需要在定价前期工作环节进行对定价产品做市场调查、价格预测、明晰定价的限定因素、确立合理的定价目标等工作。

一、调查与预测

（一）价格调查

价格调查是指运用科学的方法和程序，有目的、有计划、系统客观地收集、记录、整理与分析有关商品市场价格运动的历史、现状及其发展变化的活动过程。

1. 价格调查的对象

价格调查的对象有对相同产品的调查、相似产品的调查、互补品的调查及市场总体价格调查。其中相同产品指二者在用途和功能上完全相同。相似产品指二者用途相同但具体功能有所不同。互补产品指两种商品之间存在着某种消费依存关系，即一种商品的消费必须与另一种商品的消费相配套。

2. 价格调查的方法

价格调查法是了解、收集商品价格相关信息的基本方法。企业在明确调查目的和具体任务后，针对目标群体，有选择地对有代表性的顾客进行实际调查访问，直接获取有关价格信息的第一手资料。采用调查法应注意选择调查方式，避免调查对象产生厌烦情绪，同时促使被调查者表达出自己真实的意愿和想法。因此，除了常用的问卷调查外，还必须注意结合以下调查形式与技巧。

(1)询问法。询问法是指调查人员采用询问方式向买方或卖方了解成交价格或报价的一种调查方法。具体方式又分为当面询问、电话询问、信函询问、网上询问等。

(2)观察法。观察法是指研究者根据一定的研究目的、研究提纲或观察表，用自己的感官和辅助工具去直接观察被研究者，从而获得价格资料的一种方法。科学的观察具有目的性和计划性、系统性和可重复性。常见的观察方法有：核对清单法、级别量表法、记叙性描述。观察一般利用眼睛、耳朵等感觉器官去感知观察对象。由于人的感觉器官具有一定的局限性，观察者往往要借助各种现代化的仪器和手段，如照相机、录音机、显微录像机等来辅助观察。

(3)台账收集法。台账收集法主要是为了收集来自企业的有关产品定价信息。所谓台账是企业内部对自己生产经营情况的记录，如采购记录、库存记录、生产成本记录、销售记录等。经常化、制度化记录的台账是保持企业价格联系性与系统性的最佳信息来源。因此，健全、规范的台账记录对企业产品的定价策略具有十分重要的意义。

(4)文案调研收集法。文案调研收集法主要是从各种文字档案中检索出有用的第二手资料。利用这种方法的关键在于熟悉资料的来源和检索方法，同时还要正确认识和评价这些资料的背景材料和真实成分。文案调研的资料来源和收集渠道主要包括以下几种：一是各种报纸、杂志；二是国家颁布的各种文件、法规和出台的相关政策；三是各级统计机构或一些权威市场调研机构发布的各种统计数据、调查资料；四是各种各样的信息网站和电子商务销售平台等，这些利用互联网建立起来的信息来源渠道因为便捷、经济和及时，越来越受到价格信息收集人员的关注。

3. 价格调查的程序

(1)确定问题与假设。调查者应先分析有关商品资料，初步调查，了解商品及相关品市场价格的一些情况，取得初步价格资料。然后拟订市场商品价格问题产生的原因及其影响因素，通过进一步的深入调查来加以验证。

（2）确定所需资料。确定问题和假设之后，下一步就应决定要收集与调查的目标有关的资料。

（3）确定收集资料的方式。要求制定一个收集所需信息的最有效的方式，它需要确定的有：数据来源、调查方法、调查工具、抽样计划及接触方法。

（4）收集数据并分析。对所收集的价格调查资料进行分类、编码、筛选、加工、整理和分析，得出验证答案，给出调查结论。

（5）提出价格调查报告。对调查结果编写一份书面调查报告，报告是对整个调查设计、分析方法、研究结果以及各类统计表汇总。

（二）价格预测

1. 价格预测的简介

预测就是对客观事物未来发展过程的预计和推测。预测的主要特点是根据过去和现在预计未来，根据主观经验和教训、客观资料和条件，通过演绎和逻辑推理，寻求客观事物的发展变化规律。价格预测是指根据价格运动变化的规律性，通过对构成和影响价格变化的各种因素的分析，对商品价格的未来变化和趋势作出判断和推测。价格预测属于经济预测范畴，是市场预测的核心内容。

价格预测从范围上，可分为宏观预测和微观预测。前者以社会全部商品价格变动情况为对象；后者则以某种或某类商品价格变动情况为对象。从时间上，可分为长期预测和短期预测。

2. 价格预测的任务

价格预测的任务是为经济决策或价格决策提供依据。主要包括两个方面：

（1）对于影响未来时期社会各类商品价格变动的各种因素的预测。例如对各类商品成本及其构成、对货币流通量影响商品价格程度、对市场供求关系变动、对国民收入分配比例等。

（2）对未来时期各种商品价格变动将会造成的影响的预测。例如对某种或某类商品价格变动、对全社会商品价格总水平变动、对各类商品内部及其之间比价关系变动，等等。通过预测，可以了解未来时期市场上某种以至全部商品价格的变动及其幅度，掌握商品价格变动的趋向及其将会产生的影响，因而在社会经济管理中具有越来越重要的作用。

3. 价格预测的方法

预测方法是预测人员进行分析预测的工具。对预测方法的分类，按照预测结果属性，可分为定性预测和定量预测；按照预测方法形式，可分为模型预测和非模型预测。其中，最基本的预测方法是定性预测方法和定量预测方法。

（1）定性预测方法。定性预测方法是仅对未来状态与发展趋势预测和概括性描述的方法，比如预测某商品价格未来是处于稳定状态，还是处于震动状态；价格是上涨趋势，还是下降趋势；乃至未来价格涨落变化的时间拐点等，都属于只预测未来状态、变化方向而不涉及数量、变化程度的定性预测。定性预测基本属于非模型预测，主要依靠的是预测人员掌握的信息、经验及综合判断能力。更准确地说，定性预测主要是对形式和趋向的分析方法。内容包括：一是进行影响因素分析的因素分析法；二是进行变化特点分析的规律分析法；三是进行征兆分析的苗头分析法。定性分析方法的主要形式有专家会议法（头脑风暴法）、专家调查法（德尔菲法）、市场价格预测调查法等。

（2）定量预测方法。定量预测方法是利用相关数据资料，并根据事物体现的事物数量关系，通过建立一定预测模型来对事物未来和变化程度的预测方法。按照预测结果的数字表达形式，可分为点（确定值）预测、区间（范围值）预测、密度（概论分布）预测等。

4. 价格预测的程序

（1）确定预测目标。即通过对各种因素的全面考虑，正确选择所要了解的情况和所要解决的问题。

（2）收集预测资料。即通过价格信息系统和其他各种渠道，尽可能全面、真实、系统、具体地掌握预测所需要的精确数据。

（3）选择预测模型。即根据不同的预测目标和精确程度的不同要求，选择相应的预测方法，如归纳预测法、演绎预测法、数学模型法等。

（4）作出预测结果的报告和判断。即对所预测的结果进行科学的分析、判断、论证和评论。

二、明晰定价限制因素

企业的价格制定体系实际上是在一种不断变化的环境中运作的，其中那些企业外部的、广泛存在的、企业无法营销的社会力量，称为宏观环境。另一些环境因素企业自身可以控制的如顾客、中间商、竞争者，还有企业自身内部非定价因素如生产、设备、人事、财务等，这些因素称为微观因素。全面认识定价环境，准确把握各种环境力量的变化及其对定价的影响，对于企业及时适应环境，调整定价策略、定价方法，具有重要意义。

定价的宏观环境指企业定价时必须考虑的外部社会力量，包括人口环境、经济环境、政治与法律环境、社会文化环境等。定价的微观因素指企业服务其顾客的能力构成直接影响的各种力量，一般包括企业、供应者、营销中介、顾客、竞争者和公众六大因素。这些微观环境都对企业营销活动产生直接的影响，因此又称为直接环境。

三、确立定价目标

定价决策和任何决策一样，都是在一定决策目标的导向下进行的。在市场经济体制下，企业作为自主经营、自负盈亏的独立经济主体，其总体经营目标是获取最大利润，企业的定价决策必然要受这一总体目标的支配，并为实现这一总体目标所服务。

世界著名价格学家和经济学家亚瑟·马歇尔所说："一个企业将定价权委托给谁，即意味着企业命运维系于谁"。可见，企业产品的价格不是轻而易举就可制定的，必须首先确定定价目标。

定价目标是指企业通过制定产品最优价格来谋求经济利益最大化的目标。这是定价决策的基本前提和首要内容，是实现企业总体目标的保证和手段，是定价策略和定价方法的依据。企业的定价目标要服从企业的总体目标和营销目标，换言之，企业的定价目标要有利于实现企业的总体目标和营销目标。

在企业的价格决策中，客观明确的、切合实际的定价目标是价格决策的前提和首要环节，也是选择定价方法、运用定价策略及执行、评判、调整价格策略的重要依据。

除非赢利企业外，任何企业的长期经营目标都是获得尽可能的最大利润。以长期最大利润为经营目标，与短期经营目标不一定完全一致。最大利润指企业的总利润，并不是要求每一种产品都实现同样的水平的利润，有时为了争取实现整个企业的长期最大利润，需要放弃短期或部分产品的部分利润。

由于企业的短期经营目标与长期经营目标不一定完全一致，所以，在不同时期的不同情况下，企业的具体定价目标和策略，要随企业的短期经营目标而变化。

第二节　定价中期工作环节

一、选择定价方法

企业确定了定价目标后，要选用相应的定价方法，制定商品的基本价格，即根据定价目标选择适合企业自己的定价方法。方法是人们进行一系列思维与实践活动的各种方式与手段的统称。只有符合客观事实发展规律的方法才是正确的，才能达到预期的目的。因此，选择正确的定价方法，必须以客观的经济行为事实为依据。

　　企业的定价方法是指企业在特定的定价目标上，运用定价策略，对产品价格进行具体计算的方法。定价目标、定价策略与定价方法是一个有机整体，定价方法选择正确与否，是关系企业定价目标能否实现的一个重要因素。价格定得太低不能产生利润，成本为价格规定了最低限度，又不能过高而没有需求，消费者和用户的接受为价格规定了最高限度，而且拟定的价格必须同公司的定价政策一致，此外市场竞争的状况为价格的确定提出了灵活度。

　　影响价格确定的事实因素基本上有：成本费用、市场需求、竞争情况、商品价值、企业战略及产品生命周期，通过需求表、成本函数、竞争者价格分析、独特的商品价值及产品所处的生命周期，现在企业就可以选定一个价格了。图 3-1 归纳了在制定价格中的 5 种主要考虑因素：产品成本规定其价格的最低底数，竞争者的价格、代用品的价格和产品的生命周期阶段提供了公司在制定其价格时必须考虑的标定点，独特的产品价值是其制定较高价格的依据和限度。企业可以通过考虑这 5 个因素中一个或几个来选定定价方法。

图 3-1　选择定价方法应考虑的因素

　　综上，定价方法也应着眼于这几个方面，并分别称为：成本导向定价法、需求导向定价法、竞争导向定价法、价值导向定价法、战略细分定价法及生命周期定价法。各定价方法各有其长处，又有其不足之处，因此企业在具体定价时，要全面掌握和了解成本、市场需求和竞争者状况等，选择适合于本企业的定价方法。

二、运用价格策略

　　企业按照定价方法确定了产品的基本价格后，在营销过程中，企业必须善于根据环境、产品特点和生命周期的阶段、消费心理和需求特点等因素，正确选择定价策略，争取顺利实现营销目标。

人们常说策略不仅是一门科学，还是一门艺术。定价策略也是一门艺术，尽管我们总是尽可能地以对价格的精确估算为依据，但实际上我们又不得不常常依靠灵感或知觉做出判断并以此来选择具体的定价策略，这也许是人们常说的定价策略的艺术性所在吧。

策略是什么？策略是一种具体的行动。定价策略就是公司为了实现其战略总目标和各项分目标所采取的一种具体的行动。每一具体的定价行为都是针对与之相适应的营销实际背景，在综合考虑各种影响定价因素的前提下，所采取的一种灵活战术。定价策略是企业制定和调整价格的技巧，是在具体场合将定价的科学性和艺术性相结合的体现。

1. 定价的科学

定价的科学是指收集信息，进行定量分析，从而正确的发现可获利价格范围的活动。定价数据就像其他可以影响管理决策的信息，很难是完全清晰的，这不仅仅是因为数据本身的不确定性，更因为随着时间、地点以及顾客状态的变化，适当的价格结构、定价点、价格折扣也都随之改变。因此定价不可避免地包容其中的不确定性。除却不确定性，定量分析方法可以用来改善定价决策、规避严重的错误以及发现新机会。如对新产品定价，厂商可以采取的影响定价的行为，可能很难使用定量分析进行分析，例如无法有效沟通产品的价值，发现了产品新的用途因而提高其对顾客的价值等。

在设定价格时，很重要的一点是，必须记住顾客并不是整齐划一的一个整体，有些顾客会给予产品更高的价值评定，因此厂商可以针对某些顾客，定一个较高的价格。理解顾客在需求上的差异，可以让我们发现一些定价上的新机会。

2. 定价的艺术

定价的艺术是指能够让我们去影响顾客对价格的接受度、调查定价结构以应对竞争，以及将定价策略统合进竞争策略、营销策略和行业政策的能力，这需要深刻理解顾客行为、产品内隐属性的潜在影响力、价值认知、顾客预期以及价格结构本身，同时，还要求定价策略能够支持企业的营销策略，以应对市场整体竞争与行业环境。

厂商通过挖掘、塑造产品的价值，再通过有效的方法把产品的价值传递给顾客，让顾客认知、体会、体验到产品的价值，这样顾客可以给出对产品的价值判断，厂商才能够更好地针对顾客所认知到的价值进行定价。要做到这点，必须同时结合定量与定性的方法。在许多例子中，尽管定量方法提供了大量信息，但是缺乏揭示顾客行为细节这个能力，以致失去改善定价的这个机会。定性的洞察力让管理者得以弥补这个缺憾，如此，管理者能够更好地将定价策略与其他策略统合起来，因此，定价既是艺术也是科学。

第三节　定价后期工作环节

一、销售实现及渠道维护

企业通过销售产品获得利润，实现经营目标。价格作为营销组合的一个重要因素，是竞争的重要手段。在销售过程中产品价格是影响利润的最主要因素，同时产品价格也是影响厂家、经销商、顾客和产品市场前途的重要因素。如果价格体系混乱，就可能扰乱整个市场秩序，影响产品的市场竞争力。因此在销售过程中价格的维护管理是非常重要的。

造成企业价格体系混乱的原因有的来自企业，有的来自经销商。

(一)由企业造成的价格混乱的原因

1. 企业在不同的目标市场上采取了不同的价格政策

不少企业在制定价格政策时，考虑到不同目标市场消费者购买力的差异、竞争程度的差异、企业投入的促销费用的差异、运输费用等方面的差异，因而在不同的目标市场上采取不同的价格策略。这种价格策略如果得当，就会增强产品在各个目标市场上的竞争能力，但如果使用不当，则可能对市场秩序产生重大影响。有些经销商可能利用这些不同地区的价格差，将产品从低价格地区转移到高价格地区销售，进行"窜货"。如一家酒类生产厂，为了开拓某一地区市场，在市场开拓期，将价格定得比其他地区低，期望以低价进入新市场，经过一段时间发现，进入该市场的产品转了一圈之后又回流至原有市场了，很快就冲击原有市场的产品价格，造成价格混乱。并且，当存在多种价格时，经销商和消费者可能提出要求平等享受最低价格的权利，对这项要求，厂家很难提出强有力的理由加以拒绝。针对不同的目标市场制定不同的价格是必要的，但必须要掌握的一个原则是，不同地区的价格差异不足以对市场价格体系造成混乱。价格差异的幅度应该控制在不能让经销商利用这种价格差在不同地区市场上窜货的范围内。

2. 企业对不同经销商的价格政策混乱

一个完善的价格体系应包括对不同的经销商——如代理商、批发商、零售商，制定不同价格政策，使每一个经销商都愿意经营本企业的产品。对任何一个经销商的差别对待，都可能引起其他经销商的不满。某一家电企业，公司所在地的商业机构都不愿意经销其产品，原因是该公司经常以批发价甚至以出厂价向最终消费者出售商品、使得经销商的价格根本就没有竞争力，最终不得不放弃经营该产品。另如某公司经常以优惠价格向本厂职工出售产品，结果大量产品流向市场，严重影响了经销商的利益，导致经销商不愿意再销售其产品。

3. 企业对经销商的奖励政策

现在许多企业不是以利润来调动经销商的积极性，而是对经销商施以重奖和年终返利。厂家这样做的目的是鼓励经销商多销售其产品。由于奖励和返利多少是根据销售量多少而定，因此经销商为多得返利和奖励，就千方百计地多销售产品。为此，他们不惜以低价将产品销售出去。甚至把奖励和年终返利中的一部分拿出来让给下游经销商。这样你让我让大家让，其结果必定要导致价格体系混乱。

(二)由经销商造成价格混乱的原因

(1)经销商将本厂产品用作带货。有经验的经销商不是从每一个产品(个)上去赚钱，而是从每一批产品(量)上去赚钱，因此，他将产品分为两类：一类是赚钱的，另一类是走量的。即用好销的产品或是将一部分产品的价格定得很低、不赚钱来吸引批发商进货，以带动其他产品的销售。

(2)另一种情况是，企业在某一个市场上有几个批发商，大家为了争夺客户，纷纷降价，最后降得无利可图，都不愿再销售这一产品，把市场做死了。

(3)维持客户。一些经销商把价格降得很低，无利经营，甚至将厂家给予的扣点给客户，目的是为了维持客户，吸引客户继续从他手中进货。

因此，要使分销渠道高效而强大需要对渠道价格进行建设与维护，这样才能实现销售，完成企业定价目标，还可以降低营销费用，执行有效的促销和提供完善服务，帮助企业夺取更大市场份额，而且是唯一的竞争对手在短期内无法模仿复制的竞争手段。渠道的维护工作是企业制胜的重中之重。

二、价格修正与产品市场定位优化

价格受供求关系、产品生命周期、竞争关系、货币政策等因素的影响，具有明显的运动性，即价格随市场环境变换而动态变化。因此产品价格也应该是一个动态的过程，即随着市场环境因素的变化而不断修正，或提高或降低价格，这样才能更好地使产品和服务在市场有好的定位，满足消费者的需求，实现企业的营销目标。

📅 **附：扩展阅读**

奥克斯空调的平价革命

奥克斯空调的生产厂家是宁波奥克斯空调公司，它是宁波三星集团的下属子公司。宁波三星集团是目前世界上最大的电能表生产企业，其主打产品——三星牌电能表的产销量已经连续 7 年位居国内第一，市场占有率达到 30%。1993 年，三星集团与美国奥克斯集团合资，进入空调市场，最初生产国内很少见的高档机。由于这一定位没有得到响应，奥克斯空调没有获得大的发展。从 1996 年起，奥克斯改变原有定位开始走优质平价的路子，事实证明这一决定是正确的，奥克斯空调销路大增。此后，奥克斯坚定了自己的发展方向：采取低成本战略，为消费者提供优质平价的空调。像大多数创业企业一样，奥克斯并没有急于宣传自己的战略，而是稳扎稳打，一方面加大内部整合力度，压低生产成本，另一方面，继续"只做不说"的市场开拓运动，稳步提高自己的市场份额。从 2000 年开始，奥克斯逐步在市场上发力，大力宣传自己的"优质平价"战略。

伴随奥克斯发动的一系列市场活动，奥克斯的业绩几乎一年上一个台阶。据奥克斯提供的数据，2000 年奥克斯空调总销售量为 58 万套；2001 年为 90.23 万套，位居业内第六；2002 年为 157 万套，位居行业第四；2003 年空调总出货量突破 250 万台，进入中国空调业的前三名。与此同时，跨国性专业市场调查公司 GFK 的数据显示，2002 年旺季零售检测到的活跃品牌为 105 个，而 2003 年减少到 97 个。市场分析机构也预测，今后几年空调行业的洗牌将进一步加剧，很多以前熟悉的品牌将在市场上消失。种种现象让很多人联想起 20 世纪 90 年代同样依靠价格战冲击市场，并在几年内几乎成为微波炉行业垄断品牌的格兰仕。奥克斯作为中国空调市场传统强势品牌的挑战者成为推动空调市场重新洗牌的主要力量，通过差异化的定位，进攻性的价格策略，再配以一系列的事件营销保证了自己的持续成长。

差异化的市场定位

奥克斯从 1996 年开始改变原定路线走了一条差异化道路。它始终明确将其空调定位于"优质平价"的"民牌"空调。相比于市场传统强势品牌的"高价优质"定位，更容易为大众喜欢，也用得起，并且有物有所值，甚至物超所值的感觉。

进攻性的价格策略

从 2000 年起，奥克斯拉起空调降价的大旗，此时奥克斯还是一个默默无名的区域品牌，但正是奥克斯的价格杀手称号，让奥克斯声名鹊起，震动江湖。奥克斯自从 2000 年以来的主要降价活动主要包括：

2000 年 3 月在成都打出"1.5 匹空调跌破 2500 元生死价"的条幅，最大降幅达到 25%，第一次喊出"要做优质平价的'民牌'空调"。

2001 年 4 月，40 余款主流机型全面降价，最大降幅在 30% 以上。2002 年 4 月，16 款主流机型全面降价，包括 1 匹和 1.5 匹变频空调，最大降幅达到 26%。

2003 年 4 月，所有机型一律降价。据称平均降幅达 30%，单款机型最大降幅达 2000 元。

奥克斯空调的价格战，每次基本选择在 4 月份，早了消费者没反应，竞争者容易跟进，晚了也起不到作用。奥克斯的降价，每次都是大规模、高幅度的降价，出其不意地袭击竞争对手，坚定消费者购买的决心。另外，奥克斯为配合价格战，广告攻势强，采取"大中央小地方"的模式，例如 2002 年 4—6 月在央视投入了 3000 多万元，进行大规模集中轰炸，有力地配合了降价促销活动系列化的事件营销活动。

奥克斯成功的另一个关键策略是巧用事件营销的影响，不断吸引消费者的眼球。通过事件营销活动，奥克斯不断向空调业原有规则发起冲击，在消费者面前出尽风头，也让全国的消费者获得了新的体验。

1. 狂打"足球牌"

2001 年年底，奥克斯聘请米卢为品牌代言人，随后开展了米卢"巡回路演"和售空调赠签名足球活动。从五六月份奥克斯投入 6000 万元在央视高频度播出"米卢篇"广告，并在后来推出"200 万巨奖任你赢"世界杯欢乐竞猜活动。2003 年 2 月 12 日，奥克斯投资 2000 万元赞助令中国球迷关注的"中巴之战"。同一天，世界顶级球星罗纳尔多的亚洲经纪人与奥克斯空调全国市场总监李晓龙达成一致意向，罗纳尔多将以 150 万美元的身价出任奥克斯空调新一任品牌形象代言人。

2.《空调成本白皮书》

2002年4月20日，奥克斯空调向外界首家披露《空调成本白皮书》，以行业背叛者的身份揭示了"一台空调究竟该卖什么价"的行业秘密，显然，矛头指向消费者关注的空调业实际利润的问题。在《空调成本白皮书》上，奥克斯——列举了1.5匹冷暖型空调1880元零售价格的几大组成部分：生产成本1378元，销售费用370元，商家利润80元，厂家利润52元，奥克斯还具体剖析了成本的组成部分。

3. "一分钱空调"

2002年，奥克斯空调从11月22日至12月1日的10天时间内，在广东省内的700多家电器店同时推出"一分钱空调"的促销活动。顾客只要花4338元购买奥克斯60型小3匹柜机，再加一分钱，即可以获得另一台价值1600元的1匹壁挂式分体空调，同时承诺一分钱空调同样享受厂家提供的优质售后服务。在广东市场，类似60型小3匹的品牌机的价格为4800~6500元，25型1匹空调的价格为1668~2700元，奥克斯公布的空调套餐价格比市场均价低3500元。

4. "冷静"大行动

"关注美伊战争，呼吁世界冷静"，是奥克斯推出的"冷静"大行动，目的是提升企业关心公益事业的形象。此次活动从2003年3月27日起至4月21日止，武汉地区奥克斯空调再掀降价风暴，降幅都在17%以上。本次活动奥克斯推出了代号为"冷静1号""冷静2号""冷静3号"的多款机型。奥克斯表示在此次活动中，消费者每购买一款奥克斯空调，奥克斯公司将以消费者的名义捐献一定数额的现金给红十字会，用于伊拉克战后重建工作，以此表达奥克斯人对世界和平的支持。

资料来源：市场营销价格策略案例［EB/OL］．［2021-01-31］．https://www.ahsrst.cn/a/201701/224475.html.

思考题：

1. 奥克斯空调采用的是什么定价策略？它的这种定价在什么条件下才能取胜？降价定价策略，只有在该公司本身强大的经济基础下才能得以取胜

2. 面对奥克斯空调的价格策略，格力、美的、科龙等主要品牌该如何应对？加大技术投放，生产出更为优质的空调，再尽量地降低生产成本，向消费者全面仔细地讲解其生产的产品有什么不同，其价格又是如何定位的合理与怎样适合消费者。

第四章　定价前期工作环节

第一节　定价的市场调查与预测

企业进行价格决策时，必须借助于有关的价格信息，才能做出正确的决策。因而，企业要注意调查、分析价格信息，对市场价格变动趋势做出正确的预测，为正确的价格决策提供科学依据。

一、价格调查

（一）相同产品调查

相同产品是指用途和功能完全相同的商品。如不同品牌的小汽车。相同产品，对消费者来讲是可以选择和替代的，若 A 商品价格上升，则顾客们就会去寻求相较于 A 商品便宜的，并且能带来相同或相似满足度的 B 商品购买；对生产者和销售者来讲是具有竞争关系的，即一种产品销售的增加会减少另一种产品的潜在销售量，反之亦然。因此，在定价时要充分考虑市场上的相同产品种类、品牌、规格、型号、厂家、市场价格、市场占有率等诸多因素。

（二）替代品调查

如果两种商品之间能够相互替代以满足消费者的某种欲望，则称这两种商品之间存在着替代关系，这两种商品则互为替代品。如火车票和飞机票。如果两种产品互为替代品，则一种商品价格的上升（或下降），会导致另一种商品需求量的增加（或减少）。假定消费者消费商品 1 和商品 2，在其他因素不变的情况下，商品 2 价格上升，消费者在维持效用水平不变情况下，减少商品 2 的购买，而增加商品 1 的购买，则商品 1 是商品 2 的替代品。所以，替代产品的实际功能，是对现有产品造成了价格上的限制，进而限制行业的收益。如果替代品能够提供比现有产品更高的价值，并且买方的转移壁垒很低，即转向采购替代品而不增加采购成本，那么这种替代品就会对现有产品构成巨大威胁。同样，在定价时要充分考虑市场上的替代产品的种类、品牌、规格、型号、厂家、市场价格、市场占有率等诸多因素。

📖 4-1 案例

玉米价格虚高　替代品进口量暴增

现在广东、福建以及华东地区的一些饲料厂，因为国产玉米价格太高，不得已进口高粱替代玉米来降低成本，导致高粱进口暴增。

美国农业部最新报告显示，预计在 2015/2016 市场年度里，中国进口的高粱数量将达到 900 万吨，与 2010/2011 市场年度的 0.4 万吨相比，暴增 2000 倍以上。东方希望集团董事长刘永行对笔者表示，现在广东、福建以及华东地区的一些饲料厂，因为国产玉米价格太高，不得已进口高粱替代玉米来降低成本，导致高粱进口暴增。用玉米和豆粕作为饲料主要成分来养猪，豆粕为动物提供蛋白，玉米为动物提供能量，在玉米价格坚挺的背景下，养殖技术人员发现高粱可以替代玉米。市场人士介绍，调整配方后，进口高粱甚至可以 100% 取代玉米，这让饲料企业热衷于进口高粱。

上述人士说，目前，市场上拍卖的国产玉米每吨 2100~2300 元，加上出库费用，拍卖玉米价格实际成本较高；而且拍卖的玉米有些品质比较差，霉变的比例较高，黄曲霉素是能致癌的有毒物质，这些玉米再便宜也不能作为饲料。如果要在市场上购买优质国产玉米，价格达到每吨 2500~2600 元，而进口高粱价格每吨在 2200 元左右，有明显的价格优势，对处于困境中的养殖户、养殖企业来说，进口高粱的吸引力不言而喻。

由于国产玉米价格坚挺等因素造成的影响，国内最大养殖类上市公司之一牧原股份 2014 年度净利润较 2013 年度下降约 2.2 亿元，下降幅度为 73.6%。温氏集团一位权威人士说，该公司也在使用高粱作为饲料原料，因为价格更便宜。

温氏集团是国内最大的肉鸡和生猪养殖公司，从 2014 年 3 月起，逐步开始采用价格较低的高粱作为代替品，以保证饲料原料成本保持相对稳定。2014 年，温氏集团采购的玉米均价约为每吨 2437 元，高粱的每吨均价约为 2166 元，高粱比玉米每吨便宜近 300 元。

与国产玉米相比，国际市场上的玉米价格要便宜一半左右，但是为了保护国内农民的利益，我国对玉米进口进行配额管理。市场人士表示，在配额内的进口玉米，关税税率仅为个位数，配额外的税率超过50%，但是能够拿到进口玉米配额的企业很少，因此我国进口的玉米数量有限。

美国农业部数据显示，最近三个市场年度，中国每年进口的玉米数量只有300万吨左右，远远低于高粱。除了价格比玉米便宜，市场人士说，高粱进入我国市场没有配额的限制，这让不少拿不到玉米进口配额的民营企业转向进口高粱，高粱因此价格水涨船高。

一家跨国公司的专业人士介绍，在我国大量进口前，美国高粱比美国玉米每吨便宜10美元左右，现在是高粱比玉米价格每吨高出20~30美元。美国农业部预计2015/2016市场年度，中国进口的高粱会比上一年度增加50万吨。刘永行认为我国长期持续进口大量高粱有一定变数，数量足够大的时候，调控或难以避免，但是他认为大量收储玉米的做法，需要结合产业链上下游的情况，以更加市场化的手段来进行调整完善。

我国自2008年以来，大量收储玉米，消息人士说，去年到今年，我国收购了约9000万吨玉米，加上原来的库存，数量更为庞大。这些玉米价格远高于国际市场，养殖户、养殖企业使用高价玉米，亏损的情况不少。

另外，大量玉米在国库积压，能拿到玉米进口配额的企业较少，为了连续生产和降低成本，不得不进口高粱，市场人士说，这实际上让美洲农场主受益最多，其次应该是国内从农民手中直接收粮的中间商和受国家委托的收购主体。有关人士建议，将收储玉米支付的开销和存储玉米的那部分费用直接发给农民，让价格随行就市，或能缓解目前高粱大量进口的局面。

资料来源：胡军华. 中国畜牧兽医报[N]. 2015-05-31，第005版.

(三)互补品调查

互补品是指两种商品必须互相配合，才能共同满足消费者的某种需要。一般而言，如果某两种商品互为互补品，则一种商品价格的上升将会导致另一种商品的需求量的下降。一般分为两种类型，普通互补品指两种商品之间没有固定的同时使用的比例，例如，牛奶和咖啡。完全互补品指两种商品之间必须按照固定不变的比例同时被使用，例如，眼镜框和两个眼镜片。

互补品的4种经营方式：

1. 捆绑式经营

将不同类型、价格单一但互为互补品的两种商品捆绑在一起出售（我们仅仅同时出售这一组产品，不单独进行销售）。例如，IBM 公司在过去的许多年中，曾将计算机硬件、软件和服务支持捆绑在一起销售；微软公司将 OFFICE 系列、IE 探索器同时挂在 WINDOWS 操作系统上时，采取的也是一种典型的捆绑式销售。捆绑式经营广泛地存在于商业活动中，不过人们并不总能辨识出来。例如，仅仅作为交通工具的汽车与车类的音像设备构成互补产品关系，但消费者往往将它们作为一个整体来看待；航空公司提供免费食品及行李服务时，实质上采用的也是一种捆绑式经营。

2. 交叉补贴（基础产品模型）

一种产品通过有意识地以优惠甚至亏本的价格出售则被称为基础产品）。而能够达到促进销售赢利更多的互补产品则称为赢利产品或后续产品，以求获得最大限度的利润。如：在"剃须刀与剃须刀片"的这种涉及互补产品的战略中就用到这样的策略。将剃须刀以成本价或接近成本价的价格出售，目的是促使顾客在将来购买更多的替换刀片，从而获得更高的利润。像这样的例子还有很多，如：电梯与电梯维护业务；软件与软件升级；净化水系统与化学处理药剂；个人复印机与色粉盒等。

3. 提供客户解决方案

从客户的实际需要着手，通过降低客户成本（如时间、金钱、精力等），增加客户从消费中获得价值，将一组互补性的产品组合起来，为顾客提供产品"套餐"，从而达到吸引顾客、增加利润的目的。全球 500 强之一的电子数据系统公司（Electronic Data Systems，EDS）是实行客户解决方案很好的例子。它的企业创新就是满足客户所有信息管理方面的要求，它为每一位顾客提供价位合理、量身定做的解决方案。EDS 的绩效指标是：能多大程度上提升客户的能力，帮助客户节省了多少经费。为了实现这些目标，EDS 把它的服务扩展到那些原来是由客户自己来完成的活动中。

4. 系统锁定

实施系统锁定战略的要义在于，如何联合互补产品厂商共同锁定客户，并把竞争对手挡在门外，最终达到控制行业标准的最高境界。微软对此战略的使用是最典型的例子，80% 到 90% 的 Pc 软件商是基于微软的操作系统（比如 WINDOWS）。作为一个微软客户，如果你想使用大部分的应用软件，你就得购买微软的产品。作为一家应用软件厂商，如果你想让 90% 的顾客能够使用你的软件，你就得把你的软件设计得和微软的操作系统相匹配。

所以，在定价时不仅要考虑市场上的互补产品的种类、品牌、规格、型号、厂家、市场价格、市场占有率等因素，还要充分考虑互补产品的经营方式。

(四)市场总体价格调查

市场总体价格调查是对某一地区同类商品的价格及其价格变动情况，消费者对价格及价格接受情况等进行的调查，通常以市场价格指数表现出来。

市场价格指数是指某种商品报告期的价格水平与基期价格水平的比值，它是反映商品不同时期价格水平的变化方向、趋势和程度的经济指标，是研究价格动态变化的一种工具。它为制定、调整和检查各项经济政策，特别是价格政策提供了依据。市场价格指数可以及时反映市场产品价格变化情况，综合反映产品价格状态和发展趋势，能为行业主管部门和地方政府准确及时了解和掌握市场的运行状态，为进行行业经济运行分析、制定相关政策提供依据；为产品生产者和经营者提供市场信息，为市场交易、生产厂家制定价格策略、买家制定采购预算提供参考；为生产适销对路产品，选择经营产品和进货时机，保持合理库存，提高资金利用率；为提高市场经营者的管理水平，改善服务质量创造条件。

调查要点有：市场价格现状、同类产品价格情况、调整状况、价格变动情况、行情分析、建议与意见。

(五)消费群体调查

生产者和消费者是市场主体的重要组成部分，所以企业在进行价格决策时必须充分考虑消费者的基本情况，如消费者的收入水平，年龄结构的构成，对产品价格的接受能力，对产品的期望程度以及对产品的偏好等。只有清楚明确地了解到消费者的需求才能致力于为消费者提供更好的服务，制定有利于企业发展的经营策略。

二、价格预测

价格预测是指根据价格运动变化的规律性，通过对构成和影响价格变化的各种因素的分析，对商品价格的未来变化和趋势做出判断和推测。它能够利用历史的和当前的成果、价格和市场供求等资料，对未来时期价格水平进行估计；是经济预测的一项重要内容，对宏观和微观的价格决策有重要影响，也是发展商品经济的一项重要工作。

价格预测可以按照不同的标准进行划分，从时间上，可分为短期价格预测和长期价格预测；从范围上可以分为宏观预测和微观预测。宏观预测是以社会全部商品价格变动情况为对象；微观预测则以某种或某类商品价格变动情况为对象。从企业价格决策的角度来看，选用范围进行价格预测的情况更为普遍。

（一）宏观价格预测

宏观价格预测即是对市场物价走势的一种价格预测。物价也被称为"商品价格"，是某种商品价值的货币表现。物价对于宏观经济来说是一个重要的变量指标，是政府进行宏观调控的重点，是促进社会和谐与社会经济可持续发展的重要条件之一。通常通过以下 3 个方面进行预测：消费物价指数、生产者物价指数、汇率和物价。

1. 消费物价指数

消费物价指数（Consumer Price Index，CPI），是根据与居民生活有关的产品及劳务价格统计出来的物价变动指标，通常作为观察通货膨胀水平的重要指标之一。消费物价指数决定着消费者花费多少钱来购买商品和服务，左右着商业经营的成本。

如果消费物价指数升幅过大，表明通胀已经成为经济不稳定因素，央行会有紧缩货币政策和财政政策的风险，从而造成经济前景不明朗。因此，该指数过高的升幅往往不被市场欢迎。例如，在 12 个月中，消费者物价指数上升 2.3%，那表示，生活成本比 12 个月前平均上升了 2.3%。当生活成本提高，你的金钱价值便会随之下降。也就是说，一年前收到的一张 100 元纸币，只可以买到价值 97.70 元的货品及服务。一般说来，当 CPI>3% 的增幅时，称为通货膨胀；而当 CPI>5% 的增幅时，则为严重的通货膨胀。

CPI 月度数据由国家统计局通过新闻发布的形式统一公布，公布形式包括国务院统一安排的新闻发布会和国家统计局官方网站的传播。国家统计局发布 CPI 的时间，月度一般在月后 13 日左右，季度、年度则延至月后 20 日左右。

国家统计局 CPI 月度新闻稿中含有总指数、大类指数及部分中类指数（如食品类中的粮食价格、油脂价格、肉禽及制品价格、鲜蛋价格、水产品价格、鲜菜价格、鲜果价格、调味品价格等）的变化描述。如图 4-1 中国居民消费者价格指数。

2. 生产者物价指数

生产者物价指数（Producer Price Index，PPI）亦称工业品出厂价格指数，是用来衡量制造商出厂价平均变化的指数，是统计部门收集和整理的若干个物

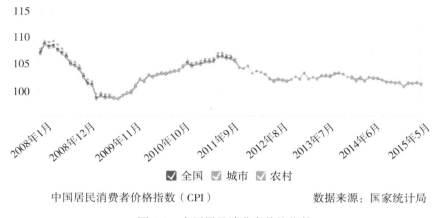

中国居民消费者价格指数（CPI）　　　　　　　　数据来源：国家统计局

图 4-1　中国居民消费者价格指数

价指数中的一个，市场敏感度非常高。如果生产物价指数比预期数值高时，表明有通货膨胀的风险。如果生产物价指数比预期数值低时，则表明有通货紧缩的风险。

生产者物价指数是测算价格变化的指标，该价格是制造商和批发商在生产的不同阶段为商品支付的价格。这里任何一点的通货膨胀都可能最终被传递到零售业。毕竟，如果销售商不得不为商品支付更多，那么他们一定会将更高的成本转嫁给消费者。

生产者物价指数并不仅仅是一个指数，它是一组指数，是生产的三个渐进过程的每一个阶段的价格指数：原材料、中间品和产成品。占据所有的头条并对金融市场最有影响的是最后一个，即产成品的 PPI。它代表着这些商品被运到批发商和零售商之前的最终状态。在生产最后状态的价格常常由原材料和中间品过程中遇到的价格压力来决定。这就是为什么观察这所有的三个过程都很重要的原因。

3. 汇率与物价

从进口消费品和原材料来看，汇率的下降要引起进口商品在国内的价格上涨。至于它对物价总指数影响的程度则取决于进口商品和原材料在国民生产总值中所占的比重。反之，本币升值，其他条件不变，进口品的价格有可能降低，从而可以起抑制物价总水平的作用。

因此，我国市场物价走势受到多方面因素的影响。在开放经济条件下，我国物价水平的波动是国内外多种因素共同作用的结果，既有汇率因素、供需关系以及货币政策变化，也有国际利率、国际初级产品价格变动等。在研究我国物价波动的影响因素时，很有必要全面地考虑国内外各种因素，分别探讨其对物价波动的影响程度。我们可以按照价格预测的程序，对所收集的价格调查资料进行分类、编码、筛选、加工、整理和分析，基于不同的预测目标和精确程度的不同要求，选择相应的预测方法，如归纳预测法、演绎预测法、数学模型法等从而帮助我们对未来物价的发展趋势做出判断。

(二)微观价格预测

微观价格预测即是对本产品价格走势的预测。本产品的价格走势与产品所处的产品生命周期阶段、技术成熟程度、产品市场定位、市场竞争与供求关系、原材料价格走势等多方面因素有关。

1. 产品生命周期与价格走势

(1)介绍期，新产品投入市场，多数顾客对产品还不了解。只有少数追求新奇的顾客可能购买，销售量很低。为了扩展销路，需要大量的促销费用，对产品进行宣传。在这一阶段，由于技术方面的原因，产品不能大批量生产，因而成本高，销售额增长缓慢，企业不但得不到利润，反而可能亏损。产品的价格也相应较高，产品也有待进一步完善。.

(2)成长期，这时顾客对产品已经熟悉，大量的新顾客开始购买，市场逐步扩大。产品大批量生产，生产成本相对降低，企业的销售额迅速上升，利润也迅速增长。竞争者看到有利可图，将纷纷进入市场参与竞争，使同类产品供给量增加，价格随之下降，企业利润增长速度逐步减慢，最后达到生命周期利润的最高点。

(3)成熟期，市场需求趋向饱和，潜在的顾客已经很少，销售额增长缓慢直至转而下降，标志着产品进入了成熟期。在这一阶段，竞争逐渐加剧，产品售价降低，促销费用增加，企业利润下降。

(4)衰退期。随着科学技术的发展，新产品或新的代用品出现，将使顾客的消费习惯发生改变，转向其他产品，从而使原来产品的销售额和利润额迅速下降。于是，产品又进入了衰退期。

2. 技术成熟程度

技术成熟程度越高，生产效率越高，产品成本就会越低，商品的价格就会越低；反之，产品的价格就会越高。

3. 产品市场定位

产品市场定位不同，价格呈现出不同的走势。比如，奢侈品在某种程度上是身份地位的象征，产品的价格浮动不大。目标客户定位在低端市场，消费者对价格较为敏感，那么需要进行降价拉动消费。

4. 市场竞争与供求关系

供大于求，市场竞争激烈，引起价格下降，可以在需求量不变、而供应量增加的情况下发生；也可以在需求量增长赶不上供应量增长的情况下发生。反之，供不应求，市场竞争和缓，价格上涨。这种供不应求会引起价格上涨的趋势，可以在供应量不变，而需求量增加的情况下发生；也可以在需求量不变，而供应量减少的情况下发生；还可以在供应量增长赶不上需求量的增长的情况下发生。

5. 原材料价格走势

原材料价格水平是生产和消费的基础，是商品价格链条上的最上游环节。原材料的价格，譬如农产品是事关一国国计民生的重要产品，也是为经济发展提供重要原料的基础性产品，由于易受到天气、自然灾害和突发事件等众多因素影响，其价格常表现出较强的波动性，并迅速传递给其他经济部门，影响到整个宏观经济的运行。

第二节　定价的影响因素或前提条件

影响企业定价的因素较多，如产品成本、市场需求、经营者意志、竞争者产品和价格等，但对于企业来说最主要的因素是企业自身。只有充分了解企业自身的总体实力、产品状况、成本区间等，才能找准自己产品的市场定位、目标客户及价格区间。

一、明晰企业基本状况

(一)人口环境因素

1. 人口环境分析

人口是市场的第一要素，人口数量直接决定市场规模和潜在容量，人口的性别、年龄、民族、婚姻状况、职业、居住分布等也对市场格局产生着深刻的影响，从而影响着企业的营销活动。

(1)人口数量决定产品市场规模和潜在容量

人口数量是决定市场规模的一个基本要素。如果收入水平不变，人口越多，对食物、衣着、日用品的需求量就越大。产品定价首先要关注所在国家或地区人口数量及其变化，尤其人们对生活必需品需求内容和数量影响很大。

（2）人口结构特征决定企业定价决策

从年龄结构看，不同年龄的消费者对商品和服务的需求是不一样的，企业需要了解不同年龄结构的需求特点，确定定价策略。从性别结构看，不同的性别会带来显著的消费差异，反映到市场上就是男性消费品市场和女性消费品市场，企业需要根据不同的消费市场制定不同的定价策略，以开发更大的市场。从受教育程度和职业结构看，人们的教育程度和职业的不同，表现出市场需求的不同倾向。随着我国高等教育规模的不断扩大，收入水平的不断提高。企业需要不断提高产品质量、研发更高端的产品，对产品的定价也应随之变化。从家庭结构看，家庭是商品和服务消费的基本单位，一个地区或国家的家庭数量及家庭成员的平均数量，可以直接影响到某些商品的需求量，从而影响着产品或服务的定价。从人口分布结构看，人口有地理分布上的区别，人口在不同地区密集程度是不同的。各地人口密度不同，则市场大小不同，消费需求特征不同。企业定价应关注不同地区消费需求量的变化，还要关注消费结构的变化，以此来制定定价策略。

2. 经济环境分析

经济环境一般指影响企业定价决策的经济因素，是企业定价时所面临的社会经济条件及其运行状况和发展趋势。作为不可控的一种力量，经济环境对企业定价的影响是非常复杂的，其中最重要的而直接的有经济发展水平以及经济运行状况、消费者收入与支出状况等因素。

（1）经济发展水平

企业的定价决策受到一个国家或地区的整个经济发展水平的制约。经济发展阶段不同，居民及收入不同，顾客对产品的需求、对价格的敏感度也不一样，从而会在一定程度上影响企业的营销方法和定价策略。以消费者市场来说，经济发展水平比较高的地区，在市场营销方面强调产品款式、性能及特色，品质竞争多于价格竞争。经济发展水平较高的国家，消费者追求个性化的消费，比较容易接受新事物，容易接受高价商品。在经济发展水平比较低的国家，较侧重于产品的功能及实用性，价格因素比产品品质更为重要，消费者消费的商品比较单一，低价促销策略比较有效。

（2）经济运行状况

经济增长率、通货膨胀率、国际收支平衡和失业率是判断宏观经济运行状况的几个主要指标。通过对这几个指标的分析，可以判断出经济运行状况，从而指导企业的定价决策。下面主要分析通货膨胀率对企业定价决策的影响。在现实经济条件下，主要有通货膨胀和通货紧缩两种情况。

在通货膨胀的情况下，生产和购买产品或服务的成本会随着物价的上涨而迅速上涨。从市场营销角度看，如果物价的上涨快于消费者收入的增长，消费者购买的商品数量就会减少。在这种情况下，企业的定价决策既要考虑企业自身成本，还要兼顾消费者对该价格的承受能力，或者说消费者对产品价格的认知程度。

在通货紧缩的情况下，物价指数持续走低，市场销售全面疲软，商品普遍供大于求，产成品库存不断增多，资金资源占压严重，生产能力大量闲置，企业普遍开工不足，企业生产经营困难重重。在通货紧缩情况下，企业不能一味地降价来促销，而要仔细分析目标客户市场，通过提高产品质量，提升产品品牌等手段来应付。

总之，经济的总体运行状况直接决定企业市场运行的外部环境，如果经济运行状况良好，那么企业就可以采取正常的定价策略和方法来进行产品定价，如果出现严重的通货膨胀或者通货紧缩，就需要企业采取一定的应对措施改进企业的定价决策。

3. 消费者收入状况和支付模式

(1)收入状况

消费需求指消费者有支付能力的需求。单有消费欲望或绝对消费力，并不能创造市场。只有既有消费欲望，又有购买力，才能产生实际的购买行为。在研究收入对需求的影响时，常用的几个概念如下：

1)人均 GDP。它是一个国家或地区，所有常驻单位在一定时间内，按人口平均所生产的全部货物或服务的价值，超过同期投入全部非固定资产货物和服务价值差额。国家的 GDP 总额反映了全国市场的总容量、总规模。人均 GDP 则从总体上影响和决定了消费结构和消费水平。我国 2010 年的 GDP 总额达到了 39.789 万亿元，居世界前列，但人均 GDP 在国际比较中仍属于较低水平。

2)家庭和个人收入。指消费者家庭或个人从各种来源所得到的收入。消费者各类收入总额，可用来衡量该消费者市场的容量，人均收入多少，反映了购买力水平的高低。一般来说，人均收入增长，对商品的需求和购买力就大，反之就小。

3)个人可支配收入。从个人收入中，减除缴纳税和其他经常性支出后，所余下的实际收入，即能够作为个人或储蓄的数额。它是消费者真正可用于消费的部分，它是影响消费者购买力水平和消费支出结构的决定性因素。

4）可任意支配收入。在个人可支配收入中，有相当一部分要用来维持个人或家庭的生活以及支付必不可少的费用。只有在可支配收入中减除维持生活的必要支出，才是个人可任意支配收入，这是影响消费需求变化的最活跃的因素。

在以上两种收入中，由于国家税收政策的稳定性，个人可支配收入变化趋势缓慢，而个人可任意支配收入变化较大，而且在商品消费中的投向不确定，成为企业竞争的主要目标。企业在定价时，不但要对所提供的产品做好定位，而且要认真分析目标客户的实际购买能力，这样才能提供比较好的产品，同时也能做到适销对路。

（2）支出模式

消费者支出模式是指消费者各种支出的比例关系，也就是常说的消费结构。经济的发展、产业机构的转变与收入水平的变化等因素直接影响了消费支出模式，而消费者个人的增加，用于购买食品的支出占家庭收入的比重就会下降；用于住房和家庭日常支出的费用保持不变，而用于服装、娱乐、保健和教育等其他方面及储蓄的支出比重会上升。其中食品支出占家庭收入的比重成为恩格尔系数。恩格尔系数是衡量一个国家、一个地区、一个城市、一个家庭的生活水平高低的标准。恩格尔系数越小表明生活越富裕，越大则生活水平越低。企业从恩格尔系数可以了解市场的消费水平和变化趋势。个人收入则是单个消费者或家庭消费结构的决定性因素。恩格尔定律指出，随着家庭收入的增加，家庭的恩格尔系数变小，人们的精神消费增大。

（3）消费者储蓄分析

消费者的储蓄行为直接制约着市场消费量购买的大小。当收入一定时，如果储蓄增多，现实购买量就减少；反之，如果用于储蓄的收入减少，现实购买量就增加。居民储蓄倾向是受到利率、物价等因素变化所致。人们储蓄目的也是不同的，有的是为了养老，有的是为未来的购买而积累，当然储蓄的最终目的主要也是为了消费。企业应关注居民储蓄的增减变化，了解居民储蓄的不同动机，制定相应的定价策略，获取更多的商机。

（4）消费信贷分析

消费者信贷，也称信用消费，指消费者凭信用先取得商品的使用权，然后按期归还贷款，完成商品购买的一种方式。信用消费允许人们购买超过自己现实购买力的商品，创造了更多的消费需求。随着我国商品经济的日益发达，人们的消费观念大为改变，信贷消费方式在我国已经开展得非常好，企业应该很好地关注这个消费方式。

4. 政治与法律环境

企业营销活动很大程度上受政治与法律环境的制约和影响。政治、法律和法规因素是互相紧密联系的，它们反映出当前的政治状况，对企业的营销活动和价格制定有直接的或潜在的影响。

(1)政治环境

政治环境指企业价格制定决策活动所处的外部政治形势和状况，一般分为国内政治环境和国外政治环境两部分。

对国内政治环境的分析要涉及国内政策环境和国内政治局势两个方面。各个国家在不同时期，根据不同需要会颁布一些经济和社会发展政策，制定经济社会发展方针，这些方针政策不仅影响本国企业的营销活动，而且还影响外国企业在本国市场的营销活动。目前，国际上各国政府采取的对企业定价活动有重要影响的政策和干预措施主要有：进口限制、税收政策、价格管制、劳动工资政策等。政治局势是指企业所处的政治稳定状况，一个国家的政治稳定与否会给企业定价活动带来重大的影响。如果政局稳定，社会运行状况良好，就会给企业发展创造一个良好的环境，企业可以充分发挥创造性和竞争力，稳定的政治局势给企业带来良好的发展机会；而战争、暴乱、罢工、政权更替等政治事件都可能对企业日常运营产生不利影响，会给企业价格制定和发展带来极大的风险。

对国际政治环境的分析包括国际政治局势、国际关系和目标国的国内政治环境三个方面。从事国际经营的企业，在进行市场营销和价格制定的时候，必须密切关注国际政治局势给企业带来的影响。因为一个国家和地区的政局稳定还是动荡，对于企业的经营活动具有巨大的影响。国际关系也是影响企业日常运行的一个很重要的方面，国际关系主要包括企业所在国与营销对象国之间的关系以及营销对象国与其他国家之间的关系两个方面。另外，企业进行跨国经营时，必须考虑的因素就是营销对象国即目标国的国内政治环境、目标国的国内政策环境以及政治局势是否有利于企业的经营活动。

(2)法律环境

我国《价格法》已经实施 23 年，其中大部分商品的定价权限已经交由市场做主，但《价格法》依然对政府定价和政府价格调控的商品范围进行了限定。下列商品和服务价格，政府在必要时可以实行政府指导价或者政府定价：与国民经济发展和人民生活关系重大的极少数商品价格；资源稀缺的少数商品价格；自然垄断经营的商品价格；重要的公用事业价格；重要的公益性服务价格。当这些商品和服务价格显著上涨或者有可能显著上涨，国务院和省、自治区、直辖市人民政府可以对部分价格采取限定差价率或者利润率、规定限价、实行提价申报制度和调价备案制度等干预措施。

另外，当市场价格总水平出现剧烈波动等异常状态时，国务院可以在全国范围内或者部分区域内采取临时集中定价权限、部分或者全面冻结价格的紧急措施。

5. 社会文化环境

从理论上讲，产品的最低价格取决于生产这种产品的成本费用，而最高价格取决于市场需求。而现实情形是，同一产品的价格对不同消费群体具有不同的感觉和反应，这种差异是由消费群体的文化差异所影响的。

企业在产品初次定价时，必须考虑到外部参考价格对消费者的影响，其实也就是受到了社会文化的影响。经济比较落后国家的消费者认为经济发达的国家生产的产品质量好，因而也认为产品的价格高是理所当然的。时尚产品定价很高，消费者往往认为新产品必然包含新技术，而且时尚产品也能给消费者带来引领潮流的文化满足感，价格高也是自然可以接受的。因此在现代产品中，不仅包含产品的实用价值，还包含文化价值，而且后者占的比重日益增大。

二、微观环境分析

企业在进行市场价格定价之前应该充分了解自身的基本状况，如企业的技术领先水平、企业的市场影响力、企业的财务资金情况以及企业产品序列状况等。

1. 企业的技术领先程度

在经济全球化和科学技术快速发展的背景下，技术领先程度已经成为企业持续发展的关键因素。国内外许多知名企业，如美国的微软，韩国的三星，我国的海尔、华为、联想等无一不是通过新技术而获得各国消费者的青睐。但在现实市场中，不同企业的技术领先程度往往存在很大差异，由此形成新的价格竞争格局，技术领先程度高的，产品价格高，反之亦然。

2. 企业的市场影响力

市场影响力指市场的一方对另一方产生影响或控制作用。从营销学的角度出发，市场影响力包括企业品牌和企业声誉。具体是指影响消费者信任或作出购买决策，以及影响企业获得市场资源、政府支持和其他资源的力量。

品牌的真正力量是其能够影响消费者行为，影响消费者市场对产品的选择倾向，这种优势主要体现三个基本方面：其一是具有影响力的品牌能够为任何创新产品建立或获取顾客信任；其二是使用优势品牌具有明显的盈利性保证，使这种品牌拥有者能更容易获取市场资源；其三则是优势品牌往往是传播媒介注意中心，因而其信息传播面更广，传播速度更快。

企业声誉是各种经验、印象、信仰、感情和知识相互作用的综合结果，是一个社会的、集合的、关系的概念，它的影响范围是广泛的，它的功能效应是综合的，它的作用方式是多层次多维度的"。良好的公司声誉可以影响顾客对企业及其提供的产品产生良好的期望，良好的公司声誉常常也意味着对偶然的不利信息有着更强的承受能力、更大的顾客采购意图、对公司产品和销售人员的更好态度和评价、更高的顾客忠诚和更强大的竞争优势。因此良好企业声誉使得产品和服务具有强大的价格竞争力。

3. 企业的财务资金情况

企业的财务资金情况影响产品定价目标，如果企业资金充裕，企业就可以引进先进技术、招聘高级人才、研发新产品、开拓新市场等行为，则企业定价目标就可以为提升品牌影响力，产品质量领先等方面发展；如果企业资金短缺甚至危机，那么短期内企业的任务就是维持生产，保持价格水平稳定，则企业定价目标为求生存，实现当期目标利润等。

4. 企业产品序列状况

企业应该明确自己的市场角色，确定自己的核心产品，创建具有企业特色的产品并且不断加以创新和改进，在拥有主导产品的前提下不断扩展新产品，保证足够的产品供给并不断扩大企业产品的市场份额。

三、确定产品市场定位

(一)产品定位

产品定位就是针对消费者或用户对某种产品某种属性的重视程度，塑造产品或企业的鲜明个性或特色，树立产品在市场上一定的形象，从而使目标市场上的顾客了解和认识本企业的产品。根据产品消费群体的差异，可将产品定位分为高端定位，中端定位和中低端定位三种。

1. 高端

相对于同类产品，长期具有较高的价值和品质，同时价格相对较高，定位于消费较高的人群。其买卖不在于商品的物质形态，而是商品所体现的意义、价值、地位。如劳力士手表、香奈儿、阿玛尼、爱马仕等。

一般来说，定位于高端的产品相对来说具有价格高、利润高、产品质量相对较高，但目标客户较少、需求较少、销售量不高（数量相对有限）等特点。

虽然高端产品的销售量没有中低端产品高，但如果占领高端市场的一部分市场份额的话，那么它也足以使一个企业生存下来并且过得舒舒服服。

2. 中端

相对于同类产品，价值和品质低于高端产品但是高于低端产品，价格上也是低于高端产品价格而高于低端产品价格，定位于中层收入的消费群体，在行业市场、区域市场上有一定的优势。

3. 中低端

中低端产品具有数量众多、产品质量良莠不齐的特点，产品价格较低，定位于中低端消费者。一方面，中低端市场的消费人数居多，购买潜力是巨大的，另一方面，伴随经济增长，中低端市场的购买力不断提高。因此其市场潜力巨大，蕴含着巨大的商机和开发潜力。

(二)企业在细分市场的地位

1. 领导者

一般来讲，大多数行业有一个被公认为是领袖的企业，即市场领导者。这种企业在市场上具有很大的影响力，在相关产品市场上享有最大市场份额，价格的变动，往往成为同行竞争、排斥、躲避或模仿的对象。也正因为如此，它所面临的市场环境往往比较艰苦，定价稍有不慎，就有丢失市场的可能，便会丧失其领导地位。

2. 追随者

市场追随者的目的是想在保持现有的市场份额的基础上略有发展。因此，市场追随者策略的核心应是寻找一条避免触动竞争者利益的较为平稳的发展道路，与此同时，还应考虑到市场追随者常常是挑战者攻击的对象，于是，市场追随者定价保持与领导者一致或略低，在不刺激强大竞争对手的同时保护自己。既然这样，市场追随者就可能采取以下几种竞争战略：

(1)紧紧追随。即尽可能从各个方面模仿市场领先者，但又绝不超过领先者或损害领先者的既有利益，有些甚至就是想依赖主导企业对市场或产品的开发、生存、发展。

(2)保持一定距离的追随。在这种策略中，追随者与市场领先者之间总保持一定的距离，让市场领先者和挑战者感觉不到有侵入或进攻的迹象。

(3)有选择的追随。即在某些方面追随市场领先者，而在另一些方面则进行自我主张，有时还会创新，但这种创新仍然是在避免刺激对方的前提下进行，以便市场追随者能悉心培养自己的市场和竞争实力。

3. 市场补缺者

市场补缺者也称市场利基者，是指选择某一特定较小之市场为目标，提供专业化的服务，并以此为经营战略的企业。行业中的小企业专心致力于市场中被大企业忽略的某些细分市场，通过专业化经营来获得最大限度的收益，这种有利的市场位置被称为"利基"，而占据这种位置的企业就是市场利基者。其战略主要有最终用户专业化、垂直专业化、特殊客户专业化、地理市场专业化、产品或产品线专业化、质量—价格专业化、服务专业化、销售渠道专业化等。

四、成本分析

（一）成本是构成价格的主要成分

商品价格是由生产这种商品的物质消耗费用、职工工资、税金与合理利润构成的。成本与该商品价格成正比例关系，价格随着成本的增加而提高，反之则降低，二者是紧密相关不可分离的。

（二）成本是确定价格的基本依据和最低经济界限

商品成本存在的必要性，是由经营者要以自己经营收入补偿自己产销开支的客观必然性所决定的。商品出售价格的最低经济界限，只能是商品成本。如果商品低于成本出售，生产中已消耗的那部分就不能全部由出售价格得以补偿，长此以往，企业就不能维持生存，走上亏损甚至破产的道路。所以商品定价不能低于成本，商品价格主要由成本、税金和合理利润组成，成本是确定价格的基本依据，当然价格同时还受市场供求关系的影响。

第三节　确立定价目标

企业的定价目标应该服从企业的总体目标和营销目标，换言之，企业的定价目标要有利于实现企业的总体目标和营销目标。

当企业为其产品选定了目标市场并进行了市场定位之后，就明确了包括价格在内的营销策略，也决定了其特定产品的定价目标。

除非盈利企业外，任何企业的长期经营目标都是获得可能的最大利润。以长期最大利润为目标，与短期经营目标不一定一致。最大利润指企业的总利润，并不是要求每一种产品都实现同样水平的利润，有时为了争取实现整个企业的长期最大利润，需要放弃短期或部分产品的部分利润。

由于企业的短期经营目标与长期经营目标不一定完全一致，所以，在不同时期的不同情况下，企业的具体定价目标和策略，要随企业的短期经营目标而变化。

企业的具体定价目标有以下几种：

一、企业生存目标

一个企业要想盈利往往要通过三个阶段来实现的，即保本，减亏，扩大。在短期内，企业维持生存比追求短期利润更为重要，只要价格能够补偿其变动成本和部分固定成本，企业就能够继续经营；当企业生产能力过剩、竞争激烈、消费者需求或偏好发生变化情况下，为了能够继续经营，库存能够周转，必须制定低价格，将企业的亏损最小化；但是求生存只能是短期目标，从长期来说，厂商必须能够使其资本在市场上增值，不断扩大产品的市场份额，扩大再生产，否则就面临破产被淘汰的危险。

格兰仕的历史最早可追溯至成立于 1978 年的广东桂州羽绒制品厂，但自 1992 年试产微波炉以来便一路高歌猛进，3 年后即创造了微波炉销量中国第一的成绩，1998 年更是成为微波炉销量的世界冠军。那么，格兰仕是如何在短短时间里从激烈的市场竞争中脱颖而出，成为行业第一的呢？这个重要的法宝便是产品价格：1996 年 8 月格兰仕第一次降价，降幅平均达到 40%；1997 年第二次大幅降价，降幅在 19%～40%；2000 年 10 月，格兰仕以黑金刚系列等高档微波炉为主第四次大幅降价，降幅也高达 40%。通过一系列的价格调整，格兰仕基本摧毁了产业的投资价值，挤走了国内其他微波炉生产商，同时也使国际大的投资集团失去了在中国投资建立微波炉厂的兴趣，从而赢得了"价格屠夫"的美誉。纵观格兰仕产品定价的全过程，我们可以发现，格兰仕的定价目标非常清楚：利用规模经济所带来的成本优势，通过低价策略，赶走竞争对手并阻止潜在竞争对手的进入，确立自己在微波炉领域领导地位，保证自己的经营安全。

二、品牌影响力目标

品牌影响力是指品牌开拓市场、占领市场、并获得利润的能力。同时也是一个国家经济发展的缩影，折射着经济实力的增长和各个产业的发展趋势。品牌的知名度、美誉度已成为左右顾客选择商品的重要因素。

知名度指一个组织被公众知晓、了解的程度，是评价组织名气大小的客观尺度，侧重于"量"的评价，即是组织对社会公众影响的广度和深度。品牌知名度是关键的品牌资产，在竞争激烈的细分市场中，提升品牌知名度并使其产生实际的销售收益对企业至关重要。品牌的知名度与实际销售收益往往呈现正相关关系。

打品牌有两层含义，一是知名度，二是美誉度。"一个品牌需要给消费者产生丰富的联想。"李光斗表示，若通过广告单单在知名度上做文章的话，则会显得比较单薄。而通过公益营销等一系列活动，体现企业社会责任，从而全方位塑造企业公益形象对现代企业来说非常重要。企业的公益营销包括慈善活动，环保公益活动等。通过一系列活动不仅可以提升企业形象，还能实现与消费者更好地沟通。在这方面，跨国公司走在前列。不过，国内一些企业也在企业社会责任方面迎头赶上。以蒙牛为例，其捐赠牛奶并在内蒙古包下几十公里的绿化带就是一例。

从定价的角度，实现品牌影响力目标的途径有两种：一是名牌商品采用"优质高价"策略，既增加了盈利，又让消费者在心理上感到满足，提升品牌的影响力和美誉度。二是名牌商品采用平价或大众化价格，使得名牌＝民牌，增加销量，扩大品牌的影响力和美誉度。

三、销售目标

企业销售目标的实现主要考察两个指标的变化，一个是企业的销售量，另一个是企业的销售额，两个概念往往会被混为一谈。销售量是指数量，是指产品的个数；销售额则是指销售产品所获得的货币总额，是由销售量乘以产品单位价格得到的。销售的最大化目标指不考虑利润、竞争以及营销环境，而只注重销售量(额)的增加。如果企业资金短缺或面临不确定的前景，它就可能在短期内需要大量的现金。再次，企业的任务就是要计算哪种价格能够产生最多的现金收入。其最有效的方法就是临时性的处理过多的库存积压。例如，在"五一""十一"和春节的节假日经济里，很多日用消费品都以折扣价格出售是司空见惯的事。另外，在推出新产品之前，使用销售量最大化作为定价目标可以消化大量的旧货产品存货。显然，销售量最大化往往与微利或无利挂钩，因此只能作为企业的短期定价目标。一个长期进行薄利多销的企业是无法生存和发展下去的。

四、利润最大化目标

这种定价目标包括以下两种：实现当期利润最大化和确定目标投资收

益率。

（一）当期利润最大化

以实现当期利润最大化作为企业的短期定价目标。这种定价目标在技术更新速度加快、产品生命周期缩短的今天十分常见。在现实的经济生活中，很多基于这种定价目标的企业一味盲目的采取高价政策，这样单位产品的利润是最大化了，但若高价拟制市场需求过快而导致销售量急剧萎缩，总体利润则难以实现最大化；并且，高价政策容易引起竞争者的进入，以低价替代品争夺市场，最终丧失自己的市场份额，损害企业的长期利益。

事实上，这种定价目标，可以通过不同方式实现。例如，在某些市场上采取相对低价和低利润率的策略，同时通过提高库存周转速度，实现更大利润，国内外许多经营成功的超级市场的实践是很好的证明；而在某些市场上实行相对高价，虽然导致销售数量有所下降，但高价却有助于抵消相对低价的销售数量和库存周转速度，也可以获得更大利润。由此可见，最大利润可能来自高价政策，也可能来自低价政策。所以，企业确定以利润最大化为定价目标后，具体应该采取哪种策略，取决于市场需求和竞争形势。

这种定价目标一般适用于：企业是市场上拥有竞争性低成本优势的供应商；企业是价格的领导者，其他供应商只能服从它的定价；企业对处于引进期的新产品要求一定的水平的回报率；产品领先期很短，竞争对手容易进入。

（二）确定目标投资收益率

即企业在制定产品价格时对所进行的投资确定一定比例的预期收益。这种定价目标的特点是不追求短时的高利，也不是薄利多销，而是获取一定时期内的稳定收益、服务于企业的长期经营。当然，这种定价目标主要是企业站在自己的角度来确定的，没有考虑消费者与竞争者，是比较"自我"的定价目标。

（三）生命周期利润

企业的生命周期是指企业的发展与成长的动态轨迹，包括发展、成长、成熟、衰退几个阶段。而企业的利润在企业的四个主要发展阶段都具有不同的特点。企业应该在企业不同的生命周期阶段找到能够与其特点相适应、并能不断促其发展延续的经营模式，使得企业可以从内部管理方面找到一个相对较优的模式来保持企业的发展能力，在每个生命周期阶段内充分发挥特色优势，进而延长企业的生命周期，帮助企业实现收益的可持续发展。

(四)企业价值目标

企业价值是指企业遵循价值规律,通过以价值为核心的管理,使所有与企业利益相关者(包括股东、债权人、管理者、普通员工、政府等)均能获得满意回报的能力。显然,企业的价值越高,企业给予其利益相关者回报的能力就越高。而这个价值是可以通过其经济定义加以计量的,其具体方法为企业的价值是该企业预期自由现金流量以其加权平均资本成本为贴现率折现的现值。

五、市场占有率

市场占有率指企业的一种产品在特定市场的销售量占该市场中该种产品总销售量的比例。市场占有率最大化的目标就是要在同行业的产品竞争中保持一个尽可能大的市场份额,通常用市场占有率指标来表示,其公式如下:

市场占有率＝某一企业产品的销售量/该行业产品的总销售量

企业的市场占有率通常分为长期和短期之分。短期企业为确保市场占有率通常可以依靠促销、宣传等方法。但是企业要想取得长期稳定发展,就必须保证产品在市场上具有长期的市场占有率,则需要从产品的开发、生产、控制和企业的人员制度等各方面着手做好市场调查,了解客户需求,不断改进产品质量;密切关注竞争企业发展动态,及时作出经营战略调整,降低产品成本,以质优价廉的产品来冲淡竞争对手的市场份额,从而扩大自身产品的市场占有率。

扩大和保持市场占有率不是一蹴而就的,而是需要在长期的市场竞争中逐渐争取。企业以扩大市场占有率为定价目标的原因有二:其一,销售量是影响利润的因素之一,即使单位产品的利润下降,但若有一定规模的市场份额支撑,利润总量可保持不变甚至增加;其二,企业拥有较大市场占有率往往意味着一定程度的价格话语权,企业确定的产品价格会成为行业竞争者追随的目标,并且较大的市场占有率可以产生规模经济,因而在产品定价时具有更大的回旋余地。但在现实经济生活中,企业为扩大和保持市场份额:在较长时间内保持低价策略,将竞争对手挤出市场或防止新的竞争对手进入市场。特别是在某些行业,当市场供给大于市场需求时,企业间竞相降价,不惜一切代价包括牺牲利润来保市场,进行恶性价格竞争,导致企业元气大伤。企业之所以这样做,是因为有很多决策者认为高市场占有率自然会产生高利润率,或者说高利润率是高市场占有率的必然结果。尽管有很多研究证实市场占有率与投资收益之间有较强的正相关关系,但相关关系并不是因果关系。

今天的市场经济实践也证明：有很多拥有较大市场占有率的企业，其利润并不比行业内小企业的利润率高。一般来说，多数企业都愿意在某一新产品推向市场的初期来选择这一定价目标，在其产品得到市场认可后，便将这一目标退居其次。

六、应付或防止竞争

采用应付或防止竞争的定价目标的企业，在定价之前，将本企业产品的质量、规格与竞争者类似产品进行比较，然后根据市场竞争形势和企业自身生产技术、产品质量特点和成本条件，决定产品价格，有以下三种情形。

（一）与竞争者同价

在竞争激烈的市场上，尤其在少数卖主控制的市场的情况下，当企业的产品与竞争者类似产品之间没有明显差别、消费者或用户对产品的市场价格水平非常清楚时，往往采取与竞争者同价的办法，实际上是跟随行业带头人定价的办法。这种情况下，把价格定得高于竞争者，显然受到很大限制；把价格定得低于竞争者，可能招致报复，甚至引起价格战。

（二）低于竞争者价格

较小的企业由于经营费用低于行业平均水平，其定价往往低于行业带头人的价格。另一种情况就是当企业有能力进入其他企业已经建立了牢固基础的行业时，可能采取低于竞争者价格的办法，即采用"渗透政策"进入该行业。

当企业以低于竞争者的价格出售商品时，往往提供的服务项目较少，比如经营项目不全，消费者需要别的商品时，还要到其他商店购买。折扣商店以明显低于正常商店的价格出售商品，但他们提供的售前、售后服务较少。有的折扣杂货店还可能对包装等服务项目加收额外费用。

（三）高于竞争价格

采用高于竞争者价格的企业，往往是产品质量明显优于竞争产品，或者可能是受专利权保护、比竞争产品有某些特点的产品。商店的形象和所处地理位置、也会影响其价格水平。例如声誉很高的珠宝商店，为了避免有损于他们经营高质量商品的形象，很少以折扣价格出售商品；位于主要商业街或地区购物中心、装潢豪华并拥有受过良好训练营业人员的商店，其商品价格水平也往往可以明显高于甚至成倍高于一般商店。极为有钱的顾客才可能愿意去这类商店购买商品，他们认为这类商店经营商品的质量一定可靠，多数消费者不敢问津。

七、企业价值最大化

企业价值最大化是指通过企业财务上的合理经营，采用最优的财务政策，充分考虑资金的时间价值和风险与报酬的关系，在保证企业长期稳定发展的基础上，使企业总价值达到最大。企业价值最大化作为企业财务管理目标具有以下优点：首先，考虑了取得报酬的时间，并用时间价值的原理进行了计算；其次科学的考虑了风险与报酬的联系，并且克服企业在追求利润上的短期行为；最后企业利润最大化不仅考虑了股东的利益而且考虑了债权人，经理层以及一般职工的利益。企业价值最大化目标强调的是企业的预期获利能力。要想使企业长期稳定的发展，企业应该做到以下几点：

1. 成为负责任的企业

企业在追求利润的同时所承担的对其雇员、客户、社区乃至整个社会的义务。这些义务包括公平雇佣、产品质量保证、污染治理和反垄断等。企业在履行自己的社会责任时要增加自己的生产成本，因此在竞争十分激烈的产业要单独履行这些责任是十分困难的。所以，政府常常通过使用强制性手段使产业内的所有企业都履行自己的社会责任，同时不使任何企业因履行自己的社会责任而在竞争中处于不利地位。

2. 成为受人尊敬的企业

第一，企业的发展方向一定要适合社会文明的要求，产业发展要和自然融合，和谐发展，而不能靠牺牲生态和环境来追求企业的发展。第二，企业的发展要符合国家战略及相应的产业政策，这个也是大局，必须坚持顺应和服从。第三，企业的发展要符合自身产业的前进方向，要不断向产业链的高端迈进。第四，企业的发展还要符合自身的发展要求，包括发展能力。遵从以上四点，每一个企业都能制定出受人尊敬的企业发展战略，未来成为受人尊敬的企业。

3. 百年企业

百年企业指企业成立时间悠久，传承优秀企业文化，诚信经营，产品服务独有特色，虽然历经百年沧桑，但企业的名号及所提供的产品或服务仍受到百姓或客户的信赖和欢迎。

"百年企业"一直是众多企业经营者所追求的目标。对于如何成就百年老店，不同的人有不同的看法，如格力电器总裁董明珠就认为，一是责任，企业要培养一批有责任感的人；二是有一种执着奉献的精神，不随波逐流；三是要创造一种自我反省、学习创新的氛围。美国能成为世界上最强大的国家，正是因为有 IBM、微软、苹果、FACEBOOK 这样的企业，他们依靠科技和理念的创新引领着产业发展的方向，而中国企业现在更多的是处于跟随的位置。当跟随变为超越，直至引领，则中国之百年企业可见也。

"五年的企业靠产品，十年的企业靠技术，百年的企业靠文化"是值得企业家深思的问题！

📅 附：扩展阅读

亚马逊公司的差别定价试验

一、亚马逊公司实施差别定价试验的背景

1994 年，当时在华尔街管理着一家对冲基金的杰夫·贝佐斯（Jeff Bezos）在西雅图创建了亚马逊公司，该公司从 1995 年 7 月开始正式营业，1997 年 5 月股票公开发行上市。从 1996 年夏天开始，亚马逊极其成功地实施了连属网络营销战略，在数十万家连属网站的支持下，亚马逊迅速崛起成为网上销售的第一品牌。到 1999 年 10 月，亚马逊的市值达到了 280 亿美元，超过了西尔斯（Sears Roebuck & Co.）和卡玛特（Kmart）两大零售巨大的市值之和。亚马逊的成功可以用以下数字来说明：

根据 Media Metrix 的数据，亚马逊在 2000 年 2 月在访问量最大的网站中排名第 8，共吸引了 1450 万名独立的访问者，亚马逊还是排名进入前 10 名的唯一一个纯粹的电子商务网站。

根据 PC Data Online 的数据，亚马逊是 2000 年 3 月最热门的网上零售目的地，共有 1480 万名独立访问者。独立的消费者也达到了 120 万人。亚马逊当月完成的销售额相当于排名第二位的 CDNow 和排名第三位的 Ticketmaster 完成的销售额的总和。在 2000 年，亚马逊已经成为互联网上最大的图书、唱片和影视碟片的零售商，亚马逊经营的其他商品类别还包括玩具、电器、家居用品、软件、游戏等，品种达 800 万种之多，此外，亚马逊还提供在线拍卖业务和免费的电子贺卡服务。

但是，亚马逊的经营也暴露出不小的问题。虽然亚马逊的业务在快速扩张，亏损额却也在不断增加。在 2000 年头一个季度中，亚马逊完成的销售额为 5.74 亿美元，较前一年同期增长 95%，第二季度的销售额为 5.78 亿美元，较前一年同期增长了 84%。但是，亚马逊第一季度的总亏损达到了 1.22 亿美元，相当于每股亏损 0.35 美元，而前一年同期的总亏损仅为 3600 万美元，相当于每股亏损为 0.12 美元，亚马逊 2000 年第二季度的主营业务亏损仍达 8900 万美元。

亚马逊公司的经营危机也反映在它股票的市场表现上。亚马逊的股票价格自 1999 年 12 月 10 日创下历史高点 106.6875 美元后开始持续下跌，到 2000 年 8 月 10 日，亚马逊的股票价格已经跌至 30.438 美元。在业务扩张方面，亚马逊也开始遭遇到了一些老牌门户网站如美国在线、雅虎等的有力竞争。在这一背景下，亚马逊迫切需要实现赢利，而最可靠的赢利项目就是它经营最久的图书、音乐唱片和影视碟片，实际上，在 2000 年第二季度亚马逊就已经从这三种商品上获得了 1000 万美元的营业利润。

二、亚马逊公司的差别定价实验

作为一个缺少行业背景的新兴的网络零售商，亚马逊不具有巴诺（Banes & Noble）公司那样卓越的物流能力，也不全像雅虎等门户网站那样大的访问流量，亚马逊最有价值的资产就是它拥有的 2 300 万注册用户，因此亚马逊必须设法从这些注册用户身上实现尽可能多的利润。因为网上销售并不能增加市场对产品的总的需求量，所以为提高在主营产品上的赢利，亚马逊在 2000 年 9 月中旬开始了著名的差别定价实验。亚马逊选择了 68 种 DVD 碟片进行动态定价试验，在试验当中，亚马逊根据潜在客户的人口统计资料、在亚马逊的购物历史、上网行为以及上网使用的软件系统确定对这 68 种碟片的报价水平。例如，名为《泰特斯》（Titus）的碟片对新顾客的报价为 22.74 美元，而对那些对该碟片表现出兴趣的老顾客的报价比其他顾客更高，则为 26.24 美元。通过这一定价策略，部分顾客付出了比其他顾客更高的价格，亚马逊因此提高了销售的毛利率，但是好景不长，这一差别定价策略实施不到 1 个月，就有细心的消费者发现了这一秘密，通过在名为 DVDTalk（www.dvdak.com）的音乐爱好者社区的交流，成百上千的 DVD 消费者知道了此事，那些付出高价的顾客当然怨声载道，纷纷在网上以激烈的言辞对亚马逊的做法进行口诛笔伐，有人甚至公开表示以后绝不会在亚马逊购买任何东西。更不巧的是，由于亚马逊前不久才公布了它对消费者在网站上的购物习惯和行为进行了跟踪和记录，所以，这次事件曝光后，消费者和媒体开始怀疑亚马逊是否利用其搜集的消费者资料作为其价格调整的依据，这样的猜测让亚马逊的价格事件与敏感的网络隐私问题联系在了一起。

为挽回日益凸显的不利影响，亚马逊的首席执行官贝佐斯只好亲自出马做危机公关，他指出亚马逊的价格调整是随机进行的，与消费者是谁没有关系，价格试验的目的仅仅是为测试消费者对不同折扣的反应，亚马逊"无论是过去、现在或未来，都不会利用消费者的人口资料进行动态定价"。贝佐斯为这次的事件给消费者造成的困扰向消费者公开表示了道歉。不仅如此，亚马逊还试图用实际行动挽回人心，亚马逊答应给所有在价格测试期间购买这 68 部 DVD 的消费者以最大的折扣，据不完全统计，至少有 6896 名没有以最低折扣价购得 DVD 的顾客，已经获得了亚马逊退还的差价。

至此，亚马逊价格试验以完全失败而告终，亚马逊不仅在经济上蒙受了损失，而且它的声誉也受到了严重的损害。

资料来源：奕天堂网站［EB/OL］. http：//www. 51yt. coml，2005-12-12.

问题：

1. 亚马逊公司差别定价试验失败的原因及企业实施差别定价策略时面临的风险是什么？

2. 从亚马逊公司差别定价试验中你得到哪些启示？企业在实施差别定价策略时可以实施哪些可能的风险防范措施？

第五章　定价基本方法

第一节　常用定价方法及分类

企业的定价方法是指企业在特定的定价目标上，给自己销售的产品和服务制定的价格规范。定价方法的选择正确与否，是关系到企业定价目标能否实现的一个重要因素。下面介绍的几种定价方法，各有其长处，又有其不足之处，因此企业在具体定价时，要全面掌握和了解企业经营状况、经营目标、产品市场需求和竞争者状况，选择适合于本企业的定价方法。

一、定价方法的选择依据

(一)企业经营目标

企业经营目标，是在一定时期企业生产经营活动预期要达到的成果，是在分析企业外部环境和企业内部环境的基础上确定的企业各项经济活动的发展方向和奋斗目标，是企业经营思想的具体化，反映与体现企业生产经营活动目的性的。企业经营目标大体上分为三大类：企业利润最大化、企业价值(股东财富)最大化和利益相关者财富最大化。通常具体的经营目标有，"增加企业利润""增加股东财富""扩大资产规模""提高经营业绩""提高市场份额""提升客户满意度""承担社会责任""提高员工满意度"等。企业经营目标对企业个体行为和社会资源配置都具有重大影响，定价行为作为企业的个体行为之一，在产品和服务价格制定时要依据企业经营目标确定企业定价目标、定价方法、定价策略，为实现企业经营目标服务。

(二)企业所在产业状况

企业所在产业状况即是了解企业所处行业及竞争分析。行业是由许多同类企业构成的群体。各个行业在特征和结构方面存在很大差别，所以行业及竞争分析首先从整体上把握行业中最主要的经济特性。

（1）市场规模。小市场一般吸引不了大的或新的竞争者；大市场常常能引起公司的兴趣，因为他们希望在大市场中建立公司稳固的竞争地位。

（2）竞争角逐范围。市场范围有本地性的、区域性的、全国性的及其他。

（3）市场增长速度。快速增长的市场会鼓励其他公司进入；缓慢增长的市场会使市场竞争加剧，并使弱小的竞争者出局。

（4）行业在成长周期中目前所处的阶段。行业的成长周期阶段有初始发展阶段、快速成长阶段、成熟阶段、停滞阶段和衰退阶段。

（5）竞争厂家数量及相对规模。行业是被众多小公司细分还是被几家大公司垄断。

（6）购买者数量及相对规模。购买者属于哪类人群，是否重复购买，重复购买周期有多长？

（7）分销渠道及种类。分销为主还是直销为主，分销长度及模式如何？

（8）产品差异化程度。竞争对手的产品和服务是强差异化的、弱差异化的、一般差异化的或无差异化的。

（9）进入和退出市场的壁垒。壁垒高的往往可以保护现有公司的地位和利润，壁垒低的容易使得新进入者入侵。

（10）行业盈利水平状况。行业盈利水平是处于平均水平之上还是之下？高利润行业吸引新进入者，行业环境萧条加剧竞争者退出。

对以上各主要经济特性的分析，可以掌握产业的消长和各竞争厂商市场占有率，进而对市场总需求量、区域成长状况、细分市场成长状况进行估计，这为企业产品和服务的定价方案选择提供重要参考依据。

📋 5-1 案例

农药复配行业状况分析

市场规模：中国年销售收入 700 亿元左右。

竞争角逐的范围：主要是区域性的竞争，因为在大田作业上，南北地区种植结构存在明显的差异化。

市场增长率：最近 5 年，农药行业年增长率 5%～10%。

所处生命周期阶段：成长期。

行业中公司的数量：近 3000 家复配厂家，最高的市场份额不足 2%。

客户：大农客户，主要集中在药害发生季节集中购买，根据作物情况和药害发生情况决定重复购买率。

技术/革新：生产技术是标准的，国内新技术新化合物变革缓慢，实际意义上的新产品并不多。

产品差异化程度：产品高度标准化，不同品牌的产品基本上是同一的，差别性不大。

规模经济：一般。

行业利润水平：处于化工行业平均利润水平之上。

资料来源：企业所在行业分析及行业竞争分析思考[EB/OL].[2021-08-23].百度文库.

(三)主导产品特性

主导产品是指在一定时期内，支撑一个企业发展、效益产出好的产品。从企业角度看，主导产品的特性包括：能为企业带来好的经济效益，市场对产品的需求增长速度快，市场竞争对手少，市场需求空间大，企业掌握核心技术，有利的政策制度等。经济效益是判断主导产品的主要依据，产品的经济效益主要从企业财务产值和利税等财务指标体现。市场因素是判断主导产品的根本依据，市场对该产品的需求增长速度快、市场竞争对手较少、市场需求空间很大、有利的政策制度等市场因素是判断主导产品的根本依据。企业掌握核心技术是主导产品选择的重要依据，可以形成强大的竞争能力。看一个企业是否有主导产品，主导产品的特性如何，可以判断出企业的发展状况和竞争能力，对企业产品和服务的定价具有重要的参考依据。

(四)企业经营状况

企业经营状况是指企业的产品在商品市场上进行销售、服务的发展现状。企业经营状况如何可以从利润情况、预算执行情况、收入和成本情况、管理费用和税金情况等综合评价。企业经营状况直接影响企业的发展趋势、竞争状况、行业地位等，因此，同样也是企业定价的重要的参考依据。

二、定价方法的分类

根据企业经营导向可以将定价方法归纳为成本导向定价法、需求导向定价法、竞争导向定价法和价值导向定价法四类。根据企业对市场的战略将定价方法分为扩张型定价法、平衡型定价法、收缩型定价法。根据产品生命周期将定价方法分为新产品定价法、成长期产品定价法、成熟期产品定价法、衰退期产品定价法。

第二节　成本导向定价

　　成本导向定价是企业定价首先需要考虑的方法。成本是企业生产经营过程中所发生的实际耗费，客观上要求通过商品的销售而得到补偿，并且要获得大于其支出的收入，超出的部分表现为企业利润。以产品单位成本为基本依据，再加上预期利润来确定价格的成本导向定价法，是中外企业最常用、最基本的定价方法。成本导向定价法又衍生出了成本加成定价法、边际成本定价法、盈亏平衡定价法等几种具体的定价方法。

　　这一方法是以产品成本为定价的中心依据来制定价格的方法。由于它考虑的因素相对简单，实施简便，因此是企业最基本、最常用的定价方法。常见的形式如下：

一、成本加成定价

　　这种方法是在单位产品成本上附加一定的加成额作为企业盈利的定价方法。其计算公式为：

单位价格＝单位成本×（1+加成率）

📋 5-2 案例

　　　　某食品企业生产的某品牌软饮料预计的成本和销售额如下：单位可变成本 2 万元，固定成本总计 15 万元，预计销售量 10 万瓶。若企业想要获得 20% 的利润加成，则每瓶饮料的价格是多少？

　　　　因为每瓶饮料的单位成本是：2+15/10＝3.5（元），则按照成本加成定价的思想，其价格应为：3.5×（1+20%）＝4.2（元）。

　　采用成本加成定价法，确定合理的成本利润率是一个关键问题，而成本利润率的确定，必须考虑市场环境、行业特点等多种因素。某一行业的某一产品在特定市场以相同的价格出售时，成本低的企业能够获得较高的利润率，并且在进行价格竞争时可以拥有更大的回旋空间。

　　成本加成最大的优点在于操作简单，计算方便。但是，这种策略存在以下缺点。首先，加成率往往是企业站在自己的角度确定的，而市场需求与竞争状况瞬息万变，加成率在很大程度上可以说是企业一厢情愿的事情。其次，成本加成定价需要在确定产品价格之前就确定产品的单位成本，而单位成本会随着产品销量的变化而变化，但产品的销量又与产品的价格有关，于是又回到了问题的起点，形成了悖论。为了处理这个逻辑谬误，成本加成定价只能假设价格与销量无关，不考虑销量对成本的影响。这种假设使得定价在无形中损害了企业的长远利益，使企业陷入恶性循环的危险境地：当销量减少时，单位成本上升，产品价格上涨，高价格使得销量进一步减少，单位成本继续上升，价格继续上涨……王安公司的遭遇可以说明这一问题。

📖 **5-3 案例**

某某公司的悲剧

1976 年，某某公司推出世界上第一台文字处理机。产品一问世便迅速占领了市场，公司一度以成本加成定价的模式为其产品定价而得以迅速的成长。然而，到 20 世纪 80 年代中期，带有文字处理软件的个人电脑逐渐成为该产品的强大竞争对手。在竞争加剧、增长放慢的环境下，公司所信奉的定价哲学开始扼杀他的竞争优势；随着销量的减少，单位成本不断上升，公司便提高了价格，导致销量迅速减少……不久，许多老顾客纷纷"背叛"了王安，转而选择其他公司更便宜的替代品。

资料来源：托马斯·内格尔，等．定价策略与技巧[M]．应斌，等译．北京：清华大学出版社，2008.

同时，当企业产品供不应求时，由于销量的上升使得单位成本下降，产品价格也随之下降。即是企业收到堆积如山的订单，产品价格也不会得以提高以反映市场情况，由此企业丧失了增加利润、加快发展的大好机会。也就是，成本加成定价造成了在弱势市场定价过高而在强势市场定价过低的悲剧局面。

从目前的定价实践来看，成本加成一般适合卖方市场。因为，只有在卖方市场，价格未定之前，企业的成本与销量才可以比较准确地预测。比如公共事业单位产品的价格制定、建筑公司提出的承包工程投标价格制定、律师和其他专业人员价格制定可采用这一方法。

二、边际成本定价法

边际成本是指每增加或减少单位产品所引起的总成本的变化量。由于边际成本与变动成本比较接近，而变动成本的计算更容易一些，所以在定价实务中多用变动成本代替边际成本，而将边际成本定价法称为变动成本定价法。

采用边际成本定价法时是以单位产品变动成本作为定价依据和可接受价格的最低界限。在价格高于变动成本的情况下，企业出售产品的收入除完全补偿变动成本外，尚可用来补偿一部分固定成本，甚至可能提供利润。

📖 5-4 案例

某制鞋厂在一定时期内发生固定成本 80000 元，单位变动成本 0.7 元，预计销量为 100000 双。在当时市场条件下，同类产品的价格为 1 元/双。那么，企业是否应该继续生产呢？其决策过程应该是这样的：

固定成本 = 80000 元

变动成本 = 0.7×100000 = 70000 元

销售收入 = 1×100000 = 100000 元

企业盈亏 = 100000−70000−80000 = −50000 元

按照变动成本定价，企业出现了 50000 元的亏损，但是作为已经发生的固定成本，在不生产的情况下，已支出了 80000 元，这说明按变动成本定价时可减少 30000 元固定成本的损失，并补偿了全部变动成本 70000 元。若低于变动成本定价，如市场价格降为 0.7 元/双以下，则企业应该停产，因为此时的销售收入不仅不能补偿固定成本，连变动成本也不能补偿，生产得越多，亏损便越多，企业的生产活动便变得毫无意义。

边际成本定价法改变了售价低于总成本便拒绝交易的传统做法，在竞争激烈的市场条件下具有极大的定价灵活性，对于有效地对付竞争者，对于开拓新市场，调节需求的季节差异，形成最优产品组合可以发挥巨大的作用。但是，边际成本定价也有其局限性：首先，如果企业长期以这种模式定价，固定成本补偿有限，必然会危及企业的长远发展；其次，过低的成本有可能被指控为从事不正当竞争，并招致竞争者的报复，在国际市场则易被进口国认定为"倾销"，产品价格会因"反倾销税"的征收而畸形上升，失去其最初的意义。

三、盈亏平衡定价法

在销量既定的条件下，企业产品的价格必须达到一定的水平才能做到盈亏平衡、收支相抵。既定的销量就称为盈亏平衡点，这种制定价格的方法就称为盈亏平衡定价法。科学地预测销量和已知固定成本、变动成本是盈亏平衡定价的前提。

在此方法下，为了确定价格可利用如下公式：

盈亏平衡点价格（P）＝固定总成本（FC）÷销量（Q）＋单位变动成本（VC）

📋 5-5 案例

某企业年固定成本为 100000 元，单位产品变动成本为 30 元/件，年产量为 2000 件，则该企业盈亏平衡点价格＝100000÷2000＋30＝80 元。

以盈亏平衡点确定价格只能使企业的生产耗费得以补偿，而不能得到收益，即企业收支平衡，这可实现保本经营。在市场不景气的暂时困难情况下，保本经营比停业损失要小得多。因此，在实际中均将盈亏平衡点价格作为价格的最低限度，通常再加上单位产品目标利润后才作为最终市场价格。有时，为了开展价格竞争或应付供过于求的市场格局，企业采用这种定价方式以取得市场竞争的主动权。

收支平衡定价法与成本加成定价法相比，虽然不用再主观地确定加成率，但仍然只考虑了成本对价格的影响。并且，在这种模式下要实现定价目标有一个前提：产量必须等于销量，即生产出的产品以这样的价格必须全部卖出去。但实际上产品的市场销量是难以控制的，特别是在市场供求波动比较大的时候，预期的保本经营很难实现。

总之，从本质上说，成本导向定价法是一种卖方定价导向。它忽视了市场需求、竞争和价格水平的变化，在有些时候与定价目标相脱节，不能与之很好地配合。此外，运用这一方法制定的价格均是建立在对销量主观预测的基础上，从而降低了价格制定的科学性。因此，在采用成本导向定价法时，还需要充分考虑需求和竞争状况，来确定最终的市场价格水平。

第三节　需求导向定价

需求导向定价法是以消费者对商品的需求程度、商品价值的理解和对价格的承受能力为基础的一种定价的方法。价格是否合理最终要得到消费者的评判，只有价格与消费者的理解价值吻合时，消费者才会实现其购买行为。如今，市场上有很多产品，它们的生产成本很低，但就是因为消费者对这些产品产生了很大的认知和接受程度，其令人瞠目结舌的价格就不是用成本衡量的了。

一、理解价值定价法

理解价值定价法也称觉察价值定价法，对商品的认识程度和主观价值判断为依据来制定价格，即根据消费者为获得某种产品愿意支付的金额来确定产品价格。把买方的价值判断与卖方的成本费用相比较，定价时更应侧重考虑前者。因为消费者购买商品时总会在同类商品之间进行比较，选购那些既能满足其消费需要，又符合其支付标准的商品。消费者对商品价值的理解不同，会形成不同的价格限度。这个限度就是消费者宁愿付货款而不愿失去这次购买机会的价格。如果价格刚好定在这一限度内，消费者就会顺利购买。

为了准确的把握消费者所理解的价值，必须进行市场调研。要提高认知价值，须增加服务项目，提高服务质量和产品质量，进行有效沟通和传播等。价格建立在捕捉住的认知价值上。

📖 5-6 案例

柯达一次性成像相机的价格调查案例

柯达公司为了给一次性成像相机定价，首先由定价委员会和各方专家的论证，给出了150美元、80美元和40美元的模拟定价，要求受访者按7种程度(从"绝不购买"到"绝对要买")说明其购买欲望。调查结果如下表：

项目		假定价格		
		150美元	80美元	40美元
1	绝对购买	4%	5%	15%
2	绝对-可能之间	—	—	2%
3	可能购买	7%	14%	30%
4	可能-可能不之间	1%	2%	4%
5	可能不够买	22%	24%	18%
6	可能不-绝对不之间	2%	2%	1%
7	绝对不购买	64%	53%	30%

其次，公司把三项"绝对购买""绝对-可能之间""可能购买"的受访者

视为可能的顾客，对数据进行总结：价格为 40 美元时，潜在顾客比例为 15%+2%+30%＝47%；价格为 80 美元时，潜在客户的比例为 19%；价格为 150 美元时，潜在客户的比例为 11%。在 40×47%、80×19%、150×11% 中比较，价格为 40 美元时获得更多销售收入的可能性最大。

资料来源：李践. 定价定天下[M]. 北京：中信出版社，2009.

为了加深消费者对商品价值的理解程度，从而提高其愿意支付的价格限度，企业定价时首先要搞好商品的市场定位，拉开本企业商品与市场上同类商品的差异，突出商品的特征，并综合运用这种营销手段，加深消费者对商品的印象。这使消费者感到购买这些商品能获得更多的相对利益，从而提高他们接受价格的限度。

二、需求差异定价法

需求差异定价法是指产品价格的确定以需求为依据，首先强调适应消费者需求的不同特性，而将成本补偿放在次要的地位。这种定价方法，对同一商品在同一市场上制定两个或两个以上的价格，或使不同商品价格之间的差额大于其成本之间的差额。其好处是可以使企业定价最大限度地符合市场需求，促进商品销售，有利于企业获取最佳的经济效益。

根据需求特性的不同，需求差异定价法通常有以下 6 种形式，如以用户为基础的差别定价，以地点为基础的差别定价，以时间为基础的差别定价，以产品为基础的差别定价，以流转环节为基础的差别定价，以交易条件为基础的差别定价。

（一）消费者差异定价

这种形式主要是针对消费者自身的差异，如身份、年龄、性别、职业、收入水平等因素对同一种产品制定不同的价格。比如，公交车的乘车卡分为学生卡、老龄卡而实行相应的价格优惠，水、电、气价格分为民用价格和商业价格等。

（二）产品差异定价

不同的消费者常因偏好、购买力等因素的影响，对同一产品在质量、包装、花色、式样等方面产生不同的需求。企业可以针对为了迎合消费者不同的口味而表现出的这些产品差异，制定不同的价格。例如，人民出版社最新出版的《哈利·波特》珍藏版，全套七册的定价为 380 元，而普通平装版全套七册的定价为 290 元。

(三)购买地点的差异化定价

在这种形式下，同样的产品在不同的地点价格不同，如一听可口可乐在沃尔玛、家乐福等超市的售价是 2 元，在电影院的售价是 8 元，在五星级酒店的售价则高达 38 元。购买地点差异定价在国际产品定价中的应用十分普遍。

(四)购买时间差异定价

在这种差异定价的形式下，产品的价格可以随着不同季节、不同日期甚至不同时刻的变动而变动。例如，电视广告在黄金时段的收费最高；晚上 8 点以后很多超市的新鲜蔬菜对折出售等。

(五)购买数量差异定价

一般而言，商品的销量越大，企业越容易获得规模收益，生产成本越低。因此，企业常对大批量购买产品的顾客给予价格优惠。例如，一听啤酒的价格为 3 元，一打啤酒的价格则为 32 元。当然，对优惠数量和优惠幅度的确定是非常关键的。

(六)交易条件的差异定价

交易条件涉及付款方式、交货期限、交货方式等方面，根据交易条件的不同，企业可以对同样的产品制定不同的价格。在有的商场，现金支付在商品标价的基础上可以打 9.5 折，信用卡支付则维持原价。而在网上购物，购买者对支付期限的要求越短，支付的价格越高。

需求差异定价是建立在对消费者细分基础上的一种差别定价行为。它打破了一物一价的传统模式，满足了不同消费者的偏好和需求，有利于企业增加销量、提高利润水平。

有关基于各种差异化的细分定价将在本章第六节的学习中详细讨论。

第四节　竞争导向定价

竞争导向定价法是企业通过研究竞争对手的生产条件、服务状况、价格水平等因素，依据自身的竞争实力，参考成本和供求状况来确定商品价格。以市

场上竞争者的类似产品的价格作为本企业产品定价的参照系的一种定价方法

竞争导向定价主要包括随行就市定价法、主动竞争定价法、密封投标定价法和拍卖定价。

一、随行就市定价法

随行就市定价是指在一个行业中，企业结合市场竞争格局，根据该行业的平均价格水平或该行业领导者价格水平或主要竞争者的价格水平来确定自己产品市场价格的方法。参考行业定价是竞争导向定价法中最普遍的一种方法。在垄断竞争和完全竞争的市场结构条件下，任何一家企业都无法凭借自己的实力而在市场上取得绝对的优势，为了避免竞争特别是价格竞争带来的损失，大多数企业都采用随行就市定价法，即将本企业某产品价格保持在市场平均价格水平上，利用这样的价格来获得平均报酬。这种定价法的目的是：平均价格水平在人们观念中常被认为是"合理价格"，易为消费者接受；试图与竞争者和平相处，避免激烈竞争产生的风险；一般能为企业带来合理、适度的盈利。这种定价适用于竞争激烈的均质商品，如大米、面粉、食油以及某些日常用品的价格确定。此外，采用随行就市定价法，企业就不必去全面了解消费者对不同价差的反应，也不会引起价格波动。值得一提的是，随行就市定价虽然削弱了行业的竞争，但并不意味着竞争的消除，只不过是竞争的方式从价格竞争转变成为非价格竞争而显得更为隐蔽。

📖 5-7 资料

市场分为完全竞争市场、垄断市场、垄断竞争市场和寡头垄断市场四种类型。

市场类型	区　　别
完全竞争市场	厂商很多，产品同质，任何厂商不能影响价格，进出行业容易，经济效益最高。
垄断市场	厂商只有唯一一个，产品也是唯一的，且无相近的替代品，厂商在很大的程度上可以影响市场价格，进出行业极其困难，经济效益最低。
垄断竞争市场	厂商很多，产品之间存在差别，厂商对市场价格有一些影响，进出行业比较容易，经济效益较高。

续表

市场类型	区　　别
寡头垄断市场	厂商有几个，产品有差别或无差别，厂商在相当程度上可以影响价格，进出行业比较困难，经济效益较低。

资料来源：市场，百度百科。

二、主动竞争定价法

与随行就市定价法相反，它不是追随竞争者的价格，而是根据企业商品的实际情况及与竞争对手的商品差异状况来确定价格。一般为富于进取心的企业所采用。定价时首先将市场上竞争商品价格与企业估算价格进行比较，分为高、一致及低三个价格层次。其次，将企业商品的性能、质量、成本、式样、产量等与竞争企业进行比较，分析造成价格差异的原因。再次，根据以上综合指标确定企业商品的特色、优势及市场定位，在此基础上，按定价所要达到的目标，确定商品价格。最后，跟踪竞争商品的价格变化，及时分析原因，相应调整企业商品价格。

三、密封投标定价法

在国内外，许多大宗商品、原材料、成套设备和建筑工程项目的买卖和承包、以及出售小型企业等，往往采用发包人招标、承包人投标的方式来选择承包者，确定最终承包价格。一般来说，招标方只有一个，处于相对垄断地位，而投标方有多个，处于相互竞争地位。标的物的价格由参与投标的各个企业在相互独立的条件下来确定。在买方招标的所有投标者中，报价最低的投标者通常中标，它的报价就是承包价格。这样一种竞争性的定价方法就称密封投标定价法，它通常又分为：第一价格密封投标竞价和第二价格密封投标竞价。

第一价格密封投标竞价：是一种"密封"式拍卖，并且买方出价是同时性，而非序惯性；众多买方以书面投标方式竞买拍卖品，出价最高者将以其出价水平获取拍卖品。第一价格拍卖的多单位同质商品的拍卖，称作"歧视性拍卖"，即不同单位的拍卖品由该单位的最高出价者以最高出价购买。在竞价过程中，竞买人不知道参加竞拍的总人数及标的价格，通常竞买人往往会比自己的估价要稍低一些。

第二价格密封投标竞价，即维克里拍卖，也叫维克瑞拍卖、二级价格密封拍卖、第二价暗标拍卖。在这种拍卖中，竞买者同样以密封的形式独立出价，商品也出售给出价最高的投标者。但是，获胜者支付的是所有投标价格中的第二高价，所以它被称为第二价格密封拍卖。

四、拍卖定价法

拍卖定价是一种古老而又延续至今普遍采用的独特的竞争定价，通常在经营拍卖业务的特定时间、场所，按照特定的规程有组织地进行。拍卖最大的优点在于通过一个卖方与多个买方的现场交易，使不同的买方围绕同一物品或财产权利竞相出价从而在不断竞争的交锋中去发现标的真实价格和稀缺程度，更直接的反映市场的供给与需求状况。常用于文物、古董、高档艺术品、房地产、机器设备等的变卖。常见的拍卖方式有以下几种：

（一）英式拍卖

英式拍卖又称英格兰拍卖、增价拍卖。在拍卖过程中，拍卖人宣布拍卖标的的起拍价及最低加价幅度，竞买人以起拍价为起点，由低至高竞相应价，最后以最高竞价者以 3 次报价无人应价后，响槌成交，但成交价不得低于保留价，否则此次拍卖流拍。

（二）荷兰式拍卖

荷兰式拍卖又称减价拍卖。在拍卖过程中，拍卖人宣布拍卖起拍价及降幅，并以此叫价，第一应价人响槌成交。但成交价不得低于保留价，否则此次拍卖流拍。

第五节 价值导向定价

如今的市场，缺少的不是产品，而是顾客。越来越多的顾客面临五光十色、琳琅满目的商品，总有自己的价值判断，总是基于价值最大化进行购买决策。因此，不管什么行业、什么市场，对产品价格的确定都必须以分析目标顾客的价值为起点，深入研究消费者对产品价值的感受和反应，通过价值塑造和传递，提供最高消费者价值的产品，使消费者心甘情愿地支付接近自己心理底线的价格，这才是企业生存的王道。

一、价值概述

价值是产品给消费者带来的好处。消费者对商品价值的认识，是基于商品的品质、功能、服务、品牌。好处越多，越觉得有价值。消费者认为商品所具有的好处、具有的价值，才是价格决定的因素。因此根据消费者的价格心理预期来定价，消费者更容易接受。对于企业而言，就是要赋予商品不同的价值和价值主张，并让消费者理解。

二、对价格差异的感受

价值是消费者定的。所以，企业定价不仅要了解自己的产品，更要了解消费者。消费者都有消费习惯、心理定式。虽然每个消费者的习惯和思维千差万别，但仍然存在共性。认识到这些共性，知己知彼，才能做到更精准的定价。

消费者对价格差异的感受归纳起来有以下 4 点：

（一）高价等于高质

当产品质量难以通过其他外部指标判定时，就只能用价格。价格高，消费者得到的东西是好东西；价格低，消费者马上得出结论：便宜没好货，所以低价不一定卖得好。

（二）高贵等于尊贵

消费者对价格的心理感受也有一种共性，高贵等于尊贵，价格越贵，越彰显产品的珍贵，更能体现价值。所以不能把降价作为经常的手段，自贬身价。

（三）不是买便宜，为了占便宜

消费者不是你便宜就愿意买，而是为了占便宜。不同目标消费者，对产品品牌的喜好度、认知度、忠诚度完全不同。因此，要尽量让消费者在心理上感觉占了便宜。

（四）追高、不追低

商品价格一降再降，消费者却仍然捂着口袋；商品价格一涨再涨，却有很多人蜂拥购买。中国的股市、楼市，就是真实写照。消费者不是都愿意花最少的钱，买到价值最高的商品吗？为什么倒过来了？因为害怕风险。他们对商品的认知有限，认为规避风险的最好做法就是随大流，这种心理导致消费者不惜代价跟进，作出不理智的购买决定。因此告诉顾客，赶快作出购买决策，未来涨价在所难免，早买永远是合算的。

三、参考价格的形成

参考价格是消费者接触到产品的各种信息后所联想到的价格。参考价格分为外部参考价格和内部参考价格。外部参考价格往往以广告价格(建议零售价)、原价、竞争对手价格(目前市价)等形式表现出来。例如近几年的节假日期间,很多商家都会在自己商品的价签上标注两种不同的价格,例如:抢购被子了,原价1218元,现仅需118元。内部参考价格是消费者认为这件商品应该值多少钱,通常以一定的价格区间或平均值的形式储存在消费者心中。内部参考价格的形成往往与消费者的购买经历和购买环境中接触到的各种信息,如各种外部参考价、品牌、服务、质量、购物环境等有关。

四、价值塑造及价值传递

(一)价值塑造

如何让消费者心甘情愿地接受商品的高价,就是对消费者价值塑造的过程,让消费者对商品价值再认识的过程。价值是一种心理感知,认为值的消费者,就愿意出这个价。因此企业要让消费者"识货"。

定价时不能忽视商品的价格敏感度。敏感的商品,适合做规模化发展;不敏感的商品,适合价值塑造、价值主张。有些产品价值真的无法计算,也需要用价值主张,把价值诉求传达给消费者。价值主张是一种选择,它不可能覆盖全部优点,每一种价值主张包含一个明确的目标人群,相当于细分顾客需求,细分顾客。

企业对商品进行价值塑造、价值主张时要做到以下3点:

(1)抓住商品所要锁定的特征、最引人瞩目的焦点,集中力量于单一的价值承诺。

(2)找出消费者想要的东西,如消费者利益和附加利益,如身份、地位、情感以及心理上的感受。

(3)所提出的主张必须是真实、可信的,必须是其他产品所没有的,必须是具有销售力的。

(二)价值传递

因为不是每个顾客都是信息充分、完全理性的,消费者所能接受的商品价值往往比商品实际的价值要小。企业必须用良好的沟通手段和技巧来确保那些最独特产品的特征、最引人瞩目的焦点、客户最看重的产品特性等能够得到买家的注意，让他们对产品价值认识到位，理解透彻。价值传递的技巧如下：

1. 将价值分解、细分与量化

如果消费者购买之前能比较容易地判断不同产品间的区别，那么把产品价值分解、细化和量化，让消费者看得见、摸得着，是简单而行之有效的价值传递形式。

📖 5-8 案例

买 钢 笔

一天，一位穿着得体、举止优雅的男性白领，走进一家大型购物广场的文具柜台，想买一支钢笔。在购买前，他心里已经有了盘算，希望能买到的钢笔具有以下优点：可以使用五年以上，包尖的笔头，写字流畅，握着手感非常好，名牌厂家，良好的售后服务，外观设计有美感，轻巧便于携带，整体风格符合他的年龄、性别、身份。当然，世上没有十全十美的商品，他的这些设想不可能全部实现，那么，"可以使用五年以上""写字流畅""名牌厂家"，这三个条件是必须的，如果满足三个条件，可以考虑购买，并觉得 100 美元是它的价值。

如果还有更多条件满足，他愿意支付更高的价格。如果有六项以上的优点满足，他认为价值为 500 美元；如果有七项以上的优点满足，他愿意支付 1000 美元。他在购物广场里仔细比较，有两款钢笔，都满足他六项标准，他都比较喜欢，但一支标价 698 元，另一支标价 498 元。498 元的价格符合他的心理预期，他决定购买这一款。

价值分析	¥1000.00	¥500.00	¥100.00
可以使用五年以上	✓	✓	✓
写字流畅	✓	✓	✓
名牌厂家	✓	✓	✓
包尖的笔头	✓	✓	
握着手感非常好	✓	✓	

价值分析	￥1000.00	￥500.00	￥100.00
良好的售后服务	✓	✓	
外观设计有美感	✓	✓	
轻巧便于携带	✓		
整体风格符合年龄	✓		
整体风格符合性别	✓		
整体风格符合身份	✓		

资料来源：李践著. 定价定天下［M］. 北京：中信出版社，2009.

2. 经济价值承诺与保证

如果某种产品性能不能直接加以判断，传递细化与量化的经济价值就显得苍白和不切实际了。比如，告诉顾客该产品使用寿命十年，但顾客在未使用前是没办法加以验证的。此时，可以给顾客提供某种经济价值的承诺与保证，如权威机构的证明、市场份额、重复购买率等信息源推荐、质量和售后服务保证书等，顾客会作出积极响应。

3. 影响消费者的参考价格

消费者的参考价格是通过很多外部信息形成的，当这些信息发生变化时，消费者的参考价格也会发生变化。一家餐馆，当它提供了有品位的装潢、柔和的灯光、周到的服务和精致的菜谱时，食客们会认为它提供的菜品也值这样的高价。而同样的菜品，如果在一家路边小吃店享用，食客们永远也不可能愿意支付这样的高价。所以，通过各种与产品有关的讯息传达进而影响和改变顾客的内部参考价格是非常有效的。

外部参考价格作为重要的产品信息，成为影响消费者内部价的主要因素。有关研究表明，高于消费者心中合理价格区间上限两成的，夸大外部参考价格对消费内部参考价格有积极影响，会进一步强化其购买意愿。但是如果这种夸大超过一定水平，则会造成消费者对产品产生不信任感，对购买意愿产生消极影响。外部参考价格与内部参考价格的这种"倒 U 形"关系如图 5-1 所示。

4. 强调顾客的情感利益与心理感受

很多时候，传递产品价值的过程中强调顾客的情感利益与心理感受可能比

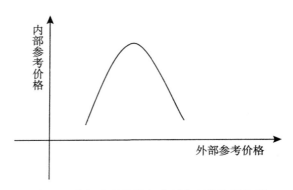

图 5-1   外部参考价格与内部参考价格的关系

单纯强调产品功能利益有效。比如，哈根达斯在宣传上提倡"尽情享受、尽善尽美"的生活方式，鼓励人们追求高品质的生活享受。同时，哈根达斯大打爱情牌，"爱她就请她吃哈根达斯"，吸引恋人们频繁光顾。这样，除了美味的冰激凌，哈根达斯提供的更是一种温馨浪漫的氛围，让消费成为一种难忘的情感体验。

（三）价格沟通与谈判

价格谈判是企业获取产品价值的最后环节。对绝大多数消费者来说，即使他们心中认可了产品的全部价值，也会尽量隐藏自己的最大支付意愿，以尽可能低的价格去购买尽可能高的价值的产品。也就是说，消费者都有"占便宜"的冲动。而对于企业来说，想尽可能获得更高的销售价格，那么如何与消费者就商品的价值进行沟通与谈判就显得非常重要。我们可以把消费者分为 4 种类型：价格型购买者、价值型购买者、便利型购买者和关系型购买者。如果销售人员能够非常了解客户以至于清楚地知道客户所属的类型，那么，在价格谈判中，就可以投其所好，把握谈判的重点和关键点，向他们提供适合的交易条件，从而在谈判中赢得主动和胜利。

1. 与价格型购买者谈判策略要点

对价格型购买者来说，最看重的是产品的价格而不是价值，所以最有效的谈判策略是提供最低的价格保证。如果价格型顾客出价超出了产品价格底线，那么最好选择放弃。不用担心这样的顾客会永远失去，如果你的价格合适，价格型顾客会愿意再次合作。

2. 与价值型购买者谈判策略要点

价值型购买者总是力图所付的价钱内使用价值最大化；他们追求的不是最出众的品质就是最低廉的价格；他们既认知产品所带来的附加价值，也会认知考虑这些附加价值所付的成本花费。因而，只要企业能够成功地向他们传递产品的价值，满足他们的需求，这些价值型购买者就会成为企业主要的利润源泉。和价值型购买者谈判时，要强调每一笔交易的产品与竞争产品的差异性及其价值，如果客户有可能重复性购买，即存在价值型顾客向关系型顾客转变的可能性，教育顾客意识到这种差异性是值得的。

3. 与关系型购买者谈判策略要点

关系型购买者往往推崇产品的质量和性能，并且不希望经常变换供应商以减少转换成本和各种不确定的风险。因此，对关系型购买者的谈判要强调过去的良好表现来巩固双方的合作关系，又要强调劣质产品可能造成的不良影响，让他们明白企业有能力满足他们现在和未来的各种需求。关系型购买者是企业稳定而持久的利润源泉，投入时间和精力彻底研究他们的利益诉求点和价值观，在价格谈判中也能巩固企业的地位。

4. 与便利型购买者谈判策略要点

便利型购买者对品牌之间的差异不太关注，同时也不太关注价格，他们最大的利益诉求点是如何节省时间和精力，得到最方便、最贴心的服务。因此，对这种便利型购买者的谈判重点应放在他们的诉求点上，使他们明白，企业能给他们提供最周全周到的服务。

第六节　细分定价

市场细分是市场营销最重要的任务之一，对市场营销的每个方面都有重要的意义，特别是定价环节。细分定价正是建立在市场细分的基础上，在不同的子市场，对同样的产品实施不同的价格或以同样的价格，提供不同的产品标准。细分定价打破了一物一价的固有观念，是企业扩大市场份额、提高利润水平的重要途径。

一、细分定价的基础

市场细分是将消费者划分成不同的群体，使得企业能根据各个不同的细分市场制定更有效的营销策略。由于受客户经济能力、需求程度、购买量等多种因素的影响不同，客户对价格敏感性具有差异性，这为实行战略细分定价创造了条件。价格敏感性差异具体体现在以下几个方面。

(一)客户经济能力差异

一般来说客户经济承受能力越高，对价格敏感性越低。而经济承受能力较低的客户对价格的敏感性则较高。影响客户经济能力的因素主要是收入水平、所在地区及从事职业等。经济发达地区客户会降低价格的敏感性，不发达地区客户价格敏感性则较高。

(二)产品价格相对认知的替代品价格的高低

产品的价格显著高于替代品，则该产品的价格弹性就越高；反之则越低。如笔记本电脑价格相对于台式机价格较高，因此笔记本电脑价格弹性较大(大于1)，因而降低笔记本电脑价格刺激台式机业务量的增长。

(三)产品的差异性

营造产品差异性的竞争优势是减小对价格竞争依赖度的有效方式。产品迎合客户需求，具有竞争对手难以模仿和独特的竞争优势产品价格弹性就越低，就可以制订高价格策略。反之就只能不断降低价格。

(四)品牌的差异性

消费者对品牌认知度越高，其对价格的敏感性就越低。也就是说，如果品牌知名度较高产品价格就可以高于同质产品。

(五)转移成本的高低

转移成本是指客户更换企业产品或服务的机会成本。一般来说，转移成本越高，客户对产品价格的敏感性就越低。

(六)产品对客户的重要性程度

消费者对产品需求越高或产品对其重要性越高其对产品价格的敏感性越低，反之价格敏感性就越高。

(七)供求关系

供不应求的产品其价格弹性较低，供过于求的产品其价格敏感性相对较高。在电话供不应求的时期，消费者对价格敏感性较低进而导致电话初装费逐年提高。

二、统一定价的缺陷

统一定价是保持某件商品不论在任何地方、任何环境、任何需求状况、任何交易条件下，永远保持一种价格，也成为单一定价策略。因为统一定价实施简单，不需要对目标市场和目标客户作过多的了解，所以曾得到很多企业的追捧。但是，统一定价策略忽视不同消费群体的认知差异，忽略潜在的竞争对手，客观上会造成企业利润的减少和市场份额的丢失。

三、细分定价的作用

(一)细分定价有利于增加企业收入

实行统一价格策略的一大缺陷是会失去制订更高价格而给企业带来增加收入的机会，第二缺陷就是可能失去对价格较为敏感的市场。实行细分市场定价，对价格不敏感的消费者、要求苛刻的消费者和竞争对手不为之提供优质服务的消费者可以制订更高的价格，为企业增加收入。假设某电信产品市场细分为 A、B、C 三个市场三者市场份额分别为 20%，30% 和 50% 单一价格为 10 元，市场最大销售量为 1000。若实行单一价格，则企业收入为 10000 元；根据市场细分定价，A 市场定价为 15 元，B 市场为 12 元，C 市场为 10 元，则实行细分市场定价后企业收入达到 10600 元。由此不难看出实行细分市场定价有利于增加企业收入。

(二)细分市场定价有利于推动企业的市场创新,增强企业的竞争力

细分市场定价的基础就是不同细分市场存在差异化需求。通过市场细分我们可以知道部分客户对产品质量、需求要求较高，有助于推动企业的市场创新。如果不进行市场细分，某一客户群体的特殊需求就难以得到满足进而会导致客户的流失。细分市场定价实质上就是通过为某一细分市场(价格弹性较低)制订高的价格，高的价格需要企业提供独一无二的产品，这无疑需要企业加快创新步伐。创新有助于增强企业竞争力使企业更快、更好、更健康地发展。

(三)细分市场定价有利于营造独特的竞争优势，避免"价格战"

当前无差异化的定价或单一定价模式竞争对手极易模仿，价格竞争优势无

疑表现在比拼谁的价格低。细分市场定价建立在广泛而深入的市场细分基础上，针对不同市场细分的变化实行差异化定价。市场细分越精细，差异化定价就越成功，竞争对手越难以模仿。企业就能赢得客户，赢得市场，更有利于企业产品创新、市场创新和技术创新，减弱对价格竞争的依赖度避免"价格战"给企业带来的损失。

(四)细分市场定价有利于企业充分利用资源,发挥资源最大效率

企业资源总是有限的，对价格不敏感的客户往往是企业高价值和忠诚度高的客户，需要企业集中资源优先满足。而对价格很敏感的客户往往是低价值和忠诚度低的客户，企业在资源配置上应次优考虑或不予考虑。

四、实施细分定价时需要考虑的问题

企业在采用这种定价形式时，必须具备一定的条件，否则，不仅达不到差别定价的目的，甚至会产生负作用。这些条件包括以下四个方面。

(1)从购买者方面来说，购买者对产品的需求有明显的差异，需求弹性不同，市场能够细分，不会因差别价格而导致顾客的反感。

(2)从企业方面来说，实行不同价格的总收入要高于同一价格的收入。

(3)从产品方面来说，各个市场之间是分割的，低价市场的产品无法向高价市场转移。

(4)从竞争状况来说，无法在高价市场上进行价格竞争。

五、细分定价的形式

因为企业细分市场的手段不同，细分定价的形式也是不同的。一般地，将细分定价分为直接价格歧视和间接价格歧视两大类。

(一)直接价格歧视

直接价格歧视是指厂商能够用某种准则主动识别不同的消费者，并对消费者收取不同的价格。直接价格歧视包括一级价格歧视和三级价格歧视。

1. 一级价格歧视

一级价格歧视是指企业向每一个顾客索要其愿意为所买商品所支付的最高价格。在企业的定价实践中，一级定价歧视有两层含义：一是对同一个消费者，对其购买的每个边际产品按照其边际支付意愿定价；二是对同一种产品，对每个边际消费者按照其边际支付意愿定价。

（1）优惠券的发放

优惠券在细分定价中使用非常普遍。一些食品或化妆品的生产厂商经常会发一些附着在产品广告或报纸杂志上的优惠券，消费者剪下它们，再次购物时即可享受优惠，相当于对这部分消费者降低了价格。对频繁购买某种产品的忠实顾客、对价格敏感的潜在消费者来说，使用优惠券对提高其忠诚度、刺激潜在消费是非常有效的。

（2）拍卖

在荷兰式拍卖中，当产品价格由起拍价慢慢下降时，对支付意愿最高的那位顾客来说，只要价格降到接近自己的支付意愿，往往会应价。因为他不知道其他消费者的支付意愿到底是多少，此时如果还不买进，他就可能因有人竞争而买不到了。所以，采用荷兰式拍卖，可以知道消费者之间的信息屏障，让消费者第一时间以最接近他支付意愿的价格购买产品，实现一级价格歧视。另外，采用密封投标定价，让顾客独立地将自己的报价写好装在信封里，也可诱导消费者按照自己的支付意愿购买产品，实现一级价格歧视。

（3）捆绑销售

企业不去区分消费者到底购买的是第几个产品，对应的支付意愿到底是多少，而将所有的产品"打包"成一个整体销售。这样，既可以实现一级价格歧视，又大大降低了实施成本。捆绑一般分为两种形式：一种是选择性捆绑。这种捆绑销售是如今的IT行业采取的最有效也是最常见的方法。把一些关系比较密切的配件，如机箱和电源、数码相机和储存卡、键盘和鼠标等等产品"捆绑"在一起销售给用户，比较时髦的叫法是"套装"或者"大礼包"等。这种捆绑销售的方式对于消费者来说，最大的好处就是"合二为一"的价格要比单独分开购买便宜。另一种是增值性捆绑。这是超市经常采取的策略。比如我手上的一份家乐福十月份的宣传单。"凡在家乐福购物满60元，即可凭单张收银条加一元，得到当日指定礼品一件！"指定的礼品有：水晶红富士苹果、可爱可盒装保鲜膜、金霸王电池、纯棉短口女船袜、立白高级洗洁精、达能甜趣牛奶曲奇、百事可乐、鸡蛋、白猫洗衣粉等，往往很多对价格敏感的消费者都会对此感兴趣，大大增加了超市的销售额。

2. 三级价格歧视

三级价格歧视是按照消费者的某种特征，将市场切割成若干子市场，厂商对每一子市场按照利润最大化原则制定不同的价格。

（1）身份的细分

购买者身份的含义十分广泛，如新顾客还是老顾客、最终用户还是新用户、顾客的职业、顾客的职位等。比如，旅游景点对学生、军人予以价格优惠，很多品牌对 VIP 用户予以价格优惠。

（2）性别的细分

比如，某些娱乐场所对女性顾客实行价格优惠，珠宝商对男生购买饰品给予优惠。

（3）年龄的细分

比如，对学生和老年人来说，时间的机会成本较低，价格敏感较高，因而许多交通工具、旅游景点、电影院、博物馆等常以年龄为依据实行价格优惠。

（4）地点的细分

根据顾客所属的不同地理区域或不同的购买地点实行不同的价格。比如同样一件休闲食品，我们在普通的便利店或超级市场购买是 5 元，然而在机场的候机大厅里，它所售的价格可能会高出 50% 以上，甚至 100%。

（5）购买力的细分

顾客的收入不同，形成不同的购买力。比如，在我国购买廉租房的消费者必须提供十分严格的收入证明。

（二）间接价格歧视

间接价格歧视是指厂商不能识别某个消费者到底属于哪一个细分市场，此时厂商可以设计价格菜单让消费者自行选择，引导不同类型的消费者"对号入座"，通过消费者的选择行为就可判断其类型。

1. 基于时间的间接价格歧视

根据时间段不同，制定不同价格。例如，溜冰场的定价同样也是采用这样的方法：在下午的时候，价格会比晚上的时候低，而平时会比周末的时候低，有时候在周二或周四这些人比较少的时候，会出现比如女性顾客半价等一系列更优惠的价格。

2. 基于数量的间接价格歧视

根据购买数量细分是细分定价的一种方法。购买数量折扣分为四种类型：数量折扣、订单折扣、分步折扣和两部分定价法。

数量折扣是指采购量越大，可获得的折扣越多。比如产品的批发价一般都会比零售价低很多。就一般消费品而言，消费者购买的数量越多，价格就越便宜。

相对于数量折扣以吸引大客户的目的，订单折扣是为了鼓励客户集中订货。原因是对同种产品而言，加工和运输成本并不会因为顾客对某种产品的订单量增大而增长很多，单位商品的加工和运输成本会随着订单数额的增加而迅速下降。因此企业一般会给予大量订购同种产品的客户较优惠的价格。

分步折扣是对超过某一数量的采购量给予优惠。目的是为了吸引消费者购买更多的某种产品，但又不用在销量很小的时候也要给予优惠。

两部分定价法是将消费者对同一产品的消费量分为两部分分别定价的方法。例如中国移动全球通手机用户的资费标准就是采用了两部分定价法。全球通用户每月必须支付50元的月租费以维持用户身份和使用中国移动通信网络的权利。而通话费则必须另计：市内通话费——0.4元/分，国内长途通话费——0.07元/6秒，国际长途通话费——0.8元/6秒。若用户还需要开通其他增值服务，也需要另外交费：来电显示——10元/月，语音信箱——5元/月，移动秘书——15元/月。

3. 基于产品线的间接价格歧视

根据产品的设计细分是指根据不同的产品档次制定不同的价格。关键是：不同档次的产品之间的生产成本差异不大。例如摩托罗拉的其中一款手机——T7689，该款手机推出时在外形上给予了消费者两种选择：直板式和翻盖式。两种外形的手机机芯、功能完全相同，但是翻盖式的价格却比直板式高出100元。原因是摩托罗拉知道有部分消费者肯为得到翻盖式的手机而多支付一些价钱。给手机加盖的成本远远低于100元，但由于摩托罗拉看准了消费者的需要，所以其定价也得到了成功。

第七节　生命周期定价

产品生命周期理论认为，任何产品从最初投放市场到最终退出市场都是一个有效的生命过程，一般要经历产品的投放期、成长期、成熟期和衰退期四个发展阶段。即一个产品概念从产生开始，逐渐被顾客接受，然后被所有顾客接受，最后被能满足顾客的新产品代替而步入死亡。由此可见，在产品的每个阶段，市场都有与之对应的阶段特性。因此，在企业的长期发展战略规划下，产品的定价策略和技巧也应适势而变。

一、投放期产品的定价策略

(一)投放期的特点

投放期指新产品试制成功投放市场试销阶段。其主要特点有：产品刚进入市场试销，顾客尚未所接受，其销售额缓慢增长；生产量很小，制造费用很高，产品生产成本较高；由于用户对产品不熟悉、不了解，需要多做广告，因而营销费用较高；产品在市场上一般还没有同行竞争，但市场占有率不高；产品刚进入市场，生产成本和营销费用较高，企业在这个阶段一般是亏损的。

（二）投放期产品定价的根本任务

在投入期的产品是新的、独特的、顾客从未体验过的产品。在市场投入期重要的是向顾客介绍产品，让大家认识到产品的益处，把它作为满足自己需求的一种手段。新产品要获得成功，必须对购买者进行培养教育。

1. 宣传产品信息

在产品投放期，消费者对产品缺乏了解，从众心理十分明显，购买决策在很大程度上取决于已经购买者的口碑传递。因此，企业需要通过多种渠道大力宣传新产品信息和已购买者的体验信息，尽快将潜在的顾客转化为产品的初始消费人群，是投放期产品面临的首要任务。

2. 教育、培养消费者

在产品投放期，消费者对产品如何满足自己的需求知之甚少，即使已经购买的消费者，他们对如何评价产品特性价值也可能知之甚少，所以在投放期教育、培养消费者，让消费者更多地理解产品的特征价值，重塑消费者对产品价值的认知体系是非常重要的。因此，企业要向消费者强调那些最可能导致购买的产品属性，通过以价格为中心的营销组合形式去影响人们对这些属性的价值认知，特别要尽力确保"首试者"对产品持肯定态度。

（三）投入期产品的定价策略

在产品投入期，创新产品的价格应该制定的能向市场传达产品的价值。顾客往往按照参照价格来估计产品的价值，确定价格折扣以及进一步减价的价值。因此就要求企业采用谨慎的定价策略。在产品的投放期，通常采用的两种基本定价策略：撇油性（Skimming）定价策略、渗透性（Penetration）定价策略。

1. 撇油性（Skimming）定价策略

撇油性定价法是在新产品试销初期，定出较高的价格，以获得丰厚的短期利润、迅速收回投资，随着市场的日渐扩大，产品趋于成熟，再逐步把价格降低。

优点：这种策略能保证新产品在试销初期获得巨额利润，并可保障新产品在产销方面无法预知的成本得到补偿。

缺点：由于试销初期的巨额利润，会迅速引来竞争，高价难以持久。因此，实行撇脂定价的企业应该依靠一些非价格的保护手段来阻止潜在竞争对手的进入，如某种专利技术、较高的品牌忠诚度、获得稀缺资源的机会和最佳分销渠道的优先选择权等。

适用性：是一种短期性的定价策略，一般用于市场上没有类似替代品，没有竞争对手，容易开辟市场的新产品。

2. 渗透性（Penetration）定价策略

渗透性定价法是在新产品试销初期先制定出较低的价格，以期能迅速扩大市场份额，待到占领了市场以后，再逐步提价。

优点：可以有效地排除其他企业的竞争，有利于建立长期性的市场地位。

缺点：会减少新产品在试销初期的利润。但是企业如果具有以下有利条件，实施渗透定价就可以在维持市场份额的基础上获得满意的利润：一是企业有着巨大的成本优势和资源优势，以至于竞争对手相信，如果发动价格战自己不会占到任何便宜。二是企业的产品线比较丰富，能以其中一种产品采用渗透定价以致亏损为代价，促进其他产品的销售。三是企业的市场份额很小，降低价格既能增加销量又不至于引起竞争对手的强烈反对。

在实际应用过程中，企业应根据其所希望达到的目的以及两种策略获得成功的机会，来最终决定采取哪种定价策略。

3. 满意定价策略

满意价格策略，又称平价销售策略，是介于取脂定价和渗透定价之间的一种定价策略。由于取脂定价法定价过高，对消费者不利，既容易引起竞争，又可能遇到消费者拒绝，具有一定风险；渗透定价法定价过低，对消费者有利，对企业最初收入不利，资金的回收期也较长，若企业实力不强，将很难承受。而满意价格策略采取适中价格，基本上能够做到供求双方都比较满意。

优点：满意价格策略的优点在于能避免高价策略带来的风险，又能防止采取低价策略给生产经营者带来的麻烦。

缺点：实行起来困难较多，缺乏可操作性。这主要是因为：随着生产技术的不断成熟，生产规模不断扩大，在生产规模达到经济规模效益之前，单位产品成本随时间的推移不断降低，价格也在不断变化。

因此，价格水平不易保持长期稳定。同时对于新产品，特别是全新产品，市场上首次出现，价格无相关参照物可比较。

二、市场成长期新产品的定价

(一)成长期的特点

成长期是指新产品试销取得成功后，转入批量生产和扩大市场销售的阶段。其主要特征：销售量迅速地增长；产品设计和工艺基本定型，可以组织成批或大量生产，产品成本大大下降；用户对产品已经有所熟悉，广告费用可以相对减小，销售成本大幅度下降；市场开始出现同类产品，竞争趋势出现；随着产量和销售量的迅速增长，企业转亏为盈。

(二)成长期产品定价的根本任务

成长期的主要特点是随着潜在消费者向现实消费者的不断转化而带来的市场规模的急剧增长。但同时，不断有新进入者参与其中竞争，整个市场结构处于动态的变化调整之中，每一个企业都在设法从这个快速增长的"大蛋糕"中分得一杯羹并极力保护它。因此，企业竞争的焦点不应停留于单纯的产品差异化或成本领先战略上，而应该从两者连续、统一的结合体中找到最合适的一点，来制定自己的价格战略和营销组合战略。

(三)成长期产品的定价策略

1. 基于差异化战略的产品定价

采用差异化战略的企业，致力于研究产品和服务的独特性，满足顾客特殊的需求偏好。在成长期，只要企业能够确立作为某些产品特性的主导供应商地位，就可以形成竞争优势。即使市场竞争加剧，也会因为产品的独特性而产生价值效应，在增强顾客忠诚度的基础上降低顾客的价格敏感度，保证企业依然可以获得较高的利润。比如，在计算机、手机市场，苹果公司由于推出了用户友好型的操作界面、专有操作系统和独特的产品设计，在消费者心目中建立起良好的声誉和地位。因此，苹果的定价总能高于同类型的产品。

2. 基于成本领先战略的产品定价

如果公司寻求依靠海量销售取得整个行业的成本领先地位，渗透定价常常在战略实施中起到积极的作用：既能快速占有市场份额，又能提高市场进入门槛。格兰仕就是凭借这个战略，挤走了国内其他的微波炉生产商，同时也使国际上大的投资集团失去了在中国投资生产微波炉的兴趣。

如果产品市场价格敏感度偏低、缺乏价格弹性，渗透定价将不能使厂商占有足够的市场份额来实现或利用成本优势。这种情况下，中性定价是最适宜的定价战略，企业若能辅以其他手段如技术领先、有创意的广告宣传及广泛的分销策略，就能在市场竞争中最终获胜。

3. 单纯的降价策略

从需求方面看，处于成长期的买家对产品越来越熟悉，同时也有了更多的购买选择，可以更好地评估竞争产品的价值。因而，与市场导入期的价格敏感度相比，成长期顾客的价格敏感度更高一些。从供给方面看，快速增长的市场份额为企业增加产出提供了基础，规模优势使得企业降价也不会牺牲利润。

综上，成长期企业在确定产品价格时，应该结合自己的产品定位与发展战略、研发能力、营销水平、市场特点等问题，选择与之相匹配的价格策略。

三、市场成熟期产品的定价

(一)成熟期的特点

成熟期是指产品进入大批量生产，市场竞争激烈的阶段。其主要特点是：市场需求量已逐渐趋向饱和，销售量已基本达到最高点；生产批量大，产品成本低，利润也达到最高点；很多同类产品已进入市场，市场竞争十分激烈；成熟的后期，市场需求达到饱和，销售量不增反而有下降的倾向。成熟期通常能获得大量的现金收入，支持新产品的开发设计。

(二)成熟期产品的根本任务

成熟期是产品生命周期中最长的阶段，也是产品销售额和利润攀升到顶峰的阶段。厂商之前所做的一切努力，都是为了让产品平稳过渡到这一阶段。但在成熟期，市场规模处于相对停滞的稳定状态，买方市场也基本形成，靠销量增长来拉动利润已基本不可能。所以，成熟期有效定价的根本任务不是努力争夺市场份额，而是尽可能地创造竞争优势保护自己的市场份额。

(三)成熟期产品的定价策略

1. 将相关的组合产品和服务拆开出售

所谓捆绑销售，是指把获得某个利益所需的相关产品组合在一起用较低的价格销售。此策略在产品成长期更为合适，因为可以吸引潜在购买者尝试产品和认识产品利益。而在成熟期，竞争对手能够越来越逼真地模仿出行业领先者产品包装中的各种差异性产品，如果行业领先者强迫顾客购买打包产品，那些有经验、有见识的顾客可能会彻底放弃购买，而选择从数量众多的竞争对手中购买零部件，再加以组装。这样，行业领先者将失去客观的市场份额。因此在成熟期，捆绑定价与销售将不再是一种积极的防御手段，反而可能为竞争对手创造机会。对行业领先者而言，更好的做法是适应消费者和竞争对手，在保留完成某一功能所需核心部件的前提下，将其他相关产品和服务拆开来销售。

2. 改进成本控制和利用

售价上的限制，使得厂商无法再从高额售价中获取较大的利润，因此厂商应该从成本方面进行控制和利用。如，若产品需要投入加倍的销售努力，那么就应该提高其价格，使递增的销售成本得以体现；而对那些需求不足以支持更高价格的产品，可以考虑从产品线上撤下；若一些顾客要求的服务与他们愿意支付的价格不成比例，那么不妨实施对服务单独要价的策略等。总之成熟期需要剔除那些不能令企业获利也无法令公司保持更高竞争力的产品和客户。

3. 扩展产品线

在成熟期，厂商为产品定价的可调整范围缩小了，但还可以通过销售更有利可图的辅助产品或服务来调整自己的竞争地位。比如，美国的一个百货批发商沃尔特在国内百货业日益成熟的情况下，通过向其目标客户——小型、独立的超级市场提供店面设计、货架排放、店员培训与融资服务等，不仅获得了短期高额利润，还建立了长期、牢固的顾客基础。

4. 重新评价分销渠道

进入成熟期，多数制造商开始重新审视自己的批发价格，着眼于降低分销商的毛利。因此，很多厂商从渠道上面下功夫，通过采用成本更低的渠道分销自己的产品，取得终端价格上的优势。

如今商界出现"渠道扁平化"浪潮，很大成分也是因为产品进入成熟期，行业进入微利时期所导致的渠道改革趋势。比如 IT 行业，随着个人电脑(PC)的普及率迅速增长，已逐步进入成熟期。竞争的压力和技术的不断创新使得PC 价格不断下降，厂商的利润越来越薄。为了保证生存及发展所需的资金来源，厂商纷纷开始改变原有的分销渠道模式，压缩渠道层级，并尝试专卖店等自有渠道模式进行分销，以求以更低的终端价格来吸引消费者。

四、市场衰退期产品的定价

(一)衰退期的特点

衰退期是指产品已逐渐老化，转入产品更新换代的新时代。其主要特征是：有新产品进入市场，正在逐渐代替老产品；市场销售量日益下降；市场竞争突出地表现为价格竞争，价格不断被迫下降。企业开始处理旧机器设备，并购建新生产线，开始新产品的生产。

(二)衰退期产品定价的根本任务

任何一件产品最终都会进入衰退期，此时表现为需求急剧下降，销售量和利润额也随之急剧下滑。面对此情此景，厂商应该选择退出还是挣扎甚至是起死回生之术呢？这与行业消除过剩生产能力的难易程度有很大关系。对绝大多数企业而言，衰退期的定价策略不是要赢得什么，而是如何以最少的损失退出或巩固自己的市场地位。

(三)衰退期产品的定价策略

1. 紧缩战略

紧缩战略意味着，全部或部分地放弃一些细分市场，将资源重新集中于企业更有优势的市场上。家庭缝纫机，这个曾被称为"三大件"之一的传统产品，在现代家庭中已难觅其踪影，商场里几乎也已将其淘汰出局。我们只能偶尔见到一两家专营店(而且里面出售的，更多的是零部件和维修服务，而不是缝纫机本身)。但这只是我国的情况，缝纫机在东南亚等国家还是很走俏的"中国制造"商品，这与当地的经济和技术水平有一定关系。因此，我国很多的缝纫机企业提出了国际化战略，将市场重心从已经衰退的中国市场转移到兴旺的东南亚市场上。

必须指出的是，紧缩并不是为了避免破产不得已而为之的权宜之举，而是精心策划实施的策略，其核心是从企业竞争地位中的薄弱环节中退出，使自己更精干、防御能力更强。因此，紧缩战略的主要思想是只保有自身最强的产品线和价格以保卫在这些市场上的份额。

2. 收割战略

广义上的收割战略，意味着逐步退出行业，即从放弃薄弱的市场开始，直到最终从行业中退出。我们认为，应该还存在一种狭义上的收割战略，即个别产品的退出市场，这主要体现为企业产品的更新换代。将已不再生产或已不合时宜的产品从产品线中逐渐撤出，但企业本身并未从行业中退出，而是开发更多更好的产品以迎合市场需要。服装行业就是最好的证明，由于消费者总是追求服装的时尚性，厂商必须随着消费者的口味不断调整自己的产品设计，一种类型的衣服的流行时间往往只有一季。只要去过北京路、上下九等衣服品牌专卖店的人都能见到，每间店总有部分服装在做折价销售，而且很多店还会在阁楼层开设专门的特卖场，将已经过季的库存服装拿出来低价抛售。

3. 巩固战略

巩固战略则试图在衰退期加强竞争优势以从中获益，这种战略仅适用于那些财力雄厚的企业，因为良好的财务状况使得企业能够承受更大的风险，而其他实力较弱的竞争对手却不得不撤离。衰退行业的市场结构经过重新调整必然使得竞争激烈的程度大大降低，此时也许整个市场的绝对规模缩小了，但成功实施巩固战略的企业可以拥有相对更大的市场份额，从而获得提高利润水平的机会。在实践中，采用巩固战略的企业往往通过"杀价"来挤垮弱小的竞争对手，夺取他们的市场份额以巩固自身的领导地位。

📅 附：扩展阅读

乳品企业，价格涨还是不涨？

2007 年各个企业遇到的共同问题，毫无疑问就是涨价。对于乳制品企业来说，本身的经营利润就比较小，但从年初到年终，各个企业不得不你方唱罢我登场，在不断地涨价潮中前行。

原料涨价

（1）上游：饲料涨价

本来乳制品的行业利润经过近几年的市场竞争，已经到了"很受伤"的地步，但市场经济的规律决定了竞争继续存在，由于奶牛的饲料全球性的涨价，奶牛养殖业无形中会受到冲击，但这毕竟是一个行业，还要生存，只得接受这种情况，但无疑是增加了养殖成本，出于利益的考虑，鲜牛奶涨价成为不可阻挡的趋势，对于乳制品行业来说，这种原料的涨价，导致自己的生产成本增加。

（2）辅料：糖的涨价

糖是乳制品企业不可缺少的辅料之一，自从 2005 年冬天以来，国内的食糖原料甘蔗价格从 160 元/吨上涨到目前的近 300 元/吨，导致食糖从 2005 年 1 月份的 2800 元/吨，100% 的涨幅蹿升到了目前的 5700 元/吨（2006 年 1 月价格）。辅料的涨价导致乳制品（纯奶除外）成本增加，价格上涨在所难免。

（3）奶源的争夺

由于奶制品行业巨头在各地不断的建厂，建厂就需要奶源，在区域市场，奶源毕竟是有限的，更多的企业用更大的投入掺进来参与争夺，必使"战斗"更趋激烈，不得不涨。

作为区域乳品企业中的佼佼者，H企业已经有近70年的历史了，经历了中国20世纪的风风雨雨，2000年企业通过改制，成为民营控股的企业，经过近几年的市场精耕细作，在S省也经营的风起水生，已经开始拓展周边的省份市场了。但自从2003年开始，随着蒙牛一波又一波的市场营销攻势，全国各地的乳企都感到了竞争的威胁。在S省市场也是如此，面对现在已经成为市场巨无霸的蒙牛、伊利，作为当地区域市场第一品牌，先不说产品本身，在市场营销上的压力已经非常大。

2006年开始，包括乳品在内的所有企业都感到了原料涨价带来的经营压力。H企业也不例外，虽然在P市是龙头，但公司董事长很清楚，企业年销售近4个亿，但利润也就500万，看似风光的背后，实际上存在很大的市场威胁。

2007年对于H乳品企业来说，是一个多事之年，先是伊利、蒙牛在当地建厂，加紧了市场的抢夺，随后原料涨价，接着奶源紧缺，眼看着企业的利润和市场都将不复存在，该怎么办呢？

公司高层经过多次会议做出了产品涨价的决定，由于在S省是第一家涨价的乳品企业，市场必然会出现波动，企业也意识到这个问题，因此在涨价前半个月秘密地通知各地经销商，同时开展了一系列的促销活动，比如对消费者采取买赠，对经销商采取返利等措施。

经过前期的准备，H企业在10月份上调了产品价格，平均涨价10%左右，由于前期做了较好的铺垫工作，市场虽有影响，但也在控制的范围内，平均下降了10%左右的销量。11月份，经过市场活动的拉动，销量有所回升，但比涨价前还是下降了6%左右。

但11月份，原奶的收购价格已经突破3元/公斤的大关，一算成本，企业还是没有赢利，看市场的发展态势，原料还有涨价的可能性，企业要发展就要有利润，没有利润，企业怎么发展？

在经过企业董事会的多次会议后，决定在12月份再行涨价，涨价幅度在8%左右。到12月10日，经过统计，销量下滑最严重的某区域居然达到40%，最少的也11%，平均销量下滑30%，面对这样的市场局面，企业的高层几乎束手无策。

价格已经涨了，但销量下去了，市场在不断地丢失，怎么办？难道恢复原来的价格，降价？可企业要是再这么下去，非但没有利润，连生存都成问题。涨还是不涨，这决定着企业的生存与发展，面对市场现有的局面，该如何收场？

案例分析：追根溯源，对症下药

H 企业在三个月内连续两次涨价，这是目前中国通货膨胀特定环境下的产物，生产成本增加，对于目前几乎微利的乳品行业，价格就要上涨，造成的结果是消费者的消费成本增加或者发生消费转换，销量短时间内下降，影响经销商的经营信心。面对市场的现实，企业不能乱了阵脚。

一、追根溯源，挖掘销量下滑原因

表面现象是价格提高，销量出现了下滑，背后的原因并不一定是这样的。我们要从两个方面去考虑，一个是渠道，一个是消费者。渠道是产品到达消费者手中的关键环节，首要的是去分析一下渠道各个环节是不是出现了销售障碍，其次是从消费者的角度去考虑，是不是满足了消费者的需求。

涨价后销量下滑，那么企业就要去了解消费者去了那里？他们还在消费牛奶产品还是发生了消费转移，比如平时一天喝一斤奶的，现在喝半斤了，或者平时喝牛奶的现在喝豆浆了等等，要挖掘到消费者在涨价后发生的变化。再进一步分析，是渠道各个环节的利润下降了吗？无论这两个方面那一个环节出现问题，都会影响到最终产品在市场的表现。H 企业在涨价后有没有调整价格体系，有没有调整产品结构，这些是关系到渠道利益的关键因素，而对消费者来说，需要有一个适应的过程，需要通过刺激消费来拉动市场。只有通过对消费者和渠道各层级全方位的原因挖掘，才可能找到应对的措施。

二、有的放矢，寻找应对措施

通过对消费者和渠道各环节的了解，基本可以寻到下滑的真实原因，问题发现了，解决的对策就水到渠成。

如果是消费者由于价格原因发生消费转换，那就要通过适当的促销拉动来争取和稳定消费者；如果销量下滑是渠道各环节利润的下降造成的，那么就要通过调整产品价格体系，或者进行新的销售政策拉动，争取到渠道各个环节的支持。

笔者认为，要想止住销量下滑的局面，要从以下几个方面着手：

1. 制造同行涨价舆论

在整个行业涨价的大潮下，如果同类产品没有涨价，想通过价格战来切市场份额，这对涨价企业来说将是非常大的打击，如何减少竞品对市场的抢夺，首先要制造全行业涨价的舆论。当然对于 H 企业来说，乳品行业涨价已经不用制造舆论了，因为大家共同面对的都是原辅料的涨价，企业的生产成本都在同步增长，如果不涨价，企业将在亏本经营，这样亏本能坚持多久？

2. 重新分配渠道各个环节利润

由于产品生产成本增加，整个产品线的价格都要调整，那么企业在保证利润的同时，必须考虑渠道各个环节的利润，没有利益相伴，就没有渠道各个环节的支持。

3. 加大重点终端建设

行业全面涨价的过程，也是行业洗牌的过程。如果企业不能全面支持终端拉动，消费者就可能对产品消费失去信心。而重点终端的建设正是树立企业形象，重点突破市场的关键所在。通过重点终端的堆头，促销，宣传等方式不断地告诉消费者，H 产品依然是你的首选。

4. 消费者促销

企业只有稳定的消费群，才能够有稳定的市场。由于产品的涨价，消费者在初期肯定要有一个适应的过程，如何帮助消费者度过这个适应期，是企业销售稳定的关键。从消费者心理来看，没有两分钱不能改变的消费习惯，对大众消费品来说，价格是选择产品的关键因素。要满足消费者的这种消费心理，只有通过消费者促销活动，先稳住消费者，只有消费者稳定了，他们才会逐渐接受现实。对于已经发生消费转换的消费者，需要通过更系统的活动、品牌传播、公关活动等方式来挽回。

资料来源：候军伟. 涨还是不涨，这是个问题［J］. 销售与管理，2008（1）：76-77.

第六章 基本定价策略

定价策略是指企业在充分考虑影响企业定价的内外部因素的基础上，为达到企业预定的定价目标而采取的价格策略。制定科学合理的定价策略，不但要求企业对成本进行算、分析、控制和预测，而且要求企业根据市场结构、市场供求、消费者心理及竞争状况等因素作出判断与选择，价格策略选择的是否恰当，是影响企业定价目标的重要因素。基本定价策略主要有心理定价策略、地区定价策略、差别定价策略、折让和折扣定价策略、促销定价策略、产品组合定价策略和价格调整定价策略等。

📖 6-1 案例

沃尔玛案例

1962 年，山姆·沃尔顿开设了第一家沃尔玛（WAL-MART）商店。迄今沃尔玛商店已成为世界第一大百货商店。按照美国《福布斯》杂志的估算，1989 年山姆·沃尔顿家族的财产已高达 90 亿美元。沃尔玛在世界零售业中排名第一。《商业周刊》2001 年全球 1000 强排名，沃尔玛位居第 6 位。作为一家商业零售企业，能与微软、通用电气、辉瑞制药等巨型公司相匹敌，实在让人惊叹。

沃尔玛取得成功的关键在于商品物美价廉，对顾客的服务优质上乘。

沃尔玛压低进货价格和降低经营成本，始终保持自己的商品售价比其他商店便宜，沃尔玛直接从生产厂家进货，想尽一切办法把价格压低到极限成交。沃尔玛也把货物的运费和保管费用降到最低。公司在全美有 16 个配货中心，都设在离沃尔玛商场距离不到一天路程的附近地点。商品购进后直接送到配货中心，再从配货中心由公司专有的集装箱车队运往各地的沃尔玛商场。公司建有最先进的配货和存货系统，公司总部的高性能电脑系统与 16 个配货中心和 1000 多家商场的 POS 终端机相联网，每家商场通过收款机激光扫描售出货物的条形码，将有关信息记载到计算机网络当中。当某一货品库存减少到最低限度时，计算机就会向总部发出购进信号，要求总部安排进货。总部寻找到货源，便派离商场最近的配货中心负责运输路线和时间，一切安排有序，有条不紊。商场发出订货信号后36小时内，所需货品就会及时出现在货架上。就是这种高效的商品进、销、存管理，使公司迅速掌握商品进销存情况和市场需求趋势，做到既不积压存货，销售又不断货，加速资金周转，降低了资金成本和仓储成本。

压缩广告费用是沃尔玛保持低成本竞争战略的另一种策略。沃尔玛公司每年只在媒体上做几次广告，大大低于一般的百货公司每年的50~100次的水平。

研究商品价格情况。如果有报告说某一商品在其他商场的标价低于沃尔玛，公司会议可决定降价，保证同种商品在沃尔玛价格最低。沃尔玛成功运用低成本竞争战略，在激烈的市场竞争中取胜。

资料来源：周一虹.实施低成本竞争战略的两个案例[J].财会通讯.2002（4）：36-39.（有删减）

第一节　心理定价策略

心理定价策略是指企业在定价时，考虑消费者购买时的心理因素，有意地将产品价格定得高些或低些，以诱导消费者的购买来扩大市场销售量的一种定价策略，它是定价的科学和艺术的结合。企业根据适当的定价方法确定基本价格，但这个价格并不一定能符合消费者的心理，那么就应针对不同的消费心理，对基本价格进行修改，从而制定出不但令企业满意，而且让消费者易于接受的合理价格。因此了解消费者的心理，灵活地运用心理定价策略在企业定价中就显得尤为重要。我国企业在近20年里也运用了一些心理定价策略。常见的有：零头定价法、整数定价法、声望定价法、习惯定价法、招徕价格法、分档定价法等。

一、零头定价

零头定价是指利用消费者感觉比它相差很小的带尾数的数字相差很大的心理，将价格故意定成带尾数的数字以吸引消费者购买的策略。这是一种取零不取整的标价技巧，是定价的一种常用方法，这种方法的出发点在于利用顾客的数字认知机制来营造出主观的廉价感、真实感。如一件300元的商品定价为

298 元，比标价 300 元更能吸引消费者，顾客认为这个价格与其说是在 300 元的范围内不如说是在 200 元的范围内，消费者会认为这种价格经过精确计算，购买不会吃亏，从而产生信任感。同时，价格虽离整数仅相差几元钱，但带给顾客主观上的感觉却大为不同，符合消费者求廉的心理愿望。

在中国，尾数定价可以为：吉利性好，既选择吉利的数字作为商品价格的尾数。例如数字"4"的谐音是"死"，因此被认为是不吉利的数字；"5"和"2"在中国风水上被认为是"五黄二黑"，也并不太受欢迎；数字"7"与仙逝的人的"头七"的风俗有关，还和风水上"七是大凶之兆"的说法有关，因此，"7"也并不是一个特别受欢迎的数字。相反，某些数字给消费者一种寓意吉祥的感觉，使消费者在心理上得到一定的满足。如"8"在粤语中念"发"，含发财致富之意，以"8"为尾数的价格，会让人产生美好的联想，从而被认为是吉祥的数字；数字"3"在广东粤语中与"生"的发音相近，因此也是较受欢迎的数字。

在外国，当然也有类似的情况，如数字 7 在西方文化中被认为是幸运的，因此，一些成功的商业活动也建立在数字 7 的基础上。例如，在冰岛航空公司的一次促销活动中，凡是预定 2007 年 7 月 7 日航班的顾客只需要多付 7 美元便可增加旅程；沃尔玛的"幸运爱心婚礼活动"该活动在幸运日为 7 对新人免费举办婚礼并接待 77 位客人，该活动受到了消费者的青睐并取得了成功。然而在美国，星期五和数字"13"都是不幸运、倒霉的。在美国航空业中，由于星期五和数字"13"这种超自然信仰的关系，在星期五和每月的 13 号会减少一万旅客。还有一点就是西方国家的零售企业大多采用一种奇数定价，因奇数是单数，使人觉得单比双少。如在美国标价尾数为 49 美分的商品比标价尾数为 48 美分和 50 美分的都卖得好。虽然价格相差无几，却能带来良好的促销效果。必须注意不同地区的消费者有不同的喜好和禁忌，因此在设计零头价格时需予以考虑。另外值得注意的是，这种策略通常适用于需求弹性大、价格定位不高、消费者容易把握或了解的日用消费品，如果产品追求高价位而非低价位的形象，切忌使用这种定位策略。

二、整数定价

整数定价与尾数定价正好相反，企业有意将产品价格定为整数，以显示产品具有一定质量。整数定价多用于价格较贵的耐用品或礼品、消费者不太了解的产品以及一些方便食品、快餐、在人口流量比较多的地方制定整数价格。对于价格较贵的高档产品，顾客对质量较为重视，往往把价格高低作为衡量产品质量的标准之一，容易产生"一分价钱一分货"的感觉，对于方便食品、快餐、以及在人口流动比较多的地方的商品同样也适用于整数定价，不仅适用人们的"惜时心理"，而且也便于消费者做出购买决策。人们容易记住商品的整数价，因此，会加深商品在消费者心理上的印象，从而有利于销售。

一种是对奢侈品的定价，最好把无关紧要的零头去掉或者取为整数。比如根据成本导向定价法得到的结果是 10015 元或 9977 元，最好是定为 10000 元。因为 10015 元不好看，而 9977 元更无法体现出"五位数"的"风光感"。另一种情况是利用人们对数字的偏好心理，"吉利"定价。比如，某名表定价 8888 或 9999 元。

三、声望定价

所谓声望定价策略是指利用消费者仰慕名牌产品或名店的声望产生的某种心理来制定商品的价格。名店或名牌商品的价格一般高于同类产品，质量不易鉴别的商品最适宜采用此方法。因为消费者具有崇尚名牌的心理，往往以价格判断产品的质量，认为价高质必优，这种定价有利于满足不同层次的消费需求。

与尾数定价迎合消费者求廉心理相反，声望定价迎合了消费者高价显示心理，这是消费者受相关群体、所属阶层、身份、地位等外部刺激影响而对某些特殊商品愿意花高价购买的心理反应，以达到显示身份、地位、实现自我价值的目的。不少高级名牌产品和稀缺产品，豪华轿车、高档手表、名牌时装、名人字画、珠宝古董等，在消费者心目中享有极高的声望价值。购买这些产品的人，往往不在于产品价格，而最关心的是产品能否显示其身份和地位，价格越高，心理满足的程度也就越大。如德国的奔驰轿车，售价二十万马克；瑞士莱克司手表，价格为五位数；巴黎里约时装中心的服装，一般售价二千法郎；金利来领带，一上市就以优质、高价定位，对有质量问题的金利来领带他们决不上市销售，更不会降价处理。给消费者这样的信息，即金利来领带绝不会有质量问题，低价销售的金利来绝非真正的金利来产品，从而极好地维护了金利来的形象和地位。我国的一些国产精品也多采用这种定价方式。当然，声望定价要和产品在人们心中的地位相称，采用这种定价法必须慎重，一般商店、一般商品若滥用此法，弄不好便会失去市场。

四、习惯定价

经常购买的日用品，在市场上长期地形成了一种为消费者习惯，熟识且愿意接受的价格，如大米、调味品等。这种定价策略通常适用于日常消费且大量消费的商品。由于消费者对这类商品价格变动较为敏感，所以如果对这类商品定价时要充分考虑消费者的习惯倾向，采取"习惯成自然"的定价策略。如果企业定价偏离了习惯价格则会引起疑虑，高于习惯价格往往被认为是不合理涨价，低于习惯价格又会被怀疑产品的质量和真实性。所以对此类商品，企业定价时需注意按惯例定价，否则会影响产品的销售。如果必须变动价格，应采用一些措施，如改换包装或品牌，以减轻习惯价格心理对新价格的影响。

五、招徕定价

招徕定价分为高价招徕和低价招徕，在生活中，针对不同的消费者，企业常采用不同的定价策略，企业针对消费者求廉的购买心理，将一些商品价格定得低于常价，以招徕顾客，即低价招徕。这些价格定低的商品成为牺牲品，其目的在于吸引大量顾客在购买这些特价品的同时再购买其他价格正常的商品。企业还常利用季节转换或节日时开展大减价活动，以吸引更多的顾客。企业针对消费者的求异、彰显高贵地位、身份的购买心理，将一些商品价格定得高于常价，以招徕顾客，即高价招徕。

📖 6-2 案例

低价招徕：绿灯商品酬宾

广州某大商场在其新开业之际，店门上高挂着一条横幅，横幅上赫然写着"绿灯商品酬宾"六个大字，引得路人驻足细看，引得人们蜂拥而至。"绿灯商品酬宾"是该商场的一种促销高招。其具体做法是：商场所属的七个商品部，每天各提出一个商品，降价20%～30%销售，降价商品以开绿灯为标志，故名"绿灯商品酬宾"。绿灯一开，果然财源畅通，招徕万千顾客，销售额大增，企业获利丰厚。

资料来源：孙安彬. 招徕定价策略及其应用[J]. 商业研究，2000(4)：142-143.

📖 6-3 案例

高价招徕：五千日元一杯咖啡

当东京滨松町的一家咖啡屋的一杯咖啡要价5000日元的消息传开后，东京的豪客不禁大惊失色，不少人带着好奇心光顾该店。该店的一种咖啡确实是一杯要价五千日元，只不过盛咖啡的是一种特别的杯子，名贵而豪华，每个价值 4000 日元。当顾客享用完咖啡后，服务员就将杯子包好，送给客人作为纪念。而且这里的咖啡都是由名师当场精制而成，味道独特、可口。咖啡屋内部的装潢豪华如宫殿，女侍穿着古代皇宫服装，把顾客当作帝王殷勤侍候。抱着好奇心前来的客人，原以为不会再来，但咖啡屋对这些人产生了巨大的吸引力，身价倍增的感觉令人难以忘怀，不但自己来，而且还带亲朋好友来，使这家咖啡屋的知名度大大提高，生意十分兴隆。这家咖啡屋当然也出售 100 日元左右一杯的咖啡、果汁、汽水等，这是真正赚钱的料。老板推出 5000 日元一杯的咖啡，是要提高咖啡屋的知名度，招徕顾客，用高价带动廉价商品的销售。这一妙招十分成功，利润极其可观。

资料来源：翟建华，冯春林. 价格理论与实务［M］. 大连：东北财经大学出版社，2013.

六、分档定价

所谓分档定价策略是指拉开档次定价。消费者心理上对价格的较小差异较不敏感，而对大的差异则很敏感，因此很多零售商在出售具有多种商标、规格、花色的同类商品时，把商品分为若干档次，档次之间价格差别大。这种定价法会使顾客产生质量高低不同的联想，以适应不同层次的需要。例如某服装店对某型号女装制定三种价格：260 元、360 元、430 元，在消费者心目中形成低、中、高三个档次，人们在购买时就会根据自己的消费水平选择不同档次的服装。如果一味地定成一个价格，效果就不好。一般情况下，如果相邻两种型号的商品价格相差大，买主多半会买便宜的；如果价格相差较小，买主倾向于买好的。

第二节　地区定价策略

一般来说，一个企业的产品，不仅卖给当地顾客，而且同时卖给外地顾客。而卖给外地顾客，把产品从产地运到顾客所在地，需要花一些装运费。地区定价策略，就是企业作出决定，对于卖给不同地区（包括当地和外地不同地区）顾客的某种产品，是分别制定不同的价格，还是制定相同的价格。也就是说，企业要决定是否指定地区差价。地区定价的形式有以下几种：

一、FOB 原产地定价

就是顾客(买方)按照厂价购买某种产品,企业(卖方)只负责将这种产品运到产地某种运输工具(如卡车、火车、船舶、飞机等)上交货。交货后,从产地到目的地的一切风险和费用概由顾客承担。如果按产地某种运输工具上交货定价,那么每一个顾客都各自负担从产地到目的地的运费,是很合理的。但是这样定价对企业也有不利之处,即距离较远的顾客有可能不愿意购买这个企业的产品,而购买自身附近企业的产品。

二、统一交货定价

和 FOB 原产地定价正好相反,统一交货定价就是企业对于卖给不同地区的顾客的某种产品,都按照相同的厂价加相同的运费(按平均运费计算)定价。也就是说,对全国不同地区的顾客,不论远近,都实行一个价。因此,这种定价又叫邮资定价。

三、分区定价

这种形式介于上述二者之间,是企业把全国(或某些地区)分为若干价格区,对于卖给不同价格区顾客的某种产品,分别制定不同的地区价格。距离企业远的价格区,价格定得较高;距离企业近的价格区,价格定的较低。在各个价格区范围内实行一个价。企业采用分区定价也存在问题:(1)在同一价格区内,有些顾客距离企业较近,有些顾客距离企业较远,前者就不合算;(2)处在两个相邻价格区界两边的顾客,他们相距不远,但是要按高低不同的价格购买同一种产品。

四、基点定价

企业选定某些城市作为基点,然后按一定的厂价加上从基点城市到顾客所在地的运费来定价,而不管货实际上是从哪个城市起运的。有些公司为了提高灵活性,选定许多个基点城市,按照离客户最近的基点计算运费。

五、运费免收定价

有些企业因为急于在某些地区做生意,所以自愿负担全部或者部分实际运费。这些卖主认为,如果生意扩大,其平均成本就会降低,因此足以抵偿运费开支。采取运费免收定价,可以使企业加深市场渗透,并且能在竞争日益激烈的市场上站稳脚跟。

第三节　差别定价策略

差别定价策略是指对同一产品针对不同的顾客、不同的市场制定不同的价格的策略。差别定价是按照不同的目标市场、时间季节、地域风俗、产品特性、客户资信等情况，有针对性地区别定价，差别定价也叫价格歧视。其种类主要有：以顾客为基础的差别定价策略、以产品为基础的差别定价策略、以产品部位为基础的差别定价策略和以销售时间为基础的差别定价策略。

一、顾客细分定价策略

即企业按照不同的价格把同一种产品或劳务卖给不同的顾客。对同样的产品或者服务，不同顾客支付不同的数额。例如，公交车对学生和老年人收取一个较低的乘车费用；铁路局对学生、军人的售票价格往往低于一般乘客；自来水公司根据需要把用水分为生活用水和生产用水，并收取不同的费用；电力公司将用电分为居民用电、商业用电和工业用电，对不同的用电收取不同的电费。

二、产品式样定价策略

产品的式样不同，制定的价格也不同，这个价格对于它们各自的成本是不成比例的。依云公司的 48 盎司瓶装矿泉水为 2 美元。同样的水装在 1.7 盎司瓶内，但增加了一个喷雾器售价 6 美元。通过产品式样定价，依云在一种式样中每盎司卖 3.00 美元，而在另一式样中，每盎司只卖 0.04 美元，再如，33 英寸彩电比 29 英寸彩电的价格高很多。

三、形象定价

有些公司根据不同的形象，给同一种产品定出两个不同的价格。例如，一家香水制造商可将香水装入一种瓶子，给以命名，树立形象，每盎司定价 10 美元，然后用一种花式瓶装上这种香水，给以不同命名的形象，每盎司定价 30 美元；一条裙子 70 元，成本 50 元，若在裙子上绣一组花，追加成本 5 元，但价格却可定到 100 元。

四、产品地点定价

企业对于处在不同位置的产品或服务分别制定不同的价格，即使这些产品或服务的成本费用没有任何差异。例如剧院，虽然不同座位的成本费用都一样，但是不同座位的票价有所不同，这是因为人们对不同座位的偏好有所不同；按不同座位收取不同价格，因为公众对不同座位的偏好不同；火车卧铺从上铺到中铺、下铺，价格逐渐增高。

五、销售时间定价

企业对不同季节、不同时期甚至不同钟点的产品或服务分别制定不同价格。航空公司或旅游公司在淡季的价格便宜，而旺季一到价格立即上涨；长途电话按一天的不同时段，以及按周末与周内其余不同的日子分段收费。时间定价的一种特定形式是占位定价，旅馆和航空公司为了保证高占位，所以常常采用；游船为了保证满座，在开航前 2 天购票可以降价。这样可以促使消费需求均衡，避免企业资源的闲置或超负荷运转。

实行这种差别定价，必须具备一定条件。第一，市场必须能够细分，而且这些细分市场要显示不同的需求程度。第二，付低价的细分市场人员不得将产品转手或转销给付高价的细分市场。第三，在高价的细分市场中，竞争者无法以低于公司的价格出售。第四，细分的控制市场的费用不应超过差别定价所得的额外收入。第五，实践这种定价法不应该引起顾客反感和敌意。第六，差别定价的特定形式不应是非法的。

由于当前的某些行业中正在发生放松规定的做法，竞争者增加了差别定价法的使用。航空公司在乘客同一航次飞行中，根据座位不同收费不同；白天与晚上不同；工作日与非工作日不同；冬天与夏天不同；青年、中年、老年不同等。航空公司称这一制度给公司带来管理性盈利，它们试图尽可能地使飞机能满载以获得更多收入。

第四节　折扣定价策略

折扣定价策略是指企业对基本价格作出一定的让步，直接或间接降低价格，以争取顾客，扩大销量。其中，直接折扣的形式有现金折扣、数量折扣、功能折扣、季节折扣，间接折扣的形式有回扣和津贴。

为了能及早结清账单、批量购买和淡季采购等，许多公司会修改它们的基本报价单。消费者经常会在节假日看到各大商场的促销广告，如劳动节、国庆、元旦等大促销，买多少送多少。再如京东商城、苏宁易购和国美电器搅动的"电商促销大战"。这些价格调整被称为折扣和折让。该策略旨在准确地抓住客户购买心理，有效地运用折扣方法销售，吸引大量的顾客，增强企业竞争优势。

企业根据所选定的定价策略，先定出一个正式的价格，然后配合折扣和折让以吸引经销商和顾客购买。企业常用的折扣定价方式有以下几种：

一、现金折扣

现金折扣是对及时付清账款的购买者的一种价格折扣。即在赊销的情况下，卖方鼓励买方提前付款，按原价给予一定的价格折扣或现金折扣。现金折扣的表示方式为：2/10，1/20，n/30（即 10 天内付款，货款折扣 2%；20 天内付款，货款折扣 1%，30 天内全额付款）。现金折扣发生在销货之后，是一种融资性质的理财费用，因此销售折扣不得从销售额中减除。例如，A 公司向 B 公司出售商品 30000 元，付款条件为 2/10，N/60，如果 B 公司在 10 日内付款，只需付 29400 元，如果在 60 天内付款，则须付全额 30000 元。

现金折扣包括三个因素：现金折扣率、给予现金折扣的期限、付清货款的期限。这样的折扣在许多行业是惯用的，它可以增强企业的变现能力，减少信用成本和呆账。确定现金折扣率大小的基本原则是：其上限不能高于由于资金周转速度加速所带来的盈利，其下限不能低于同期银行的存款利率。许多情况下采用此定价法可以加速资金周转，减少收账费用和坏账。

二、数量折扣

数量折扣又称批量作价，是企业对大量购买产品的顾客给予的一种减价优惠。这是卖方为鼓励客户大量购买或经常购买本企业产品所采用的一种价格策略。典型的数量折扣条件如"购买 100 单位以下者，单位售价 9.95 元，购买 100 单位以上者，单位售价 8.95 元"。数量折扣的幅度一般不宜超过因大量销售而节省的成本，包括销售费用、存货成本和运输成本。

数量折扣又可分为累计数量折扣和非累计数量折算两种形式。累计数量折算是指按顾客在一定时期内购买商品所达到的一定数量或者金额给予不同的折扣。此种方法可以鼓励顾客经常购买本产品。非累计数量折扣是指按规定一次购买某种产品达到一定数量或者购买多种商品达到一定金额时，给予一次性折扣，其目的在于鼓励消费者大量购买，节约企业营销费用。

一般购买量越多，折扣也越大。其实质是将销售费用节约的一部分，以价格折扣方式分配给买方，由此吸引和鼓励客户长期地大量向企业购买产品，或提前购买。尽管数量折扣使产品价格下降，单位产品利润减少，但销量的增加、销售速度的加快，使企业的资金周转次数增加了，流通费用下降了，产品成本降低了，导致企业总盈利水平上升，对企业来说利大于弊。

三、功能折扣

功能折扣是指在不同的流通渠道中，由于中间商提供的服务不同，生产商应根据不同的情况给予不同的折扣。这是生产者给中间商的折扣，也称贸易折扣。制造商可根据各类贸易商、代理商、零售商等在营销过程中所负担的功能不同，给予不同的价格折扣，如某制造商报价"100 元，折扣 40% 及 10%"；表示给零售商折扣 40%，即卖给零售商的价格是 60 元，给批发商再折扣10%，即 54 元。此策略的目的是为了刺激中间商和零售商努力推销产品，使企业淡季不淡，充分发挥生产能力，争取更多的利润。

四、季节折扣

季节折扣是指卖方为鼓励买方在淡季购买而给予的折扣，目的在于鼓励淡季购买，减轻仓储压力，利于均衡生产，也称节差价。一般在有明显的淡、旺季商品或服务行业中实行。季节折扣比例的确定，应考虑成本、储存费用、基价和资金利息等因素。

季节折扣适用于季节性强的商品，生产商利用这种折扣，鼓励中间商和顾客在淡季购买，以减少自己的资金负担和仓储费用，并有利于均衡生产。如啤酒生产厂家对在冬季进货的商业单位给予大幅度让利；羽绒服的制造商在夏季可给中间商和顾客折扣；旅馆业和航空公司票价也在淡季给顾客季节折扣。

五、回扣和津贴

回扣和津贴是间接折扣的一种形式，回扣是指购买者在按价格目录将货款全部付给销售者以后，销售者再按一定比例将货款的一部分返还给购买者。津贴是企业为特殊目的，对特殊顾客以特定形式所给予的价格补贴或其他补贴。比如，当中间商为企业产品提供了包括刊登地方性广告、设置样品陈列窗等在内的各种促销活动时，生产企业给予中间商一定数额的资助或补贴。又如，对于进入成熟期的消费者，开展以旧换新业务，将旧货折算成一定的价格，在新产品的价格中扣除，顾客只支付余额，以刺激消费需求，促进产品的更新换代，扩大新一代产品的销售。这也是一种津贴的形式。

以上的各种折扣价格策略使公司定价更具灵活性，这对提高企业的收益和利润都具有极其重要的作用。然而，在使用这些折扣定价策略时，也一定要注意国家对此的法律限制，一定要对所有的顾客都是用统一标准。例如美国在1936 年所制定的《罗宾逊-巴特曼》法案中规定，计算折算率的方法应以卖方所实现的成本节约数为基础，而且卖方一定要对所有顾客的折扣优惠条件都是同等的，反之就犯了价格歧视罪。

第五节　促销定价策略

一、牺牲品定价

将某些品牌的产品作为牺牲品，以接近成本甚至是低于成本的价格来出售，以便吸引顾客前来购买，并寄希望于他们还能购买企业里的其他商品，以获得额外的收入，也被称为招徕定价。例如：一毛钱的酱油，五毛钱的食盐来吸引顾客；再如跳楼价、买学价、季末清仓等。

但是，一般来说制造商不愿以自己的品牌作为牺牲品。因为这样不仅会引起其他正常价格销售的零售商的抱怨，还会损害品牌形象。

二、特别事件定价

销售商利用一些特别事件例如节假日、店庆、重大体育赛事，以较低的价格吸引更多的顾客前来购买。在某种季节里，卖主也利用特别事件定价来吸引更多的顾客购买。例如，每年的 9 月份是学生返校购物的旺季。

三、心理折扣

心理折扣指故意给某种商品定个高价，然后大幅度降价出售。如保暖内衣"原价 359 美元，现价 299 美元"。

四、低息贷款

公司不是用降价而是向顾客提供低息借款。汽车生产商曾经采取宣布给予顾客以 3% 低息短期借款的办法，甚至采用无息贷款，以招徕客户。

五、较长的付款条件

销售者，特别是贷款银行和汽车公司，延长顾客的贷款时间，这样减少了每月的付款金额。顾客通常对贷款成本考虑较少（如利率），他们担心的是每月的支付自己能不能承受。

六、保证和服务合同

此项方式多用于商品的售后，在商品出售时，公司可以增加免费保证或服务合同来进行促销，增强顾客对企业的信任。

促销定价战略常常是得不偿失的游戏。如果它们一旦被应用，竞争者便会竞相效仿。因此，对公司来说就会丧失其效果。如果它们失败了，这就浪费了公司的资金，而这些资金可用于产生长期影响的营销方法，例如改进产品质量和服务或通过广告改善产品形象等。

第六节　产品组合定价策略

产品组合定价即各产品组合定价策略是指处理本企业各种产品之间价格关系的策略。店铺通常都要销售产品的大类，就是相关联的产品，而不是一组产品。它包括系列产品定价策略、互补产品定价策略和成套产品定价策略。这是对不同组合产品之间的关系和市场表现进行灵活定价的策略。一般是对相关商品按一定的综合毛利率联合定价，对于互替商品适当提高畅销品价格，降低滞销品价格，以扩大后者的销售，使两者销售相互得益，增加企业总盈利。对于互补商品，有意识降低购买率低、需求价格弹性高的商品价格，同时提高购买率高而需求价格弹性低的商品价格，会取得各种商品销售量同时增加的良好效果。

对于绝大多数企业来说，生产经营的产品都不止一种，某一种产品都是企业整个产品组合中的一个组成部分。这时，企业就需要针对整个产品组合的具体状况，为每一种产品定出合适的价格，从而使整个产品组合所取得的总利润最大。一般而言，企业产品组合中的各种产品，由于它们的功能相近、市场定位相似，或者技术密切相关，使得这些产品在成本和需求方面相互影响，甚至相互竞争，某产品价格定得合适与否，会对其他产品的销售产生巨大影响。

在现实生活中，企业既要使每种产品的销售利润最大，又要使整个产品组合的整体利润最优是非常困难的，因为每个产品的需求不同、成本不同、市场竞争状况也不同。所以，对于多种产品的生产企业来说，必须从整个产品组合的总收益出发，考虑各种产品之间的相互关系，来确定每一种产品的合理价格。

常用的产品组合定价形式有以下几种：

一、产品线定价

在同一产品线中，由于各个产品项目有着非常密切的关系和相似性。如果产品项目之间的价格差别不大，顾客就会倾向于购买功能和性能较先进的、价格高的产品，这时，如果产品之间的成本差别更小，即成本差别小于价格间的差别，价格高的产品项目利润大，则企业会获得较多的利润。而这时，如果成本差别大于价格间的差别，价格低的产品项目利润较大，对企业不利。相反，如果产品项目间的价格差别较大，顾客就会倾向于购买价格较低的产品。这时，整个产品组合的获利水平，同样取决于产品项目间成本差异与价格差异大小的比较，只不过结果相反。所以，当企业对整个产品线进行定价时，首先，必须对产品线内推出的各个产品项目之间的特色，顾客对不同特色的评估，以及竞争对手的同类产品价格等方面的差别进行全面考虑。其次，以某一产品项目为基点定出基准价。然后，围绕这一基准价定出整个产品线的价格，使产品项目之间存在的差异，既能够通过价格差别明显地体现出来，又不至于使产品项目间的销售波动太大。

二、任选产品定价

即在提供主要产品的同时，还附带提供任选品或附件与之搭配。如汽车与汽车收录机、电冰箱与电源电压稳定器等。这类附带产品与主导产品的使用关系密切，但顾客在购买主导产品时可买可不买，并且这类产品的成分与价格远远低于主导产品。这类产品价格的确定，就需要认真分析市场环境、顾客偏好等因素。如果任选附带产品的有无不会影响到顾客对主导产品的选择，就可把其价格定得很低，甚至免费赠送。如果顾客对主导产品的偏好十分强烈，顾客的选择比较固定，这时任选附带产品的价格反而会定得较高，如特色餐馆里的酒水价格就定得较高。

三、附属产品定价

以较低价销售主产品来吸引顾客，以较高价销售备选和附属产品来增加利润。如美国柯达公司推出一种与柯达胶卷配套使用的专用照相机，价廉物美，销路甚佳，结果带动柯达胶卷销量大大增加，尽管其胶卷价格较其他牌号的胶卷昂贵。

四、副产品定价

在许多行业中，在生产主产品的过程中，常常有副产品。如果这些副产品对某些客户群具有价值，必须根据其价值定价。副产品的收入多，将使公司更易于为其主要产品制定较低价格，以便在市场上增加竞争力。因此制造商需寻找一个需要这些副产品的市场，并接受任何足以抵补储存和运输副产品成本的价格。

五、捆绑定价

将数种产品组合在一起以低于分别销售时支付总额的价格销售。例：家庭影院是大屏幕电视、DVD 影碟、音响的捆绑定价。

如果出售的是产品组合，则可以考虑采取如下定价策略。

(1)搭配定价是将多种产品组合成一套定价。

(2)系列产品定价指的是不同档次、款式、规格、花色的产品分别定价。

(3)主导产品带动是把主导产品价格限定住，变化其消耗材料的价格。

(4)以附加品差别定价是根据客户选择附属品不同，而区别主导产品价格。

此外，还要考虑价格心理因素，如折扣、价格尾数、优惠等。

第七节　价格调整定价策略

产品价格制定以后，由于情况变化，经常需要进行调整。企业调整产品价格，主要有两种情况，一种是由于客观条件发生变化，企业感到需要调高或者调低自己的产品价格，这是主动调整，另一种情况是处于竞争者调整价格，自己不得不调整，这是被动调整。两种调整各自采取不同的策略。

(1)主动调整价格策略是指企业对价格主动进行调整，采取的策略有两种，一种是调低价格策略，另一种是调高价格策略。

(2)被动调整价格策略是指在竞争对手率先调价之后，本企业应该怎么办？必须对此作出明确反应；是抵制还是跟着调整，或者等等看。竞争对手的调价，也分为调低价格和调高价格两种，对于这两种情况，要做出不同的回答。

为了保证作出的反应能符合本企业的利益，必须对竞争者和自己企业的情况进行深入研究，分析比较，以便做到"知己知彼"、取得百战百胜的效果。

对竞争者情况的研究主要包括以下内容：竞争者为什么要调整价格，是为了扩大生产，还是因为成本提高，或者是因为经营不善；竞争者调整价格是临时性的还是长期性的；本企业对竞争者的调价做出任何一种反应后，竞争者和其他企业又会采取什么样的措施；提出调价的竞争者的实力如何。

对本企业情况的研究，主要包括以下问题：本企业的经济实力；本企业营销产品的生命周期以及顾客对这类产品价格的敏感程度；本企业如果跟随调价之后，会对企业的营销产生影响等。

📅 附：扩展阅读

汽车定价策略

一、本田飞度——低价，一步到位

在国内经济型轿车市场上，与广州本田飞度几乎全球同步推出的车型还有上海大众的POLO。但与飞度相比，POLO的价格要高得多。飞度1.3L五速手动挡的全国统一销售价格为9.98万元，1.3L无级变速自动挡销售价格为10.98万元。而三厢POLO上市时的价格为13.09万～16.19万元。飞度上市后，POLO及时进行了价格调整，到2005年12月中旬，在北京亚运村汽车交易市场上，三厢POLO基本型的最低报价是11.11万元。即使这样，其价格还是高于飞度。虽然飞度9.98万元的价格超过了部分消费者的心理预期，但在行家眼里，这是对其竞争对手致命的定价。

飞度在定价上体现了广州本田的营销技巧。对于一般汽车企业来说，往往从利润最大化的角度考虑定价，想办法最大限度地获得第一桶金。这体现在新车上市时，总是高走高开，等到市场环境发生变化时才考虑降价。但这种方式存在一定的问题，即在降价时，因为没办法传递明确的信号，消费者往往更加犹豫，因为他们不知道企业是否已经将价格降到谷底。飞度的做法则不同，它虽然是一个技术领先的产品，但采取的是一步到位的定价。虽然这种做法会使消费者往往要向经销商交一定费用才能够快速取得汽车，增加了消费者的负担，但供不应求的现象会让更多的消费者产生悬念。如果产量屏障被打破以后，消费者能够在不加价的情况下就可以买到车，满意度就会有更大的提高，因为它给予了消费者名义上的附加值。

对于飞度为什么能够实现如此低的定价这个问题，广州本田方面的解释是，飞度起步时国产化就已经超过了80%。而国产化比例是决定国内轿车成本的两大因素之一。整体来看，飞度良好的市场表现最重要的原因之一是广州本田采用了一步到位的低价策略，因此汽车性能和价格在短期内都难以被对手突破。这就使得长期徘徊观望的经济型轿车的潜在消费者打消了顾虑，放弃了持币待购的心理，纷纷选择了飞度。

二、大众奥迪——高价，攫取利润

作为国内中高档车标杆的奥迪A6的换代车型A6系列——新奥迪A6.在2005年6月16日正式公布售价，除了核心配置和美国版有差异外，国产的新奥迪A6/13.0高出了美国版逾20万元。据业内资深人士分析，德国大众旗下的奥迪品牌在主力车型上的过高定价一旦失误，就很可能将加速大众汽车在华市场的份额下滑，同时导致中国中高档车市场重新洗牌。一汽大众正式公布了全新奥迪的价格和详组装备表。

据了解，自1999年生产以来，上一代国产奥迪A6经历5次升级，在不到5年的时间里销量超过20万辆。多年来在国内豪华车市场上可谓是"一枝独秀"，直到2004年市场份额仍维持在60%左右。按照这个价格，新奥迪A6的最高价格已经打破了目前国产豪华新车最贵的一款宝马530的价格。国产宝马5系列目前的价格是53万~61万元，市场报价还更低；而日产的价格是24.98万~34.98万元，丰田的报价是32.8万~48万元，新奥迪A6等于"让出"了原来销量最大的价格区间。奥迪美国官方网站上写到，美国市场上目前新奥迪A6只有3.2L和4.2L两个排量，其价格分别为4.262万美元和5.222万美元。这样，美国版的3.2L折合人民币为35万元，国内版本竟高出了21万~29.96万元。"与美国版的新奥迪A6相比，在核心配置方面，国内版的新奥迪A6发动机不是FSI的，而且不带全时四驱，变速箱也不是Tiptronic，且价格也贵出很多。"业内人士这样分析道。一位不愿意透露姓名的分析师说，如果市场证明新奥迪A6在定价上出现失误，就很可能加速大众汽车在华市场份额的下滑，同时导致中国中高档车市的重新洗牌。

某机构全球中国首席汽车分析师则认为，从目前A6的定价来看，肯定是改变老A6的产品定位了，这将使得原来老A6在30万~40万元的区间被竞争对手们蚕食。假如奥迪今年年内没有弥补这个价格区间的车型，那么今年要想达到去年5万多辆的销量，就几乎成了不可能完成的任务。

其实，奥迪采取高价策略，已经不是第一次了，以前奥迪A4也同样采用高价入市策略。这样，可以使汽车厂商在短时间内攫取大量利润，等到过一段时间后，竞争对手的车也上市了，消费者的热情也消退大半，再降价刺激市场，扩大市场占有率，提升销量。对于高档豪华轿车来说，顾客多是高收入的个人、政府和企事业单位，对价格并不是太敏感，他们主要看重的是品牌。

奥迪自己不可能不知道高价入市的风险，但这两年大众在华业务销量和利润都逐年下滑，如果没有利润增长点，今年就很可能出现20年来第一次亏损。奥迪A6新车型如果高价入市成功，则很可能避免全年的亏损。奥迪在中国有这么多年的先人优势，品牌在消费者心目中的地位很巩固，经销商的实力也很强，因此这次赌赢的胜算很大。但越往后，消费者越成熟，信息越透明，中国的消费者就越没理由愿意比美国的消费者买同样的车却多花二三十万元。所以，大众奥迪就算赢了这次，使今年勉强不亏损，但明年能躲得掉吗？

三、现代伊兰特——降价，找准时机

首先要看竞争厂家是否有可能跟进，是否有实力跟进，因为竞争车型跟进的时间长短和车型多少决定着自己的降价效果，北京现代的伊兰特选择的时机不早不晚。如果在8月份降价，则有可能引发其在2004年9月初降价，不仅自己降价的效果难以体现，而且加快了价格这个"魔鬼螺旋"的转速于己于人于整个行业都不利；而如果是在9月中旬或者下旬降价，则自己降价的效果要差好几成，因为一位"准消费者"从知道降价消息到真正去买车，一般会有3~10天的时间，选择在9月初降价能促使更多的人在当月去买车。

那么，为什么北京现代在9月初降价，而其他厂商却没有降价跟进呢？或者说，北京现代选择在9月初降价，凭什么保证其他厂商不会或者无法降价跟进呢？

北京现代这么有把握，是基于对国内汽车市场的理解和深入把握。按照往年的惯例和经验，国内汽车厂商照例会把每年的9、10月份视为"金九银十"，指望在这两个月多卖车，于是会集中在8月份向经销商大幅度压货。一般说来，在每年8月底，最晚在9月初，汽车厂家就会把高于月均销量50%~80%的车子压到经销商手中，或者已经签订好购车合同。在经销商大幅压货的情况下，汽车厂家一般是很难降价跟进的。因为按照厂家和经销商的汽车销售政策和合同，如果厂家在把车子卖给经销商之后再调低汽车的市场指导价，厂家就要赔偿旧价格与新价格的差额；如果合同另有约定，汽车厂家还需要另外向经销商支付违约金。如果厂家在此时降价就意味着，汽车厂家在约定的付款时段内不仅要向上游的供应商付款，同时还要向下游的经销商付款，这么多车子的付款额度，将让自己公司的财务不堪重负，难以承受。当时的情况是，上海通用、南北大众分别在2004年的6、7月份刚刚降过价，他们不是不想跟进，而是跟进不了，赔不起了。

降价时机不能只选择自己的市场份额足够高了才降价，同时更要考虑遏制新的竞争车型成长。比如爱丽舍，现在回头看该车型2004年4月份的第一次降价行为就是动手太晚了，如果爱丽舍在2003年9~12月份降价，将非常具有竞争力，凯越和伊兰特可能就不会成长这么快。而如果等到新车型成长起来，消费者认可之后再去降价拼抢，这时就很难遏制新车型的增长势头了。

降价时机相关的一个重要的问题是：降价周期如何把握？如果降价周期太短，容易打击消费者的信心，反而造成新一轮的持币待购；降价周期太长，产品销量就有可能受到更大的抑制，等于是把市场拱手让给了竞争对手，而且容易错失降价的最好时机。这些都是厂商在以后继续运用价格策略时要深入研究的。所以，降价并不是很多人认为的那样是很简单的一种营销策略。

资料来源：陈玮，等. 价格、中国汽车市场的经典价格案例分析[J]. 现代推销学（学苑版），2020(12).

问题：

1. 请对以上汽车定价策略进行理论评述。

2. 从以上汽车定价策略的运用中，你能得到哪些启示？

第七章　特殊定价策略

第一节　目标客户定价

一、概述

在日常生活中，由于消费者异质性需求即由于消费者所处的地理位置、社会环境、自身的心理和购买动机不同，造成他们对产品的价格、质量款式上需求的差异性。目标客户即企业的产品或者服务的针对对象，是企业产品的直接购买者或使用者。目标客户是我们开展市场营销工作的前端，只有确立了消费群体中的某类目标客户，才能展开有效具有针对性的营销策略。

不同类型消费者的偏好体现在对产品价格和质量的感知不同。因此，我们基于不同类型的目标客户对价格和质量的敏感度不同，制定相应的价格，这也是促进产品销量的一种定价策略。例如，高端消费群对价格不是很敏感，所以我们可以制定高价，同时加强优化环境和服务意识。

二、目标客户类型及特点

虽然消费者所处的地理位置、社会环境不同、自身的心理和购买动机不同，但针对不同类型消费者的偏好主要体现在对产品价格和质量的感知不同。因此，在目标客户定价策略中，我们将目标客户大体分为两类：价格敏感型和质量敏感型，也可称之为低端客户和高端客户。

价格敏感型消费者主要基于产品的价格做出购买决策。价格低廉是吸引消费者的主要因素，此类客户对产品的质量、品牌关注程度低。只要产品的使用价值可以满足消费者的基本需求即可。企业需要提高生产效率，降低产品价格，吸引消费者眼球。

质量敏感型消费者主要考虑产品的质量因素做出购买决策，而对于产品价格高低并不是其购买与否的决定因素。其需求呈现出高质量、多样化趋势。产品质量是吸引消费者的最主要因素，包括产品自身质量以及消费者消费过程中的感知质量。企业产品质量成为影响消费者购买行为和增强企业竞争力的一个重要因素。

在价格上，价格型消费者比质量型消费者有更高的敏感性，价格的变动对其效用的影响更大；在质量上，质量型消费者比价格型消费者有更高的敏感性，质量的变动对其效用的影响更大。

三、定价原则

1. 不同客户，匹配不同资源

企业定价的策略来自目标客户，其锁定的客户不同，定价模式也会发生改变。质量型客户对价格不敏感，企业应该加强价值诉求、优化环境和服务。价格型相当敏感，企业需要低成本，走规模化战略，要靠量来满足消费者。

针对不同目标客户群体的定价，不是高端低端的产品和服务都是一样的。而是要严格区分，商品价格越高，品质、服务和匹配的资源也要越高。

📖 7-1 案例

保时捷是汽车行业的领军品牌。它出售每辆车的收益，都比其他品牌高得多。面对低成本运动赛车的挑战，保时捷为顾客提供什么样的优势留住客户？研究发现，保时捷主要的一部分客户经常要乘飞机外出，对于车主，保时捷就是一颗珍贵的宝石。你不可能将得到的宝石，像其他汽车一样，扔在机场的露天停车场。

因此，保时捷公司与安飞士汽车租赁公司达成协议：保时捷车主在乘机前，把车安全地留在安飞士公司的停车场，由他们精心保管。这对安飞士公司也是不错的交易，因为他们可以向车主推荐目的地的租车业务。同时，也让保时捷车主感到他们的确购买了一个超值的商品。

资料来源：李践. 定价定天下[M]. 北京：机械工业出版社，2012.

2. 低价要付出代价

质量型客户不是冤大头，当他发现自己的空间被价格型客户侵蚀，并不都是老老实实支付高价。

企业必须解决一个问题：如何恰当并有效地区分顾客，谁该付高价，谁会付低价，迫使或诱导那些质量型客户别跑到低端市场来，也不能让价格型客户侵蚀了高端客户的利益。

📋 7-2 案例

纽约百老汇的戏票价格不菲，普通老百姓一般都望而却步，而另一方面，演出也不可能场场爆满。空座要是能在开演前打折卖出，剧院的收入就会提高，低收入观众也能得到满足。问题是，要是大家都知道最终会有廉价票，高端客户就不会提前以高价购票。如何将多余的戏票廉价出售，而又将打算以全价买票的观众隔离开呢？

位于时代广场的票务中心起的正是这一作用。票务中心集中出售百老汇的当天票，有的剧院甚至在晚上 8 点临近开场，才将多余的票送往中心，那里的票价不是 5 折便是 7 折，因此每天排队购票的人长蛇蜿蜒。但是，排队一两个小时，还不知道能否买到想要的戏票。

百老汇给廉价戏票设置了两道障碍：首先，只有当天的演出才打折，你没法从容安排你的时间；其次，打折票并不在各剧院出售，而是集中出售，购买不同戏票的人一起排队，既增加了等候的时间，又加大了等候的风险，当你好不容易排到售票窗口，你要的票也许没有了。让那些高端客户排队在街上等候，他们是难以接受的。

资料来源：李践. 定价定天下[M]. 北京：机械工业出版社，2012.

四、挥舞价格指挥棒，让不同客户各就各位

如果每个人都打得起高尔夫球，那么，企业家就会逃离高尔夫球场；如果吃西餐像夜排档一样成为平民消费，那么，社会精英就不再光顾西餐厅；如果去百老汇看一场演出，买票像买火车票一样难，同农民工兄弟一起通宵排队，那么，贵族们就会失去兴趣……挥舞起你的价格指挥棒，是让不同客户各就各位的最好办法！也是区隔高端与低端客户的无形屏障！

值得注意的是高端市场与低端市场之间存在一定关联，市场重心会逐渐从高端市场向低端市场转化，这种特点也成为企业战略选择的限制条件。几乎在所有行业都是首先出现高端市场，然后才出现低端市场。笔记本电脑、大屏彩电、汽车，所有这些产品从无到有进入市场的时候，价格都非常的昂贵，有能力购买的消费者很少，后来价格逐渐下降，出现了低端市场，形成了从高到低的各个细分市场。

市场是瞬息万变的，我们的目标客户定价策略也应随市场变化而转变，使目标客户发挥最好的效用。根据产品生命周期的变化，我们产品必然会出现淘

汰等问题。我们原有产品可能会从高端市场向低端市场转变，我们应该及时的转变定价策略，进行产品创新，利用价格的区别，让不同的客户各就各位。

第二节　小数点定价

一、概述

小数点定价从19世纪中期产生后就在零售业中被广泛地使用，以至于其效果被想当然的得到肯定，当前许多零售商品定价都带小数点。西方国家最经常用的尾数是49，95和99，比如2.49美元、49.95美元或者39.99美元。一般说来，对于价值较低的商品，末位采用9的定价最为常见。调查统计也发现绝大多数的零售商品带小数点。

小数点定价策略是指在确定零售价格时"以零头数结尾"，使用户在心理上有一种便宜的感觉，同时根据风俗习惯的要求，价格小数点普遍取吉利数字，以扩大销售的定价策略。

目前这种定价策略已被商家广泛应用，从国外的家乐福、沃尔玛到国内的华联、大型百货商场，从生活日用品到家电都采用小数点定价策略。在我国从20世纪80年代中期到现在，日常用品普遍采用这种定价策略。

二、定价效果

小数点定价策略的心理依据是利用消费者对商品价格的感知差异所造成的错觉而刺激购买。小数点定价策略是一种比较常用而且有效果的策略。

第一是给消费者造成价格偏低的感觉。对于消费者来说，商品物美价廉无疑是大多数人的共同愿望。尾数定价策略就是利用这种心理倾向，用避免达到某一个整数的带零头的标价给消费者一种价格偏低的感觉信息，使之易于接受。

第二是给消费者留下定价精确的印象。带零头的尾数定价给消费者的另一种明显感觉是定价非常认真、精细，因而感到价格准确、合理，并进而产生一种可信赖感。

第三是给消费者一种数字中意的感觉。在不同的国家或地区，由于风俗习惯、文化传统等的影响，消费者往往存在对某些数字的偏爱或忌讳。商场超市采用带零头的小数点定价策略，就是有意识的选择消费者偏爱的数字，投其所好，促进营销。在国内，现在主要固定在了6、8、9上，而很少用4、7就是这个道理。

三、定价原则

小数点定价一般适用于中低档商品，尤其是日用百货，因为对于这类商品，价格因素对消费者购买决策的影响较大，而高档商品，一般都用整数定价，显示商品的尊贵。

（1）超市、便利店等以中低收入群体为目标顾客经营日常用品的商家适合采用小数点定价策略。

超市、便利店的市场定位决定其适用小数点定价策略。超市的经营商品以日用品为主，其目标顾客多为工薪阶层，其动机的核心是便宜和低档。人们进超市买东西，尤其是大超市如沃尔玛、家乐福、华联多是图价格低廉和品种齐全，而且人们多数是周末去一次把一周所需的日用品均购全，这样就给商家在定价方面一定灵活性。其中小数点定价策略是应用较广泛而且效果比较好的一种定价法。

（2）以中高收入群体为目标顾客，经营高档消费品的大商场、大百货不适合采用小数点定价策略。

大型百货商场的高投入+高成本决定其搞廉价是没有出路的。它与超市、便利店相比，不具有任何价格优势。因此大型百货商场应以城市中高收入阶层为目标市场，在购物环境、经营范围、特色服务等方面展现自己的个性，力争在目标消费者心中占据高档名牌商店的位置，以此来巩固自己的市场位置。

在消费者大量聚集的场合应尽量不采用，如各种展销会。因为在这种场合，商家追求的是提高交易的速度以多做生意，如果需要找零钱势必会影响到交易的效率，而且也会让消费者产生因为等待而带来的焦躁心理，因此适宜采用整数定价策略。

四、在实践中存在的问题

目前小数点定价策略在中国被零售商广泛使用，只要走进超市、购物中心或者百货商场，都能看见小数点定价的商品。但总的说来，零售商采用小数点定价的目的基本是一致的，即让消费者觉得价格低（或者至少是比较合理），从而提高销售量以增加收入。

但是，精确到分的小数点定价策略真的就那么有效吗？

小数点定价策略在改革开放初期，我国人民物质生活水平还不是很高的情况下，是能迎合消费者的消费心理的。社会发展到今天，一方面，消费者的收入水平提高了，消费心理更加成熟了，已经不再看重这几分之差；另一方面，在日常的交易付款中，如果用现金支付，相当部分的商场超市的找零仅仅精确到角。比如，消费者到超市仅仅购买一支定价为 3.98 元的牙膏，在结账时，超市的收银员还是收取消费者 4 元，消费者仍然没有享受到一分一毫的实惠。在这种情形下，小数点定价策略就失去了其效用。

虽然目前还没有中国学者通过大规模的受控实验来研究小数点定价对销售量的影响，但不管是生活中的实际经验，还是消费者心理的研究都发现大部分中国人的价格敏感度很高，而且对数字的计算、判断能力都很强，因此在中国实施小数点定价策略，效果可能比西方国家差。

中国消费者很善于"寻找低价"，而不是仅仅"觉得"带小数点的价格就是较低的价格，他们一般都通过分析所有能收集到的信息，来判断究竟哪个价格才是最低的，因此对他们来说参考价格和比较价格或许比只使用小数点定价要更有效。由此，也有不少学者提出，国内零售商不应过于关注小数点定价是否能有效提高销售量，而应多考虑竞争对手店内相同商品的价格。

📖 7-3 案例

小数点定价——尾数带 9 的魔力

在举重运动中，500 磅的重量曾一直被认为是人类不可逾越的极限。苏联运动员阿历克谢以及其他人，以前都举起过离这个界限相差无几的重量，但从未超过。

有一次，教练告诉他，他将举起的是一个新的世界纪录——499.9磅。结果他举了起来！教练称了重量，并指给他看，实际上是 501.5 磅！教练把 500 磅以上故意说成 499.9 磅，让阿历克谢没有了心理负担，完成了飞跃。这个例子说明，数字对人的心理暗示作用是如此巨大！同样的道理，这种心理暗示也适用于消费者。

当顾客花 9.98 元买一个打火机时，他觉得只花了几块钱，而当他花10.02 元买一个打火机时，他心理感觉是花了十多块前，而实质的价格差异，只有几分钱。

我到美国、德国等发达国家的时候，发现他们商店里的商品，基本没有整数价。99、99.9、99.99、199.99、1699.99……他们似乎对用 9 这个数字乐此不疲，不厌其烦得弄出那么多的数字和数位来。

这绝非偶然！带 9 的报价真的似乎有魔力一样，最能引发购买欲！调研发现，美国最火的、利润排行处于前 20% 的餐馆，菜价都带 9。

宝洁公司也有过类似的体验：宝洁原来有款产品，定价 34 元，后来定价改到 39 元，贵了反而卖得好。比原来的 34 元卖了多出 1/3！

资料来源：李践. 定价定天下[M]. 北京：机械工业出版社，2012.

第三节　高开低走定价

一、概述

在股票交易中，高开低走是指开盘价高，但随后逐步下跌。而我们价格学中的高开低走定价是指先定一个较高一点的价格，根据市场的变化，逐步按折扣调整定价。同样一种商品，原价定位 700 元。打折后定价 490 元与直接定价 490 元，消费者感受是不一样的。

二、定价效果

(1)消费者有种"占便宜"的心理，而不是买便宜。形成良好的口碑，提高产品的知名度。因为产品定价初期，运用高开低走，所以消费者认为自己消费的是高端的产品，并非"便宜货"。

(2)先高开，给消费者在购买决策前的比较，提供一个参考值。因为高开，后期的获利空间会迅速增长，当产品得到消费者认可后，就可以渐渐恢复到原来的价格，而且消费者也能够欣然接受。

(3)灵活运用高开低走定价法，可以敏锐感知市场行情，提升产品销量，避免打价格战。产品一旦卖火了，产品品牌价值得到认可，就可以进行调价，消费者也易于接受，因为消费者认为你是在恢复产品的价值，相反，如果一开始就定价过低，即使卖火了也无法提价，消费者会想"你卖火了就可以涨价"，消费者无法接受，从而造成忠诚客户的大量流失。

📋 7-4 案例

某写字楼附近新开张一餐馆环境优雅、菜品丰富、服务热情。目标群体是白领等消费者。餐馆老板开业大吉，虽原价稍高其他餐厅，但将所有菜品按原价打七折。由于餐馆的宣传力度到位，客人络绎不绝。客人对于餐厅的环境，餐点品质也的确认可，对于餐厅的特色菜品赞赏尤佳。而且由于餐厅的开业打折策略，让客人有种"占便宜"的感觉。在短时期，餐馆的知名度大大提高。两个星期过后，餐馆开始逐渐逐步提高价格，但仍然所有菜品九折优惠。而且受顾客喜欢的菜品，餐馆采用不同时期降价活动吸引消费者。

三、定价原则

首先，需要产品质量过硬，否则就是欺骗消费者。高开走低定价的目的是使顾客有种"占便宜"的感觉，让顾客感受到产品的物有所值，企业产品提高知名度。但如果产品的质量品质较差，原价定得太离谱，便会使消费者感觉产品的质量"不靠谱"，反而影响了产品的销售。

其次，塑造产品的价值放大产品的好处。如独特性，给企业产品一个鲜明的个性，给产品一个亮眼的"名片"，将相同买的与众不同。高开低走定价吸引顾客消费自己的产品，使得顾客有了第一次的产品体验，其是企业定价策略的一种方法，也是营销策略的关键点。企业要想牢牢把握客户，需要具有一定的产品优势，把握市场。

四、在实践中存在的问题

高开走低定价策略被广泛地应用于网络商城。

但是商家原定价过高，使现价与原价的差别过大，其实在某种程度是欺骗消费者。也会使消费者产生对于产品的质量不信任。比如，某网店将某品牌的跑步鞋原价定位 216 元，而现价为 66.96 元，原价与现价差价过大使消费者对其价格产生怀疑。如果，产品的质量不过硬，消费者会有种"就是 66 元的货"的感觉。

但对于一些欺骗性的价格，比如营销人员对于实际上并未降价的产品谎称降价；采用表面打折法，故意把某种商品的原价写得很高，然后再大力宣传大减价，声称"原价 459 元，现价 299 元"，其实，商品的价格并没有下降，反而升高了。

🗐 7-5 阅读材料

房地产中的高开低走与低开高走

高开低走战术在开盘初期以高价销售，迅速从市场获取丰厚的营销利润，再见机降价，力求尽快将投资全部收回。高开低走给人以项目高品质的体现，但难以聚集人气，有一定的营销风险。高开低走战术适合以下楼盘：具有创新性、独特卖点的项目；综合性能好、功能折旧慢的项目。

低开高走战术就是按照开盘项目的进度，根据销售进展情况，每到一个调价时点，按一定幅度调高售价的战术。低开高走战术的原则是"投石问路，分时间段，逐步走高，留有升值空间"。可根据成本定价法，参照附近地区楼盘价，结合市场需求予以确定低开高走开盘价，低开高走能给消费者以实惠感，容易聚集人气，促进士气，促进资金迅速回笼并易形成开发商良好口碑。低开高走战术适合以下楼盘：总体素质一般的项目；城市边缘大项目；竞争激烈的项目。

实际上无论是采取低开高走，还是高开低走，开发商都应在定价前期，充分认识市场行情，客观分析项目本质，精心了解客户心理，寻找最佳卖点，综合考虑销售成交量及时间成本，这样才能满足市场的需要。

资料来源：孙华峰，刘树红. 房地产价格策略的探讨[J]. 商场现代化，2008（18）：192.

第四节　特价品定价

一、概述

中国有句俗语，叫"挂羊头卖狗肉"。在商业战场中，"吆喝羊头卖狗肉"也演化成为一种经典的定价策略和销售策略——特价品定价。

在日常生活中，许多超市为吸引顾客光顾进行各种的促销活动，比如超市鸡蛋等产品降价。我们大力宣传的是特价商品，而商家实际想让消费者购买的却是特价品之外的东西，利润更高的东西！

特价品定价是现代企业常用的一种以特价品的暂时降价来吸引顾客的定价方法。零售企业如百货公司、连锁店及超级市场，几乎均有数种特价品。

二、定价效果

特价品是诱饵，其他产品才是赚钱的！特价品定价的奥秘就在于人们会在低价的诱惑下来到商场，在购买低价商品之后，趁机在商场浏览一下，按照心理学的观点，人们在逛商场时，会自然或不自然地产生购买欲望，产生"冲动性购买"，从而使商场的销售量扩大，利润增加。

三、定价原则

我国市场营销中近几年出现了一个新颖而陌生的价格术语——特价品。消费者一进超市，就会发现每天均有几种特价品推出，以此吸引顾客光顾，在购买特价品的同时，连带购买其他价格正常的商品。但是，企业采用特价品价格策略要符合一定的原则和条件。主要有以下几条：

1. 科学选择商品

（1）作为特价品的商品必须是消费大众所常使用或者是适合每一个家庭的必需之物。最好是选择消费量大、低值易耗的大众性商品、畅销商品，如日用消费品、生活必需品等。

这些商品应该是很普通的，以至于任何一家商场超市都不具有什么明显的基于商品自身的垄断优势，所以这些商品都会出现在每个商场超市里。它们作为生活必需品，消费者对它们的需求是长期的，也是大量的，因此即使家中的这类商品并未使用完，消费者看到商场超市在低价促销也会产生购买欲望。同时，由于与日常生活密切相关，消费者对它的关注也就更多一些，这类商品的价格将会很大程度影响消费者对商场超市内其他商品价格的评价。

（2）即将过季或过期的商品不宜充当特价品。

如果用于充当特价品定价的商品是即将过季甚至是即将到保质期的话，那么，消费者会认为这不过是商场超市为了抛库存、减少损失才将这些商品的价格降下来，因此也就不会认为商场超市内的其他商品的价格也是便宜的。所以，最终的结果就是低价的商品卖出去了，而正常价格的商品的销售量并没有跟着增加。

2. 适用范围

（1）实施特价品定价法的商店必须是大规模零售店。因为这类商店商品种类繁多，容易吸引顾客购买特价品以外的商品。某些餐饮、娱乐性质的企业也可以采用。

（2）在创新的应用场合，特价品的选择可以有比较大的自由空间。所谓特价品定价的创新应用场合，可以界定为网络购物的"秒杀"。

所谓"秒杀"是指实体企业与网上商店合作，通过网上商店的平台在某个特定的时间段推出一些明显比市场通行价格低的商品，且有一定的销售数量限定，参与抢购的网民要在规定的开始时间以比其他网民快的速度点击购买，才能抢购到该特价商品。由于商品价格极其低廉有较大的吸引力，再加上网络空间的广阔性，同一时间段内往往有众多的网民握着鼠标在等待时间一到就出手，因此商品一上架就被抢购一空，有时甚至用不到一秒钟，因此叫"秒杀"。

网上商店经营者一方面通过销售商品获取收益，另外也可以通过流量的多少获取收益，而"秒杀"活动一方面可以为网上商店节省大笔的准广费，另一方面可以在短时间内聚集相当大的浏览量。

从这个意义上来说，"秒杀"与特价品定价的作用有相同之处，因此可以看作是特价品定价在网络购物中的创新应用。

3. 价格水平制定

特价品的价格必须真正降低到接近成本，甚至低于成本，才能长期取信于消费者。企业通过一系列特价品定价行为，不断强化企业在消费者心中"天天有实惠"的形象，完成企业品牌形象塑造的使命，企业的短期定价行为才能达到长期效果。

4. 数量与频率控制

（1）数量控制

大规模零售店的特价品的数量必须适当。数量太大可能影响公司的总利润目标；数量太少，必招致多数顾客的失望，造成反效果。

（2）频率控制

同一商品不宜频繁充当特价商品。如果在同一商场超市内将某一商品频繁地充当特价商品，那么势必会让消费者产生心理预期，即只有当这种商品做特价进行低价销售时才购买，从而影响其平时正常的销售。因此，商场超市应当有计划地更新特价商品。

即使是同一商品，也应当从产品整体概念出发，根据当前经营环境的变化及每次促销要达到的不同目的，对产品整体概念的实体层（包括品质、特征、款式、品牌、包装），以及产品的附加层（即产品的附加服务、附加利益）做相应的调整，让消费者感觉到即使是同一商品也有所差别，以抵消其心理预期。

🖹 7-6 案例

"一元拍卖活动"

北京地铁有家每日商场，每逢节假日都要举办"一元拍卖活动"，所有拍卖商品均以 1 元起价，报价每次增加 5 元，直至最后定价。但这种由每日商场举办的拍卖活动由于基价定得过低，最后的成交价就比市场价低得多，因此会给人们产生一种"卖得越多，赔得越多"的感觉。

　　岂不知，该商场用的是特价品定价术，它以低廉的拍卖品活跃商场气氛，增大客流量，带动了整个商场的销售额上升，这里需要说明的是，应用此术所选的降价商品，必须是顾客都需要、而且市场价为人们所熟知的才行。

　　资料来源：定价策略经典案例[EB/OL]. http://www.haowenwang.com.

四、在实践中存在的问题

　　目前，我国商家推出的特价品存在多多少少的问题。

　　(1)一些商家推出的所谓"全场特价"。根据特价品本义，可以肯定这是一种商业欺诈行为，因为市场经济条件下，没有一个企业只干赔本买卖，说"全场特价"无疑是"此地无银三百两"。

　　(2)商家推出的特价品，大多数是供过于求的滞销商品、质次价高卖不动的商品、超过保质期的商品，以及消费者不了解的新牌子商品。此外特价品的价格是否低于或接近成本，消费者一般也无法知道。

　　(3)有时候，我们会看到特价商品没货了，遇到"有价无货"的情形。可能由于特价品供不应求，商家未及时补货。但这种现象会极大地挫伤消费者的消费积极性，甚至会有"被欺骗"的心理。

📄 7-7 资料补充

高价的"诱惑力"

　　低价特价品定价可以使销量增加，但是高价商品可以有同样的效果吗？

　　产品的价格定位不仅高于同业价格水平，而且关键要引起消费者的注意和好奇心，甚至不妨有点"轰动"，以产生引人进店的效果。必须指出的是，这种高价实质上是有合理依据的，最后证明是物有所值的。

📄 7-8 案例

　　在比利时的一间画廊里，一位美国画商正和一位印度画家在讨价还价，争辩得很激烈。其实，印度画家的每幅画底价在10~100美元。但当印度画家看出美国画商购画心切时，对其所看中的3幅画单价非要250美元不可。美国画商对印度画家敲竹杠的宰客行为很不满意，吹胡子瞪眼要求降价成交。印度画家也毫不示弱，竟将其中的一幅画用火柴点燃，烧掉了。美国画商亲眼看着自己喜爱的画被焚烧，很是惋惜，随即又问剩下的两幅画卖多少钱。印度画家仍然坚持每幅画要卖 250 元。从对方的表情中，印度画家看出美国画商还是不愿意接受这个价格。这时，印度画家气愤地点燃火柴，竟然又烧了另一幅画。至此，酷爱收藏的画商再也沉不住气了，态度和蔼多了，乞求说"请不要再烧最后一幅画了，我愿意出高价买下"。最后，竟以 800 美元的价格成交。

资料来源：定价策略经典案例［EB／OL］．http://www.haowenwang.com.

第五节　免费定价

一、概述

免费价格策略就是将企业的产品或服务以零价格或近乎零价格的形式提供给顾客使用，满足顾客需求。在传统营销中，免费价格策略一般是短期和临时性的；在网络营销中，免费价格策略还是一种长期并行之有效的企业定价策略。

二、定价效果

采用免费策略的产品一般都是利用产品成长推动占领市场，帮助企业通过其他渠道获取收益，为未来市场发展打下基础。在网络营销中，免费价格是一种非常有效的产品和服务的定价策略。企业在网络营销中采用免费策略，主要目的是先占领市场，然后再在市场上获取收益。例如，yahoo 公司通过免费建站设门户站点，经过四年亏损经营后，在后来通过广告收入等间接收益扭亏为盈。而 yahoo 的免费策略恰好占领了未来市场，具有很大的市场竞争优势和巨大的市场盈利潜力。其另一个目的是让用户免费使用形成习惯后，再开始收费，例如，金山公司允许消费者在互联网下载限次使用的 WPS2000 软件，就是想让消费者使用习惯后，再掏钱购买正版软件。

但是，并不是所有的产品都适合于免费定价策略。受企业成本影响，如果产品开发成功后，只需要通过简单复制就可以实现无限制的生产，使免费商品的边际成本趋近于零或通过海量的用户，使其沉没成本摊薄，这就是最适合用免费定价策略的产品。免费价格策略如果运用得当，便可以成为企业的一把营销利器。

三、定价形式

（1）完全免费。完全免费指的就是产品或者对应服务从购买到使用以及售后服务等所有环节都完全免费。

（2）有限免费。有限免费即产品可以提供给顾客有限次使用，超过一定次数或者期限后即不再享受免费，现在有部分商家也加入了时间期限，即在规定时间内才能享受到有限免费。

（3）部分免费。这个定价方式是指产品整体的某一部分或者服务过程的某一环节顾客可以免费享受。例如我们用的一些软件可以让我们免费试用部分功能，如果需要使用全部功能则需要付费给软件公司；还有如在爱奇艺里观看电影，要想观看全部的影片内容就需要用户付费了。

（4）捆绑式免费。这个方式是指在购买某种产品或者服务的时候可以额外享受到卖方提供的免费赠送产品或服务。举个例子来说，你在超市购买东西，达到一定消费金额的时候有些超市会有一些特价商品让你挑选或者直接有礼品送给你。

四、在实践中存在的问题

企业在对产品采用免费策略时，必须要考虑免费给企业带来的利益和可能造成的风险，从而灵活运用免费策略，最终增加效益和提高效率。免费定价策略具有较大的风险，几乎所有的网站在最初进入市场时，都是采用了免费策略，如免费邮箱、免费域名、免费主页等一系列免费产品，从而使消费者认为免费产品理所应当。然而由于免费策略使用不当，在2001年众多网站纷纷倒闭。对于有些厂商来说，免费产品或服务只是商业计划的开始，利润最大化才是其最终目的。免费只是一种手段，盈利才是企业的目的。但是并不是每个公司都能顺利地获得成功，实行免费策略的企业面临很大风险。

第六节　规模化定价

一、概述

规模化指事物的规模大小达到了一定的标准，如规模化办学、规模化生产等。规模化定价，是指依照生产能力的扩张使单位成本下降的事实制定价格，追求销量的扩大，通过定价实现企业的规模经济和市场占有率的提升，如图7-1 所示。

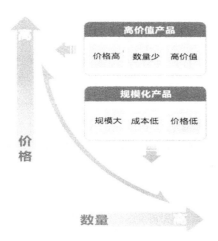

图 7-1　产品规模化与价格关系

二、定价效果

产品规模化生产后，降低了产品生产成本，提高了企业抵御风险的能力，稳定产品市场和价格波动，降低了企业的收益风险。如果在规模化生产后，加强产品质量监督，会形成质量好，价格低的产品或服务，市场流通自然快，价格走势自然顺畅，对其他相关联的产品价格波动起到抑制作用。

三、定价原则

以量取胜。规模化定价的目标客户群体是中低端客户，要求价格低廉。中低端客户的规模大，消费人数多，量大成本摊销。规模化定价是一种战略导向，具有战略思维，企业应该具备雄厚的实力。

🖹 7-9 案例

美国的沃尔玛和法国的家乐福自从进入中国以来，凭借其雄厚的资金，多年的零售经营经验，先进的管理方法和手段，发展迅速，销售额逐年上升，市场占有份额逐步扩大。根据商务部数据，2005 年 30 强外资企业中，家乐福以 78 家门店，销售额 174.358 亿元人民币，位居首位；沃尔玛以 78 家门店，销售额 174.358 亿元人民币，位居第六位。家乐福和沃尔玛在中国的销售业绩如此辉煌，与其出售商品的价格有关。价格是消费者选择购物场所最敏感的因素。

低价位是两家超市在中国取得成功的重要因素之一，第一印象是指人们对某种事物所形成的初步印象，它对于人们认识事物有非常重要的影响。家乐福和沃尔玛都深知这一道理，他们在开业之初实行低价渗透的战略，即超市的商品实行普遍低价，给消费者传达超市商品普遍低价的信号，使消费者形成家乐福、沃尔玛商品价格低廉的第一印象，吸引大量的顾客前来光顾，并通过这些顾客口碑相传，使其知名度迅速上升。

资料来源：丁慧，刘雪琴. 家乐福和沃尔玛定价策略对比分析[J]. 商场现代化，2007（9）：116-118.

四、在实践中存在的问题

规模化定价是根据目标群体定价，当人口红利消失的时候，低成本便难以继续。规模化定价目标客户群体是中低端客户，要求价格低廉，如果成本增大会摊薄利润，这时可能导致企业资金紧缺。

📖 附：扩展阅读

蓝领定位：大宝成功的唯一秘诀

引言："大宝今天的成功很大程度上应该归功于消费群体的区隔，大宝进入的是一个竞争对手相对较少或者是竞争对手实力相对较弱的细分市场。"北京方圆润智营销顾问公司首席顾问刘永炬评价。

明确的蓝领定位

北京大宝化妆品有限公司党委书记王怀宇谈起大宝颇为动情，一家小小的福利厂发展到今天，大宝经历了许多。但从一开始，大宝就牢牢地锁定了自己的目标市场。大宝化妆品的目标市场是这样定位的：

年龄为 25~50 岁的各类职业工作者，有着一定的文化修养，但又属大众消费阶层。他们对生活质量有着较高的追求，主要是对品牌价值、品牌内涵以及品牌的社会影响有着特定的主见；他们不求奢侈豪华，但求心理满足，对同类产品不同价格的敏感度强；对一些高档产品质量满意的同时，常常对价格有抱怨情绪。因此，他们追求的购买目标是质价相称，或在心理上对某种满意产品有一个认为合适的价格预期，一旦某一品牌的市场价格超越了原有心理价格的预期值，他们就会放弃这一品牌而选择其他品牌作为替代品。但他们对品牌有着良好的忠诚度，在市场价格差距不是特别悬殊或没有太大波动的情形下，他们会钟情于原来自己所喜欢的品牌。我们发现，这一消费者职业特征和消费心理描述与我们所界定的蓝领消费者有较高的一致性。

今年年初《成功营销》杂志社与新生代调查机构联合发表的护肤品行业分析报告显示，国内护肤品行业发展经历了四个阶段。在第一阶段（20世纪70年代—1982年）：上海品牌垄断国内市场，以上海家化为代表的上海润肤品/护肤品品牌在那时风靡全国。第二阶段（1982—1996年）：跨国公司抢滩中国。这段时期，跨国品牌如欧莱雅、玉兰油、强生、资生堂等纷纷进入中国市场，这些品牌以高定价瞄准高收入的年轻女性。大宝是在第二阶段的后期崭露头角。当时，白领、金领等个体消费能力强劲的细分市场内已经挤满了国际大品牌。在第一阶段声名显赫的美加净、郁美净、孩儿面、皇后牌珍珠膏等本土品牌仍然有一定的影响力，小护士等新兴军团也在攻城略地。

在当时，作为一家实力并不强大的福利企业，它的生生死死并不会引起太多人的关注和惊讶。但是大宝非但没有死，而且活得越来越好，并在竞争激烈的化妆品行业中，牢牢地占有了一席之地。市场占有率由1993年的8.91%，到1996年的30.21%，再到1998年的34.04%，一直居于国内同类产品之首。《成功营销》与国内一家著名的专业调查机构合作发布的2003年中国最具竞争力品牌调查显示，2003年，在润肤品行业中，大宝的市场份额是17.79%，远高于其他竞争对手。同样是这份报告，我们已经看不到郁美净、孩儿面、皇后牌的身影。为什么呢？答案也许会有很多，但有一点是大家都无法否认的：大宝进行了明确的市场细分，而且将市场定位在蓝领消费者，这在当时是被许多比大宝强大的品牌所忽视的。

产品并无独到之处

曾经服务过大宝公司的联纵智达客户总监林翰对记者说，从产品的角度来看，SOD蜜并不是一种新的产品，也不是什么新的技术，它是一项化妆品行业已经应用了几十年的技术。

当初大宝就是以SOD蜜这一产品概念进入市场并赢得自己的目标人

群。当 SOD 蜜这个产品概念被推出后，几乎所有的目标消费群体都去购买这个产品进行尝试，甚至带动市场，使市场上出现了许多品牌的 SOD 蜜。

大宝另一个成功的地方是开发了一块被别人忽视了的市场——男性市场。调查显示，目前大宝的消费者中，有将近一半是男性消费者。林翰说，事实上，男性的皮肤与女性的皮肤并不一样，一种护肤品不可能同时适合于两类性别的消费者。但我们看到的情况是，大宝这些并没有独到之处的产品在市场上横冲直撞、一路凯歌。同样是竞争激烈的彩电市场，任何产品概念上的漏洞都会被竞争对手攻击。而在化妆品行业中，也有经历过无数营销大战的国际大品牌，但大宝的种种不足并没有给自己带来麻烦。为什么呢？也许解释就在于它进入的是一个没有多少竞争对手，或者是实力强大的同行很少进入的细分市场。

言行一致

从价格和渠道上考察，与大宝一样定位于蓝领消费者的品牌还有很多，但我们从产品的广告诉求上，并没有看到像大宝这样将诉求对象明确确定为蓝领消费者的企业。

王怀宇说，"大宝"品牌传播确定的目标受众是有一定的文化修养，但又属大众消费阶层的各类职业工作者，这些人对品牌的认知能力强，常常会产生品牌偏好，同时对价格又非常敏感，愿意购买质、价相称的产品。在传播诉求重点上，大宝强调的是：好产品，满足大众消费需求。在传播方式上，大宝所走的路子也与其品牌定位保持一致。它的电视广告走的是亲和路线，所有出现的人物都没有西装革履、香车宝马，而是明显的蓝领消费者特征。这与它的竞争对手形成鲜明的对比，一些虽然在价格和渠道上一样是针对蓝领消费者，但在广告诉求上，给消费者的感觉是针对白领阶层，形象代言人如果不是大牌明星，也是一身白领打扮。零点调查 & 前进策略董事长袁岳评价说，这种产品定位与传播对象分离的做法，会让消费者无所适从。袁岳进一步解释，虽然有部分蓝领消费者会向往针对白领阶层的产品，但根据他们的调查，蓝领的中坚人群在消费习惯上，还是比较倾向于购买与自己身份相一致的产品，另外，现状是，针对白领阶层的化妆品品牌繁多，就算部分蓝领消费者会选择消费针对白领阶层的产品，那你的品牌也仅仅是众多选择中的一个。

资料来源：蓝领定位——大宝成功的唯一秘诀[J]. 成功营销，2004(7)：34-35.

第八章 网络定价

第一节 网络经济条件下价格构成的新变化

随着网络经济的兴起与发展，定价在定价环境的变化下，价格也发生了变化。本节主要分析网络经济条件下价格构成的新变化及特征表现。

一、网络经济条件下生产要素的新变化

与传统经济相比，网络经济条件下生产要素的新变化主要体现在人力资本与市场变化的领域。高素质人才与信息这两类新兴生产要素在网络经济生产要素体系中占据了主要位置。

在网络经济条件下，高素质人才及其所拥有的科学知识、劳动技能、健康状况等无形资产以及有效地发挥和创造性地运用人力是企业创造价值的基础，是经济增长的主要源泉。根据计算，全世界人力资本、自然资本和物质资本的构成比为 64：20：16。人力资本已是世界总财富中最大的财富。掌握信息的载体——企业家、高级管理人员与核心技术人员成为主要的稀缺资源。网络经济的蓬勃发展，促使人们从智力资本的角度来思考人力资源问题，而不仅仅局限于人力资本。传统的人力资本理论强调通过各种有效手段，包括人力资源的引进、培训和开发，激励每个员工充分发挥自身的能力。智力资本的关键之处在于，企业更加重视对知识的管理，不仅强化企业内部知识的积累，推动知识的交流，并将每个员工视做知识的有效物质载体。可以说，传统的人力资本理论注重于人的能力，而智力资本理论则更加关注人的知识，并将之看作决定企业命运的核心竞争力。在资本应用过程中，自然资本和物质资本表现出较强的边际报酬递减趋势，而人力资本则表现出较强的边际报酬递增趋势。

乌家培曾提出，网络经济条件下，"信息是最重要的生产力软要素"，随着网络经济的发展，新兴生产要素信息对传统生产力要素产生了全面影响，这种影响表现在：

（1）劳动力对信息能力的依赖空前增强，并促进新型劳动者即信息劳动者的出现与快速增加。

（2）劳动工具网络化、智能化以及隐含在其内的信息与认知的份额急剧增大，信息网络本身也成了公用的或专用的重要劳动工具。

（3）劳动对象得到更好的利用，并扩大其涵盖的范围，数据、信息、知识等都成了新的劳动对象。

（4）生产力发展中起革命性作用的科学技术如虎添翼，信息科技成了高科技的主要代表，对社会和经济的渗透作用和带动作用不断强化。

（5）对生产力发展有长期潜在重要作用的教育发生了根本性变革，远程教育、终身教育日趋重要，与信息相互交融的教育更加信息化、社会化和全球化。

（6）组合、协调生产力要素的管理对生产力发展的决定性作用更加强化。导致管理科技也成为高科技。

（7）信息与知识通过对生产力其他要素所起的重大影响和通过对这些要素的有序化组织、总体性协调，发挥其物质变精神、精神变物质两个过程相互结合的特殊作用。

二、网络经济条件下生产成本特征

（一）成本核算主体和重点发生变化

传统经济的会计核算主体是实实在在的实体企业，决定企业生存发展的是场地、厂房、设备等有形资产；网络经济的会计核算主体则具有很高的弹性和灵活性，它可以没有场地，没有物理实体，没有确切的办公地点，同时可以根据任务变化或市场变化的需要，迅速进行分合与重组。无形资产在网络经济企业总资产中所占的比重越来越大，作用也越来越重要。企业之间的竞争主要表现为无形资产的竞争，无形资产的丰富程度和质量高低关系到企业的存亡兴衰。由于无形资产在企业中的地位显著提高，会计核算的重点将从单一的有形资产，向有形资产和无形资产相结转变。

网络经济条件下，人力资本报酬在成本核算中所占比重越来越大。企业家和高级技术工人所获得的报酬中除了"工资"外，更多的应该是与之所特有的"人力资本"作为生产参与要素的回报"人力资本报酬"。人力资本报酬也称人力资本价值，是指劳动力使用价值所创造的价值做了各项扣除以后，按人力资本与物质资本所有者双方的契约，所应得到的那部分价值。人力资本报酬的确认是市场契约，是人力资本所有者与物质资本所有者双方在一定环境下通过动态博弈、互相确认而以契约形式结合的过程。然而，市场对人力资本报酬的确认只能是初步的，必须经过对人力资本的短期、长期合约，如年薪、奖金、分红、职务消费、期权、补充医保、退休年金计划等的整体设计，把人力资本与物质资本有机地结合起来，充分调动人力资本的积极性，从而保证企业的生存、发展、获利。这种定价是向人力资本真实价值动态调整和逼近的过程。

(二)成本变动的经济学基础发生变化

马歇尔认为，生产过程中自然因素呈报酬递减的趋势，而人的因素呈报酬递增的趋势。人力资本与自然资本及物质资本的本质区别边际报酬形态的差异，导致网络经济条件下成本变动的经济学基础发生变化。

传统经济学的基础是边际成本递增法则，这一法则是传统经济高成本社会化的反映，其实质是成本随着社会化范围的扩大而增加。网络经济的经济学基础则是相反的边际成本递减法则，它是信息社会低成本社会化的反映，其实质是成本随着社会化范围的扩大而减小。比如，IP电话的成本没有空间远近概念，国际长途与市内通话成本相同。微软的成本并不随着市场占有率的提高而提高；相反，第一个拷贝时，成本最大，市场占有100%时的最后一个拷贝成本最小。所以说，网络经济从根本上改变了传统经济规律。网络经济的三大定律之摩尔定律，实际上是学习曲线(Learning Curve)，描述了边际成本递减。

(三)企业营运成本大幅降低

网络经济条件下，企业越来越依靠计算机网络进行管理，自组织能力越来越强，管理费用越来越低。从MIS到MRP，从MRPI到ERP，企业在网络环境下不断对战略资源进行重新整合。20世纪90年代初，哈默博士进一步提出基于现代TT技术的BPR(企业流程再造)，经济组织结构趋向扁平化，形成新型的企业管理模式。

在企业内部，局域网可以促使部门之间打破界限，把相关人员集合起来，提高生产和流通的整体性和统一性，规范生产和流通的工作流程，将人工操作和电子信息处理集成为一个不可分割的整体，提高生产和流通的效率。按照市场机制组织跨职能的工作，从而减少企业的管理层次和管理人员数量，节约工资成本。在企业外部，许多组织都提供了交互式的协议，万维网将供货方连接至管理系统，再连接到客户订单处理，通过供应链把生产方、佚货方、商务伙伴和客户联系起来，这样提高了系统运行的严密性，资金、人力和物力等资源利用率会更高，单位成本会更低。资料表明，采用信息技术的企业比没有采用的企业节约营运成本30%以上。

（四）缩小边际成本递增规律的作用范围

在网络经济条件下，信息商品生产进入成本中的大部分是知识成本。知识成本一般不是沉没成本，往往可以转化为别的网络产品的投入。同时，信息资源成为主要资源，可再生和重复利用，对其生产者无竞争性而对其使用者无排他性，其成本不随使用量的增加而成比例增加。因此信息商品生产中出现了边际成本递减的规律性现象，这种现象还会因网络效应的作用而强化。当然，认为在传统工农业经济中只有边际成本递增规律，而在网络经济中只有边际成本递减规律的观点，是与现实相悖的。人们会发现，在物质产品生产达到一定经济规模之前也有边际成本递减的现象，而在信息商品生产中当技术方向有问题时也会出现边际成本递增的现象。网络经济所改变的仅仅是缩小了边际成本递增规律的作用范围，使它在经济活动中不再成为起主导作用的规律。

三、网络经济条件下流通费用及交易费用特征

（一）运用信息网络，降低了搜寻成本

网络经济以接近于实时的速度收集、处理和应用大量的信息，搜索引擎、社交网站及博客等各种信息渠道的发展为信息搜集处理提供了便利条件，截至2012年底，我国搜索引擎使用率达到81.9%，用户规模3.75亿，成为网民第一大应用。目前发布博客文章全部都是免费的，交易双方可以通过博客网站免费获得很多有价值的信息。淘宝网、卓越网、搜房网及去哪儿网等专业网站使交易双方很容易获取产品、价格等信息，大大降低了信息搜集成本。例如，在口碑网的房产交易信息中，房屋中介会详细地列出位置、地图、周边配套、户型、图片，甚至还有实地考察的视频，这将使购房者看房、选房的过程变得更加简单，大大提高效率。

（二）无须中介参与，降低了交易成本

在网络经济中，企业利用互联网、电子邮件、电子商务平台及搜索关键字广告等进行营销和推广；运用互联网与客户沟通及为客户提供咨询服务，无须中介参与。通过互联网络进行贸易，交易双方从贸易磋商、签订合同到支付等，无须当面进行，均通过计算机互联网络完成，整个交易完全虚拟化。对卖

方来说，可以到网络管理机构申请域名，制作自己的主页，通过互联网络进行产品介绍、宣传，避免了在传统方式下做广告、发印刷品等大量费用。对买方而言，通过虚拟空间、聊天工具等技术的发展能够根据自己的需求选择广告、浏览商品、讨价还价、网上支付等，简化了议价、订货、清算等贸易过程，并大幅度缩短贸易时间，大大节约了流通费用。B2B 电子商务通过"集体采购""零库存""外包加工""协同关系"取得了重大成果，按年平均计算，网络企业的营运资本（working capital）净投入与传统企业相比下降了 2%，固定资本净投入与传统企业相比下降了 2%，现金流周转速度比传统企业提高了 2%。

（三）免去店面的租金，降低了租金成本

在传统经济中，贸易平台是地面店铺，流通成本较高。资料表明，在过去 10 年里，我国的房地产价格上涨了 500%，一线城市价格涨幅超过 1000%。另外，人们必须在商场关门时间去商场购物，有较强的时间和地点限制。网络贸易平台则是在家里或办公室，不仅大大降低了店面的租金，而且可以全天候地连续进行，是"永不落幕的交易会"，因此使交易时间变长，交易费用降低。有资料表明，网络贸易使发达国家降低了 5% 的批发成本。

（四）免差旅、零库存，降低了流通成本

网络经济中，各类企业通过网络直接与生产商联系，并借助生产商的供货集和库存网建立起自己的超级连锁销售集团，使库存成本降为零，从而极大地降低了运作成本。有资料表明，使用 EDI 通常可以为企业节约 5%～10% 的采购成本。网络经济可以通过降低采购成本、降低库存来降低企业成本。麻省理工学院和马里兰大学的网上商业价格特征分析报告指出，网上的价格水平经历了一个比传统市场价格由高到低动态变化 9%～16% 的过程。

（五）无纸化，降低办公成本及菜单成本

网络经济中，买卖双方在内部利用"无纸办公"（OA，即 office automatic），可减少 90% 的文件处理费用，在外部互联网把公司总部、代理商以及分布在其他国家的子公司、分公司联系在一起，及时对各地市场情况做出反应，即时生产，即时销售，采用高效快捷的配送公司提供交货服务，从而降低流通成本。国航销售部电子商务高级总监胡进法曾表示，"电子商务比传统分销成本要低很多，而且还能掌握终端客户。"

(六)自动处理，节约了信息成本

传统贸易方式中，用信件、电话和传真传递信息必须有人的参与，且每个环节都要花不少时间。有时由于人员合作和工作时间的问题，会延误传输时间，失去最佳商机。由于互联网络将贸易中的商业报文标准化，使商业报文能在世界各地瞬间完成传递与计算机自动处理，使原料采购、产品生产、需求与销售、银行汇兑、保险、货物托运及申报等过程无须人员干预，而在最短的时间内完成，使整个交易非常快捷与方便。例如我国实施的"金关""金卡""金税"三金工程，在网络经济条件下大大节约了交易成本。经过移动信息化建设，宁波海关的工作效率大大提高。原来海关审批件回复时间平均 2.5 小时，现在只要 45 分钟。吴敬琏(2000)认为："经济的核心问题是提高效率，降低成本。而成本是由生产成本和交易成本两个部分组成的，以经验为基础的旧技术的作用主要在降低生产成本上，信息技术的最大好处，使人与人之间广泛、迅速、便捷地交换信息成为可能，因而可以降低信息成本"。

四、网络经济条件下的利润和税金特征

网络经济条件下，企业生产成本以及交易费用发生了新变化，利润与税金也发生了巨大变化。

(一)网络经济条件下利润特征

1. 盈利来源更加丰富

1991 年，美国利海(Lehigh)大学的艾科卡(Jacocea)研究所向国会提交了一份报告，极富创造性地构想了一个称为"虚拟公司"(Vitrual Corporation)的新型企业。随着通用汽车、丰田、大众、西门子、1BM、英特尔、波音等著名公司虚拟化生产经营的成功实践，越来越多的西方企业开始借助于这种全新的现代组织形式和先进经营方式。目前，西方许多大公司 50% 以上的业务通过虚拟经营获取利润。资料表明，电子商务使发达国家公司提高效益从而使 GDP 增长 0.75%。秘鲁一个村庄建立了一个因特网网站，与纽约一家公司建立关系，扩大其农产品市场。结果，他们的人均收入增长 5 倍，从每月 300 美元增长到 1500 美元。

2. 盈利空间更加巨大

求学、求知、娱乐和交流是人类最基本的精神和情感要求。在网络出现以前，人与人之间的交流往往受到地域、时空、经济能力和文化差异的限制，但

在网络世界里，网络极大地延伸和扩展了人际交流的空间和范围，人们可以最省力地获取和传递信息。与人类对其他商品的消费相比，人们对信息和知识的消费，对服务和应用的消费是无止境的，这就意味着网络和网络产品具有无限的市场盈利空间。

3. 中间商利润的分享

网络为直接连接企业与最终客户提供了捷径，使企业和客户分享了中间环节所结余的利润。借助网络，企业可以通过提供信息产品和服务创造价值，也可以将信息物化到产品和服务中，使其实现更大程度的增值。比如通过网络吸取用户反馈意见改进产品和服务，起到信息物化的作用。例如，"B2B"交易企业整体营业收入的增长速度比传统企业提高了 5%。再例如，航空公司使用通信网络和信息技术，在网上低价出售特殊和剩余的机票。减价使航空公司能增加客运量，从而增加盈利。中国在线旅行服务公司携程网 2009 年第一季度净营收为人民币 4.01 亿元(约合 5900 万美元)，毛利率为 78%，而去年同期达 80%，其中第一季度机票预定业务营收为人民币 1.84 亿元(约合 2700 万美元)。

(二)网络经济条件下税金特征

网络经济的发展给传统的税收征管制度和模式带来了巨大的冲击和挑战，给 C2C 交易税收征管设置了一些障碍。

1. 纳税主体难以确定

随着互联网上匿名电子货币和高超密码技术的发展，纳税对象的确定越来越难，纳税人可能逐步消失。例如，C2C 交易都是在网上开展的，任何个人都可通过注册或交纳一定使用费在网上发布信息、参与网上交易，通过互联网进行交易的双方具有流动性和隐匿性。商品交易中的合同、单证甚至资金等，都以虚拟方式出现，交易过程和结果很难留下痕迹。经营者只要拥有一台电脑、一个调制解调器、一部电话就可以轻而易举地改变经营地点，从一个高税率国家移至低税率国家，纳税主体究竟在国内还是国外很难判断，居民身份也难以断定。面对大量频繁的 C2C 交易，传统的税制无法对每笔交易的纳税主体进行有效确认。

2. 交易过程难以追溯

由于网络交易的无纸化特征，几乎所有的交易信息和交易过程记录都以"数字化"形式在互联网中传递，缺乏以往的账本、发票等书面凭证，传统的纳税申报制度已经无法满足需要。同时，税务机关又很难利用现有的技术手段获得原始记录以核对交易额和确定应纳税额，导致所得税、关税、增值税等税收大量流失，并且无法以传统的纸质凭证为证据追究不法行为人的法律责任。

3. 税收管辖权难以认定

我国税法采用的是居民管辖权与地域管辖权并重的征税原则，但网络交易的虚拟化、隐蔽化和数字化导致"经营场所""居住地"等这些物理意义上的概念难以界定，从而使税收管辖权无法行使，或使经营所得来源地无法确认，这可能会导致涉外税收大量流失。

4. 税务稽查较难

在网络环境下，一方面，网络交易过程中的订单、买卖双方的合同、作为销售凭证的各种票据都以电子形式存在，而且这些记录电子商务交易过程的电子凭证又可被轻易地修改而不留下任何痕迹，导致传统的凭证追踪审计失去基础。另一方面，网络支付系统的日趋完善，如数字现金的出现，加大了税务机关通过银行的交易记录进行监控的难度。同时，纳税人可以通过加密、授权等多种技术手段掩藏交易信息。这些都给电子商务税务稽查带来了很大的阻碍。

第二节　不同商品的网络价格构成

网络经济条件下，商品大致可分为两类：传统商品和信息商品。本节将分别介绍传统商品与信息商品的网络价格构成。

一、传统商品的网络价格构成

（一）传统商品网络价格中的生产成本

传统商品的生产成本仍然是其网络价格的重要组成部分，但是所占比重大大降低，究其原因主要有两点：

第一，网络化和信息化在很大程度上降低了企业生产成本。在传统大规模生产模式下的生产设备具有很强的专用性。只有大量生产同一产品才能充分利用其相应的生产能力，降低成本；而在网络经济中，特别是电子商务经营模式下，企业一般采用柔性生产体系，生产不同产品的生产能力可以相互调剂，生产一定数量不同的产品和生产同一数量的统一产品所花费的成本大致相当。这样就避免了企业为适应市场需求而不断更换生产线的巨大费用。通用汽车公司自推出"萨顿计划"后，顾客可以坐在自己的计算机终端前选择喜欢的式样、颜色、发动机、座位设备、车内音响等。通用可以在同一生产线上生产出顾客需要的不同产品。同时，CDA（计算机辅助设计）和 CAM（计算机辅助制造）可以很方便、迅速地完成新产品的设计与制造；而不像传统生产那样，每次转换品种都需要重新设计，重新组织，必须靠大批量生产才能弥补相应的品种转换费用。

第二，在网络经济中企业可以缩短生产周期，降低单位生产成本。固定成本包括设备的折旧，固定资产的投资成本等，它们虽然与产量变化没关系，但与生产周期有关。如果生产某一产品的生产周期缩短了，那么每一产品的单位固定成本也相应减少。

(二)传统商品网络价格中的流通费用

与生产成本相类似，传统商品网络价格中的流通费用比重也大大降低。

网络经济打破了时空限制，在全球范围内寻找交易伙伴，为企业提供了进入世界市场快捷、廉价的通道。网络经济条件下，生产商甚至可以通过网络直接与终端消费者联系，跳过所有流通环节，更能大大降低流通费用。

通过互联网络，贸易双方从贸易磋商、签订合同到支付等，无须当面进行，均通过计算机互联网络完成，整个交易完全虚拟化，大大降低了传统商品价格中的流通费用。另外，由于网络贸易中商业报文标准化，能在世界各地瞬间完成传递与自动处理，使得自原料采购、产品生产销售到银行汇兑、保险、货物托运及申报等过程无须人员干预，整个交易非常快捷与方便，从而降低商品的流通成本。

这里，以 C2C 交易为例，卖家用户需要支出的主要费用是店铺费用，交易服务费，广告费等(见表 8-1)。

表 8-1 C2C 交易费用

费用支出种类	费用支出具体形式
店铺费用	年租费、月租费
交易服务费	按交易金额提成一定比例
产品登录费	产品图片发布费、橱窗展示费
特色服务费	产品的特色展示费用
广告费	推荐位费用、竞价排名
搜索费用	关键字搜索
其他辅助服务收费	物流服务收费、支付交易费

资料来源：http://wenku.baidu.com/view/b3b87943a8956bec0975e346.htm.

(三)传统商品网络价格中的税金

传统经济中税金问题无可争议，但是在网络经济条件下商品税金却成了实业界和学术界面临的难题。尽管目前以美国为代表的一些国家对网络交易实行优惠的免税政策，然而我国学术界普遍认为，对电子商务课税是必然的趋势，网络经济中传统商品的网络商务活动本质上与传统的商务活动没有太大区别，完全可以而且应当按照传统的征收方式进行征税，而不应由于交易方式的变化而让企业额外承担税赋，或让国家损失大量税金。例如，一个通过网上购物系统即能够营业的商场，可以像普通商场一样，根据其营业额、利润等进行征税，无须考虑它的这种通过电子商务交易进行的营业方式。问题是，网络交易商户大多没有进行工商注册，也很少将营业收入上报税务部门，这就使得传统商品网络贸易的税收成了无源之水。

鉴于网络经济条件下税金的新特征，一些专家提出，目前 C2C 交易还是小规模经济活动，盈利空间和经营活动连续性都很小，国家如果要对这部分交易收税，行政成本将相当高，而且不利于我国网络贸易的发展。

二、信息商品的网络价格构成

(一)信息商品网络价格中的生产成本

信息商品生产过程中投入的信息材料、物质、劳动(体力与脑力劳动)等构成了信息商品的生产成本。按照经济内容分类，信息商品的生产成本通常包括：

(1)信息材料购买费用；

(2)信息材料的时损费用；

(3)通信费用；

(4)调研费与咨询费用；

(5)工资及工资附加费；

(6)物资材料的消费；

(7)固定资产折旧费；

(8)其他费用。

不同性质的信息商品生产成本构成也不同。一般来说，信息商品有两种：①与计算机、网络等软硬件相关的信息商品。这种信息商品又分为产品型和客户型。产品型信息商品是为满足某些普遍需求而开发的产品，一般这类产品都是明码标价。如 Microsoft 公司开发的 Windows 系列产品都有固定的售价。客户型产品成本构成一般是以信息设备使用费用和员工薪水为基础的，且越是大型的项目，成本构成越集中于设备费用，越难以在报价单中找到另加的其他劳务费用。以上海贝尔公司开发的山东联通数据电话方案为例，公司开出的 27 项报价的构成都与设备有关。②关于市场与行业的咨询信息商品。这种信息商品价格一般以基价乘以折扣系数后取整，再加上差旅费、材料费、大宗快递费和其他额外服务的费用（加上税率）。基价是基于每个城市一次执行基本样本量的服务价格。基本样本量主要包括定量访问（n 个）、定性座谈会（n 组）、深度访谈（n 人）、店头调查（每个商店 n 个记录）数量。影响折扣率的因素有城市样本量、样本总量、批量、地区类别、客户积分、抽样难度、访问难度、访问长度、设计分析难度、加急程度、控制难度以及付款时间。即使基价有比较统一规范的价格标准，也很难把以上所有折扣系数绝对定量化，所以信息商品成本有很大的弹性。

（二）信息商品网络价格中的销售成本

受信息商品的特性影响，信息商品网络价格中的流通费用主要是销售成本部分。与商品的名牌效应一样名牌信息商品一般都有品牌附加值，所以信息商品网络价格中的销售成本包含很大一部分品牌价值成本。信息公司的规模不同，提供相同或相似信息商品的价格不同。一般规模大的公司、国外大型跨国公司报价相对高。客户在选择信息公司时，虽然可以得到某一信息公司曾做过的案例名称、客户名称、信息报价，但是由于操作规则，他们很难得到再进一步的资料。所以他们只好借助非常简单和普通的企业信用法来衡量信息商品的价格，即选择大规模或知名企业。而企业在塑造企业形象过程中支出了大量的相关费用，例如慈善捐款、免费使用产品、广告宣传，等等。

另外，信息商品网络价格中的销售成本还包括开拓费用，因为信息商品在市场开拓和宣传中需要支出各种费用，如广告宣传费用、市场调研和开拓的费用及公共费用等。

（三）信息商品网络价格中的利润

信息商品生产者的最终目的始终是获利，在制定信息商品价格的时候必然要为自己预留一定的利润空间。而信息商品的网络价格受网络环境的影响，平均生产成本和交易成本的降低，使其总成本得以下降，给信息商品带来更大的利润空间。首先，信息商品生产的边际成本很低，而网络使得销量大增，这些都必然降低平均生产成本；其次，由于信息商品交易的各个环节包括订购、生产、定价、谈判、交易、服务等都可以在网络上完成，这就减免了传统信息商品交易过程中的大量费用。

中国信息业起步较晚，在20世纪80年代末期，各种信息产业公司才逐步在中国落户。信息行业市场还未形成规模，所以很不规范，信息产品价格也是云中漫步，飘忽不定。但是利润率非常高，平均在60%左右。信息商品一般没有明码标价，企业根据客户要求报价，经双方协商最终达成协议。有时企业会根据客户对信息商品的不同需求程度，制定"歧视性价格"，获取更高的利润。随着网络经济的进一步发展，网络信息商品市场竞争加剧，利润率可能会逐步降低。

第三节　网络经济条件下的企业定价目标

一、企业定价目标

(一)企业定价的基本目标

企业定价的基本目标，就是通过制定最佳价格，谋求企业利润总额的最大化。市场经济条件下，企业是自负盈亏的经济实体，企业要求生存、求发展必须加强经营管理，以较少的投入争取较多的产出，实现较好的经济效益。传统经济和网络经济条件下企业定价的基本目标是一致的。

(二)企业定价的具体目标

在企业价格决策中，明确适当的、切合实际的定价目标是价格决策的前提和首要内容，也是价格决策中选择价格策略和方法，确定评价准则的主要依据。根据不同产品在不同时期、不同环境下的具体情况，其具体定价目标主要有以下几种。

1. 以利润最大化为目标

企业的定价目标是多种多样的，但是，不管实行什么样的价格政策，企业都要为追求短期、中期和长期的最大利润而努力。如果说追求最大利润并不是企业生产增长的发动机的话，那么，也至少应该说是企业生产增长的燃料。但是，能否获得最大利润，不是企业主观臆断的产物，而是由企业是否具备获得最大利润的条件所决定的。例如，需求的限制、竞争对抗的能力、市场细分与目标市场的限制。采用以获得最大利润为目标的企业，一般来说就是通过制定产品高价来提高产品单位利润率，追求经营期内的最大利润。

一方面，以获取最大利润为定价目标的企业所应该具备的条件有两个，一是当企业在市场上处于领先地位或垄断地位时，二是企业具有极大竞争优势的时候。另一方面，以利润最大化为目标的企业，其产品也要具备一定的条件。首先，产品在市场上占有优势，并具有良好的信誉；其次，产品在市场上供不应求；再次，一般适用于生产周期短、属于时尚消费品的商品、或在市场上推出的新产品。即使具备以上条件在确定这种定价目标之前，企业必须充分地掌握市场信息，准确分析企业的生产经营成本状况，研究竞争对手的经营对策，深入了解消费者对产品价格的承受能力。

以追求企业利润最大化为企业定价目标的条件下，歧视定价方法是所有企业的首选，因为通过此种方式，企业可以回避"以牺牲价格换取市场"的次策略，而做到在不同的市场上抽取到更多的利润，获得更多的消费者剩余。如Ipad 的定价就是采取这样的方法。

📋 8-1 案例

Ipad 在中国的歧视定价

2010 年 9 月 17 日，Ipad 在大陆正式发售，在中国市场销售的 Ipad 价格高于国际市场，但市场的热情却一点儿没有减弱。仔细分析 Ipad 的定价可知苹果的精明之处。假设生产一部 Ipad 的边际成本为常量，如果苹果公司统一市场价格，则公司实际只拿到一种类型的消费者剩余。实况又如何呢？苹果通过内存大小的分级自动地将产品分成三个版本，16G 中国售价 3988 元(约 590 美元)，32G 机型售价 4788 元(708 美元)，64G 型售价 5588 元(826 美元)。通过将产品分级处理，就可以拿到三种类型的消费者剩余。苹果公司实质上是执行了一种让厂商"上眉梢"的歧视定价法，从而实现其企业利润最大化的定价目标。

资料来源：威锋网[EB/OL]. http://bbs.weiphone.com/rend-htm-t-d-1109838.html.

2. 以扩大市场份额为目标

采用扩大市场份额的定价目标，是一种比较注重企业长期经营利润的做法。因为，获取利润最大化，不是短期内可以办到的，它是通过较长时期的市场运作才能达到的目标。有时，为了追求长期利润企业需要减少或放弃眼前的短期利润,不过从长期角度来看,产品经营利润总额必然随着企业市场份额的扩大而不断增加,短期的利润损失总能得到补偿。所以,这种定价目标为大多数企业所采用。

从实际情况看,凡是以扩大市场份额作为定价目标的企业,其产品价格一般要略低于同类产品。因为,当价格成为市场竞争的主要因素时,较低的价格可以吸引用户,在消费者心目中树立起物美价廉的形象,最终实现扩大市场份额的目的。美国最大的一家化学工业公司-杜邦化学公司应用这个原理时指出:"价格低,可以提高市场占有率,并能保持长期收益。"日本的松下电器、丰田电器,韩国的三星电器,美国的西尔斯百货、国际电报电话公司,中国的长虹电视机等都是采用该种定价目标获得成功的。

📖 8-2 案例

奇虎360推免费杀毒,周鸿祎用"零门槛"留客户

自互联网病毒出现以来,杀毒企业逐步走上了收费商业模式,并坚守"一手交钱一手交货"的模式,靠卖软件盈利已20年。而奇虎360以免费的盈利模式这一颠覆式营销给杀毒业带来了一次强地震,无异于宣告一个新的杀毒时代的来临。同时,在免费背后,周鸿祎欲通过零门槛获得尽可能多的用户群,并通过提高软件功能留住潜在用户,以丰富产品种类满足不同客户的需求。虽然只是杀毒业的新兵,但多年来,周鸿祎领导着360安全卫士以免费招式掀起了安全领域的风暴,也使奇虎360坐上了行业头把交椅。360安全卫士推行的盈利模式其实很简单,普遍性服务免费,增值服务收费。而互联网从诞生的那一刻起就是免费的,杀毒和邮箱、搜索、IM一样,都属于互联网用户免费基本服务的范畴。

资料来源:搜狐[EB/OL].http://it.sohu.com/20100220/n270305818.shtml.

3. 以投资收益率最大化为目标

投资收益率,是指在一定时期内,企业产品的价格能保证投资额的收回程度。它是根据企业投资额期望得到的一定比例的毛利或税后净利润计算的,因而在实际工作中常常称为资本利润率,一般不低于银行存款利息。许多企业在制定产品价格时,都是以企业投资额为出发点,以收回一定的投资收益率为定价目标。

以投资收益率最大化为目标,也是一种企业注重长期利润的定价决策目

标，它所追求的是长期而稳定的企业收益。这种定价目标常被同行业中较大的或为首的企业所采用，因为，大企业投资大，如何尽快收回投资是企业经营决策者优先考虑的问题。具体来讲，采用此定价目标的企业必须具备以下三个条件：①企业在市场竞争中具有相当的优势并在长期内优势不易丧失；②同业竞争对手还不能迅速做出有力的挑战；③商品应该是畅销商品，或者独家专利商品、高产量的标准化商品。否则，因销路问题可能影响预期投资利润的实现，最终影响该定价目标的实现。

📋 8-3 案例

优酷上调广告费

　　优酷是中国最大的网络视频网站，自 2006 年创立以来，优酷仍未实现盈利。优酷于 2010 年在美国 IPO 首次公开招股，募资 2.333 亿美元。上市当日，优酷股价飙升 161%，创 2005 年百度之后的首日交易股价涨幅之最。彭博社的分析师预计，优酷 2010 年其净亏损为 2172 万美元，2011年的净亏损将缩至 1797 万美元。

　　2012 年第一季度后优酷将转亏为盈，实现全年净利润 125 万美元。根据艾瑞咨询集团的数据，按照观看时长来算，优酷在中国网络视频市场处于领先地位。中国网络视频市场在过去的三年里年复合增长率达 74%，未来两年的规模有望实现更多的增长。为了使优酷视频网络广告的价格能够保证投资额的收回，优酷网 CFO 表示优酷今年已经上调广告费，将其网站上的广告价格平均提高 15%-20%。此举将有助于优酷实现盈利，使其投资收益率最大化。显然，优酷提升广告价格朝着盈利的方向前进，其营收呈现三位数的增长率。并且优酷网 CEO 表示他们仍在内容和技术上投资，以投资收益率最大化为目标将是公司商业计划的一部分。

　　资料来源：网易科技报道［EB/OL］. http://tech.163.com/11/0223/15/6TJ9JNVI000915BF.html.

4. 以稳定价格和避免竞争为目标

在市场竞争中，价格竞争往往是最主要也是最有效的竞争手段。当企业面对来自竞争者的威胁时，应根据竞争者的情况和自身的条件采取相应对策。以稳定价格作为企业的定价目标通常有三种情况：

（1）在价格下跌的情况下，企业希望保持价格的稳定。激烈的市场竞争常常使各个企业竞相削减各自的价格，这时市场价格对消费者十分有利，但企业的利润却难以实现甚至亏本。为了避免这种情况的出现，一些企业尤其是大企业希望自己经营的产品的市场价格保持稳定，以利于企业目标利润的实现。在这种情况下，稳定价格的目标常常被行业中能够左右市场价格的领袖企业所采用。由于领袖企业保持价格的稳定，经营同类产品的其他企业必然与之看齐，这样有利于整个行业产品价格的稳定。

（2）在市场竞争和供求关系比较正常的情况下，经营者为了稳定地占领市场，避免不必要的市场价格竞争，往往以稳定价格为定价目标。这是一种从长远利益考虑的做法，其优点是减少风险，取得合理利润。

（3）在商品供不应求的情况下，其他企业产品价格纷纷上涨，本企业为了扩大市场份额和树立良好的市场形象，从价格策略考虑而采取稳定价格的定价目标。在这种情况下，企业之所以采用这种目标，是为了牺牲短期利益，而获取长期的更大利益。采用这种定价目标的企业，往往是行业中的领袖企业，它们有垄断同类产品市场的能力，当其他企业产品价格纷纷上涨时，稳定价格有利于在消费者心目中树立货真价实的形象，从而乘机挤垮同类企业，最终达到占领更大市场的目的。这种情况同扩大市场份额的定价目标有相似之处，但不同的是市场环境不同，企业的经营目标也不同。有的企业是处于行业或区域"领先者"地位的龙头企业，为避免竞争一般都采取稳定价格的策略，以适当的低价主动防御现实和潜在的竞争，这种定价称为"限制进入定价"；在它遭到其他挑战者的价格攻击时，往往会采取更低价。

反击的应对措施，这种定价也称为"价格报复"。例如近年来的"彩电大战"中，一个厂家的降价往往会引起其他厂家的降价应对甚至反击。大多数中小企业一般属于行业中的"跟随者"，一般无力左右行业价格。其定价着眼点是适应竞争、保存实力，根据其他企业的价格水平来定价。无论是哪一种情况，都需要广泛收集其他企业尤其是竞争对手有关商品的价格的资料，在与同类产品比较的基础上，根据自己产品的品质情况和市场定位，在高于、低于或等于行业市场价格的三种定价上做出选择。

📖 8-4 案例

家乐福由价格偏低改为价格略低

　　法国家乐福公司是世界著名商业零售连锁企业。在全球拥有 2700 多家连锁店，年商业零售额达 650 多亿美元，位居世界 500 强第 36 位。家乐福在北京的分店是 1995 年 12 月 5 日在中国内地开设的第一家分店,随后陆续在深圳、上海、天津、重庆开设了分店。人们喜欢去超市的原因中,价格便宜的因素排在第一位,占 65%。可见就目前消费市场和消费水平来看,价格仍是影响顾客选购商品的最主要的因素。因此家乐福在开业初期的定价目标是低价夺取市场。其商品价格普遍低于正常价格的 10%～20%,这种低价的经营策略具有极大的市场穿透力,成为打开市场之门的一把金钥匙。随之,家乐福的价格策略开始了调整,由偏低策略改为略低策略,当消费者正津津乐道地议论着家乐福的低廉价格时,家乐福却悄悄地提高了商品的价格,然而此时人们都已经从心理上认定了家乐福的价格优势,形成了在家乐福购物便宜的消费心理。但在普遍由价格偏低改为价格略低的情况下,家乐福又保持了食品的低价策略,一般食品、饮料、日用品类毛利率只有 3%～5%。这样,就给人们一个心理价格的稳定感,虽然人们已觉察出家乐福价格的微调,但是家乐福的商品从家电、汽配到油、盐、针线,到日常用品和食品中的蔬菜、水果、鲜肉、活鱼,已达 2 万多种。品牌和品种的诱惑力已为家乐福奠定了稳定目标价格策略的基础。

　　资料来源:刘晓敏,等. 网络营销理论与实务[M]. 北京:北京理工大学出版社,2009:119-120.

5. 以维持或提高企业及产品品牌形象为目标

企业形象是企业的长期市场营销活动在消费者心目中树立的一种形象,是企业在经营中创造的无形资产。它是企业联系用户的重要纽带,对企业产品的销路、市场份额的大小有很大影响。如有的企业以"一分钱,一分货"著称;有的企业以"重合同、守信用"闻名。因此,以产品价格反映企业及产品品牌形象是企业经营的重要手段。实现这种目标的途径有两种:

(1)高价策略。某些品牌产品由于品质上乘或技术高端,为某一层次的特定消费群体所接受,可以不拘泥于实际成本而制定一个较高的价格,以维持或扩大产品声誉。名牌有较高的身价,除了它本身所具有的经济价值外,还具有品牌的精神价值、增值价值等无形资产价值。它能满足某类消费者的生理需要,更能满足他们心理和精神需要,因此高价是认知价值的体现,能为该类消费者接受。海尔品牌电冰箱和 IBM 的笔记本比其他品牌的同类产品价格高出 1000 元以上,他们坚持价值战,以树立企业形象和品牌形象为定价目标。

(2)平价或大众化价格。平价或大众化价格定位可以树立企业亲民、为民的形象,从而吸引消费者。这种形象的无形资产可以通过扩大销售量来获得比同行多的额外利润。也就是我们所说的"名牌＝民牌"。麦当劳、肯德基等快餐，松下由器等就是以该种定价目标取得成功的。

📖 8-5 案例

Amazon 的高额折扣

亚马逊公司为争取新客户以保持其快速的收入增长的成本很高，其使用了多种办法，如了解顾客的偏好来制定更有效的购物策略使其顾客异常的忠诚；采用比一般书店更大的折扣作为促销手段来吸引顾客。亚马逊销售的大部分图书有 5%～40% 的折扣。由于不需要自己的店面，基本没有库存商品，较低的运营成本使 Amazon 有能力将节省的费用通过折扣的形式转让到顾客身上，使顾客充分领略到网上购物的优越性，从而成为 Amazon 的常客。高额的折扣当然会影响企业的短期效益，2002 年，亚马逊的盈利为负，但在目前网络市场尚处发育期的情况下，为了培育和完善这个市场，这是一种十分有效的投资行为，因此亚马逊公司股票市值就超过其总收入的十倍之多。通过建立品牌形象拥有巨大的竞争力，这正是亚马逊公司的成功之处。

资料来源：石榴红，王万山. 网络价格[M]. 西安：西安交通大学出版社，2011.

6. 以企业的生存为目标

当企业处于经济萧条、生产能力过剩、竞争加剧的经营环境中或市场还处于起步阶段时，企业的生存就成为主要的定价目标。此时，为了维持企业的继续经营并削减库存，企业将不得不按等于甚至低于成本的价格定价，对利润的追求只能让位于生存的需要。当然，以生存为主的定价目标只能是短期目标，长期来讲，企业要么学会如何改变处境，获取利润；要么只有退出。

如果产品的直接成本高于或接近于市场价格，企业为了生存就应该坚定地退出市场。退出时首先要在那些运作成本较高的区域市场退出，在放弃的产品中，也应该放弃那些直接成本高于或最接近于市场价格的产品。最后为了生存退出市场的企业并不是失败者，而是一种变相的存活策略。

📖 8-6 案例

国产的 Office 办公软件的生存之道

微软公司的 Office 软件是办公室文字处理软件市场的领导者，以它的市场份额看，它的地位几乎是无法撼动的。但是，微软产品具有两个重大缺陷，价格太高和源代码不公开。价格高，意味着很高的利润率，考虑到办公市场的庞大，如此巨大的利润无疑极具吸引力；源代码不公开，就意味着万一存在漏洞，用户无法进行修改，还可能给用户带来巨大的风险或损失，必然使它要失去一些特定的客户，例如政府、军队。针对微软的这两个缺陷，国产的一些软件竞相出台，如金山的 WPS、无锡永中的 Office，以及唐舟的 Office。在价格方面，微软的 Office 的价格是 4000 元左右，而唐舟的 Office 价格是 600 元。在产品方面，国产 Office 的源代码是向用户公开的。现在国产 Office 软件正在积极地开拓市场，利用政府采购，金山公司已经在多个省市获得重大收获，用其公开的源代码和低廉的价格保持着自己的生存之道。

资料来源：石榴红，王万山. 网络价格[M]. 西安：西安交通大学出版社，2011.

二、企业定价目标选择的原则

定价目标是企业在价格决策时有意识要达到的目的，是企业经营目标在定价决策中的体现。由于定价目标本身具有的特性，我们在选择定价目标时既要全盘考虑，又要有所侧重，具体选择时要考虑以下几个方面。

(一)与其他目标之间的关系

1. 要与企业的其他目标相互协调

在企业经营目标系统中，定价目标作为其中的一个分支目标，既受制于更高层次的经营目标，又与产品、促销、销售渠道等营销组合的其他目标并列。因此，围绕经营目标，各分目标之间应良好协调和配合，才能取得希望达到的效果。

2. 要区分定价目标中的各种目标

要区分定价目标中的主要目标和次要目标、必达目标和期望目标、直接目标和间接目标、长期目标和短期目标，并使之协调。除此之外，企业在选择定价目标时还应该考虑本企业提供的其他产品或服务的价格，对新产品或服务的定价策略及与老顾客的关系等一些因素。

(二)价格与品牌之间保持协调

企业在定价时，除了要考虑定价条件、其他目标等各种因素之外，还必须考虑产品的品牌定位。既要考虑品牌在市场的现实定位，也要考虑企业对品牌的期望定位，在这两者的基础上综合做出定价决策。

1. 面对比自己强的品牌的定价目标选择

一般来说，在综合考虑定价与品牌的关系时，面对品牌地位比自己强的品牌，企业有以下几种选择：

第一，推出同类产品，但是价格相对较低，低的幅度与品牌的差距成正比，品牌差距越大，价格低的越多，从而保持产品的整体性价比较高。

第二，主要产品的档次集中在中档和低档，在高端的产品数量较少。

2. 面对比自己弱的品牌的定价目标选择

面对品牌地位比自己弱的品牌，企业有以下几种选择：

第一，推出同类产品，但是价格高于较弱品牌产品的价格，越是在高端，价格高的幅度越大。

第二，中高端产品种类相对较多。

第三，高端产品占的比例高于弱势品牌的相应比例。

3. 价格与品牌之间的互动关系

在定价与品牌之间存在一种"鸡生蛋，蛋生鸡"的关系。一方面，越是民牌，价格越高；另一方面，一种产品定价高，给人的印象就是"这种产品一定好"，当消费者面对几种不熟悉的品牌时，定价高的那种产品被认为是"名牌"，因而得到信任，所以，企业在制定价格时，必须充分考虑到价格于品牌之间的互动关系，如果要朔品牌，定一个高价是有必要的。

海尔集团曾经这样来描述其在国际市场的价格战略："在国际市场上，海尔不想打价格战。打价格战，不一定会获取更好的市场信誉，而中国货本身就被认为应该是低价格，如果摆脱不了这个状况，那你永远不可能树立起你自己的牌子。在美国的超市里，海尔的冰箱售价和美国一些公司的产品差不多，比韩国产品的价格高。像海尔在伊朗卖的空调就是这样，当地人认为中国货就应该便宜，而海尔坚持不降价，摆在商场里一开始就是卖不动，海尔就告诉消费者为什么要这么贵，总归有好奇的买来试试，当地消费者逐渐地开始认同海尔空调。"

一个企业如果贸然推出低价格产品，很有可能会对品牌造成伤害，特别是那些定位于高端市场的品牌，更容易被低价格所伤害。"美加净"是我国著名的化妆品品牌，一直定位于中高端市场，但是，自从被某一著名的跨国公司管理后，就被定位于低端市场，产品价格下降，这种行为严重损害了"美加净"的品牌形象，造成了大量的老顾客流失。价格战没有错，但是不能降低产品品质、不能影响公司品牌在消费者心目中的固有形象，否则就会对产品的品牌造成负面影响。

当然，定一个高价格虽然对提升品牌形象有好处，但是对于开发低端市场存在着很大的阻力，对阶段性销售竞争造成障碍，甚至不适于某些产品的销售，在这种情况下，企业必须根据自己产品的特点或采取一定的措施予以解决，这是体现管理者定价艺术的地方。

📖 **8-7 案例**

凡客诚品—标品牌原价，卖平民实价

凡客诚品作为服装网络直销模式的佼佼者，其取得成功的最重要方面就是保持了价格和品牌之间的关系，凡客的包装很好，外面有硬纸包装，里面还有一个专用的包装袋，打开就有一种名牌的享受。浏览 VANCL 的定价，您会发现 VANCL 的原价其实还是很高的，但是 VANC1 基本不会以原价出售商品，而是经常以批量优惠价，或者是限时抢购等方式以让利的姿态做着赚钱的生意。不得不承认"标名牌原价，卖平民实价"的策略可以让消费者更容易产生消费冲动。

资料来源：凡客诚品：平民的"凡客"时尚［EB/OL］.［2020-10-14］.https://www.yjbxs.com/chuangye/news/311290.html.（自己摘抄）

（三）确定价格目标时应注意的问题

1. 价格目标必须明确具体

价格目标应该明确具体切忌含糊不清或抽象空洞。如果目标含义不清，不同的人可以做不同的理解，那么这样的价格目标就没有指导意义了。为了做到这一点要求使用准确的语言表示目标的要求；目标的界定要清楚，明确划定目标的周围和界限，避免和另一个目标交叉、重叠，或者自相矛盾。

2. 价格目标必须数量化

企业在经营过程中要衡量目标的实现程度，因此应尽可能确定某种数量标准，从而有利于检验价格目标是否达到和已经达到的程度。只有这样，价格行动方案的选择和实施才有具体的衡量标准。例如，企业以扩大市场份额为定价目标，就应该规定达到多大的市场份额，具体的数量比例是多少。

3. 变多目标为单目标

价格目标是一个多元组合，多目标反映了经营的复杂性，决策时应该考虑

这些客观存在，不能漏掉或随意抛开应该达到的目的，尤其是一些容易遗漏的目标。但是，目标太多，在制定备选价格方案时将会带来很大的困难。因此，在不影响决策要求的前提下，把多目标压缩、归并和综合成为单目标，可避免目标太多而带来的不便。最好的办法是根据各个目标的性质将它们区分为"必达目标"和"期望目标"。必达目标需要企业坚决去实现，作为主要目标；期望目标，是在实现必达目标的基础上希望同时达到的目标。确定价格目标时，如果必达目标既定，价格方案一定要受到必达目标的影响和限制。

总之，作为具有战略眼光的企业家、经营者，在制定产品价格时，首先应该考虑的问题，不是"我们需要什么样的价格才能收回成本来赚取预期的利润"，而是在考虑消费者可接受的价格下，维持什么样的成本水平才能实现预期的利润目标。不是"顾客愿意支付的价格是多少"，而是"我们的产品在顾客看来能值多少"，以及通过更有效的沟通是否能使顾客确信该产品货真价实"；不是什么样的价格都能达到销售额或市场份额目标"，而是"什么样的销售额或市场价格水平才能实现企业利润最大化目标"。

第四节　网络贸易中的定价方法

网络贸易对企业价格的制定带来了巨大的影响，网络交易平台上出现了很多与传统交易不同的定价方法，例如秒杀、团购、网络竞价等。但是，从本质上讲网络交易平台上的各种价格仍然是由市场供应方和需求方共同决定的，因此我们仍然可以从成本导向、需求导向、竞争导向这三种传统定价方法出发，对网络定价方法进行归纳和总结。

一、网络贸易中的成本导向定价法

成本导向定价法贯穿在网络贸易的始终，也是网络定价的基础和先行条件。在网络贸易中，产品直接从商家到达客户手中，不仅可以节约差旅费用与人力费用，而且也可以节约纸质单证的制作费用；同时极大地缩短交单结汇时间，节省利息开支。此外，网络贸易中成本更易测算和控制，营销商更易估算产品成本，并运用成本导向定价法进行定价。

VANCL凡客诚品（以下称"凡客"）①是利用成本导向定价法的一个典型的

---

① 彭一郎. 凡客革命：独特的营销创新与极致的客户体验［EB/OL］. 经理人，2010. 10.18.http://www.sina.com.cn.

例子。凡客的模式始于模仿国内曾经名噪一时的男装 B2C 网站 PPG。与淘宝、京东等截然不同的是，凡客所卖的衣服、鞋子、床上用品等产品全是凡客品牌，这是凡客在运营过程中摸索一个新的商业模式，它介入到平台上售卖所有产品的规划、设计、生产等流程之中，逐步在消费者心中树立自有品牌。

凡客的成本，除去生产商品所需要的原材料费用及代工费用，主要还包括税收、包装辅料、人员工资及管理费用、库存损失、仓储及固定投资费用以及运费及代收货款费用等。这些费用基本上都是凡客自身经营中产生的成本，可以得到良好的控制和掌握，也便于企业更好地进行成本导向定价。

通过上述情况可以得知，凡客的价格比实体市场上更加低廉，9 元的丝袜、68 元的衬衫、79 元牛仔裤更是其每季主打的策略。这种低价策略正是凡客在其成本导向定价的基础上进行的定价完善。通过这样以成本导向定价为主、多种定价策略为辅的定价方案，配合当场试衣、免费退货的服务，加之韩寒、王珞丹等年轻明星代言的广告效应，凡客获得了大量的市场份额，成为电子商务界的一匹黑马。

通过凡客的例子我们看到，在网络贸易中，网络商家比传统市场中更容易控制成本，也更容易通过对客户的研究调查来弥补市场空白、开拓新市场，具有这两点努力之后，企业进行成本导向定价会变得更加有效。同时配合多种定价策略，应对市场的需求和竞争，企业的定价方案一定会更加完善，也更能够在激烈的竞争中立于不败之地。

二、网络贸易中的需求导向定价法

(一)顾客认知价值定价法

顾客认知价值定价主要取决于消费者对企业商品价值的认识和理解，而非那些消费品成本本身。因此，准确地发现、界定消费者的认知价值是这种定价方法的关键。在网络贸易中，消费者对产品的关注程度、收藏量、购买量都能够直接地显示在网站上，通过对这些数据的分析，商家能够获取大量的消费者偏好信息，根据这些信息商家可以针对消费者对不同产品、不同平台的认知价值进行判断，并依此进行定价。

例如，在网络贸易发展初期。企业的形象、声誉在很大程度上会影响价格。消费者对网上购物和订货仍然会有许多疑虑，比如在网上订购的商品质量能否得到保障，货物能否及时送到等。但是假如在产品同质的前提下，某个网上零售商在消费者心中享有声望，并能够提供更为优良的售后服务，则它对产品的定价可以高于消费者认同度不高、售后服务欠缺的网络零售商。这其中的原因，正是由于消费者与销售商的信任度不同，导致其对销售产品的价值认知不同，因而愿意为商品付出的价格也不同。

如京东商城和新蛋网上商城这两个专业的电子产品 B2C 网站凭借其优良的产品质量、较完善的售后服务保障而在消费者中有着良好的声誉。同样销售电商产品，淘宝网上的众商家虽然价格更为低廉，但很多消费者常常会出于对其产品质量和售后服务的怀疑而不愿购买。同样的"苹果 Ipod touch 4 代 8GCs40CH/A 多媒体播放器"在京东商城的价格为 1688 元，而在淘宝上，销售量前列的商家价格为 1480～1618 元不等。类似京东、新蛋这类大型 B2C 网站正是依托消费者对其的较高认知价值而进行较高的定价。

（二）需求心理定价法

需求心理定价法是指根据消费者的消费价格心理反应来确定商品价格的方法。在网络市场上，企业比较容易准确地把握消费者需求的差异变化，使区分需求定价法得到更有效的发挥。网络贸易中，需求心理定价法的应用是非常广泛的，其中最为典型的就是近年来非常热门的"秒杀"与"团购"。"秒杀"和"团购"很好地利用了消费者对价格的敏感性心理，当价格大幅降低时，消费者对商品的购买欲望会大幅增加，从而达到聚集人气、大量销售产品等效应。

1. 网络秒杀价格

（1）网络秒杀的概念及特点

秒杀是网上竞拍的一种新方式。所谓"秒杀"，就是网络卖家发布一些超低价格的商品，所有买家于同一时间在网上抢购的一种销售方式。从卖家角度来讲，利用秒杀这种销售方式可以让买家更有购买欲望，很多买家甚至没有时间去考虑秒杀的东西是否实用。由于参与人数众多，秒杀必然会为网站带来大量人气。与此同时，买家同时也会关注该网站或者网店的其他商品，还有一些顾客会再购买秒杀商品以外的商品以节省邮费，这些都是秒杀网站除吸引人气外所带来的后续效益。淘宝网首席财务官张勇认为，网销进程的加速，实现了从工厂到消费者的直接通道，压缩了渠道成本，消费者获得更便宜价格的同时，企业也获得了更高的利润。

很多秒杀的价格低到与商品本身的价值没有什么关系，比如：一元钱秒杀汽车。秒杀的本质已经不是购买汽车，而是炒作事件，借本次活动达到商家预期的宣传目的，商品就是商家付出的广告费。目前这种手段不止被淘宝等电子商务巨头利用，也被很多 B2C 企业、网上商店所利用，如体育用品网上商城赛 V 网定期举办秒杀羽毛球拍活动等。

（2）网络秒杀案例

秒杀现在已经成为网络贸易中的一种惯用模式，在淘宝网上搜索"秒杀"，即可得到两百余万的搜索结果。而其他网站也纷纷效仿，将"秒杀"变成一种时尚。在秒杀之前，商家通常会提前在网站进行预告，让更多消费者知晓秒杀信息，更好地在秒杀时聚集人气。

①限量秒杀。现在网络上的秒杀大致可以分为两种，一种是限量秒杀。此类秒杀中，商家通常以非常低廉的价格推出产品，并限制秒杀产品数量，先到先得，抢完即止。这种秒杀因为商品价格远低于市场价，通常会受到消费者的极大关注，在秒杀时会有大量顾客涌入，产品也通常会在很短的时间内被一抢而空。商家推出这种秒杀，绝大多数都是出于汇聚人气的目的，表面上是"亏本赚吆喝"，实际上通过这种秒杀，网络商家的关注度会在一定时间内大幅度提升，达到良好的广告宣传作用。

②限时秒杀。另外一种秒杀是限时秒杀，指商家规定一段时间，在这段时间内可以以一个较低的价格购买商品，超过时限之后则恢复原价。这一类的商品往往由于可购买时间较长，所以价格通常比限量秒杀要高一些。

（3）网络秒杀存在的问题

2010 年 11 月 11 日，淘宝商城推出了"光棍节"全场 5 折限时秒杀活动。在这一天，淘宝商城里所有商家一律 5 折出售商品，当日创下了单日销售额神话，这一天淘宝的营业额达到 9.6 亿元人民币，接近购物天堂香港一天的零售总额。然而，这次堪称中国电子商务历史上最大的秒杀活动也引发了不少后遗症。由于一些企业售后服务不到位，淘宝网、315 消费电子投诉网等不断收到买家关于店方发货严重延误、收款后改称缺货、涉嫌提价后再打折、线上投诉无反馈等的大量投诉。

这种现象并非偶然，有些商家开展秒杀活动的目的是广告宣传，但也有一些不良商家利用网民对"秒杀"的认识，销售商品，谋取暴利。由于网民受秒杀事件营销的影响，认为秒杀的商品都异常便宜。无良商家抓住网民这种心理，对商品进行秒杀包装，PS 的美图隐藏了商品的真品质真面目，或者提高原价造成秒杀价格低廉的假象，吸引网购群体秒杀，从而赢得暴利。而消费者拿到手里的商品往往不值秒杀的价格。

因此，消费者在秒杀商品之前。首先应该考虑物品是否真的有使用价值，避伤盲目消费。其次，消费者更要擦亮眼睛，多方位进行了解比较，确定秒杀产品是否真的物超所值，避免上当受骗。同时，我国相关部门也应尽快出台相关法律法规,对此类活动进行约束和规范,使我国电子商务走向更加规范的发展之路。

2. 网络团购价

(1)网络团购的概念和特点

近几年来,网络团购在我国遍地开花,成为吸引广大年轻消费者关注并喜爱的一种新生网络交易形式。网络团购也称团体网上采购,即认识的或者不认识的消费者联合起来,加大与商家的谈判能力,以求得最优价格的一种网络购物方式。根据薄利多销、量大价优的原理,商家可以给出低于零售价格的网络团购折扣和单独购买得不到的优质服务。网络团购作为一种新兴的电子商务模式,通过消费者自行组团、专业团购网站、商家组织团购等形式,提升用户与商家的议价能力,并极大程度地获得商品让利,引起消费者及业内厂商、甚至是资本市场的高度关注。

从商家角度讲,团购定价方法是传统定价方法中客户需求导向定价法的一个延伸,通过对顾客心理的把握,对产品进行折扣低价销售,让消费者对价格的感受度大大增强,从而获得消费者的青睐。同时,这种团购也抓住了消费者的从众心理,从而达到提高销售量、宣传产品的目的。

商家在进行团购销售的时候,要认真研究团购定价方法,把握好团购定价的精髓。一方面,要让消费者易于接受,并且乐于接受团购产品的折扣和价格;另一方面,原价不宜标得过高,团购消费者以经济实力水平较低的年轻人为主,这样即便消费者团购消费满意后,也会对高昂的原价望而却步,减少了二次营销的机会。因此,商家在选择团购销售时,要努力通过提供物超所值的客户体验努力促成二次消费的实现。

(2)网络团购案例

①“先参团,后砍价”型团购。这种团购更类似最初互联网下的团购行为,是由业内有影响的个人或专业的团购服务公司在网上发布信息,将有意向购买同一产品的消费者组织起来,共同向厂家或代理商进行砍价,如果价格谈妥,则进行大量购买,从而在保证质量的情况下,获得产品超低价格和服务保障。一般来说,参与的消费者越多,价格谈判能力就越强,参与者越能获得更多的优惠。五星团购就是一个用传统的团购方法,结合电子商务的特点所搭建的国内网络团购平台。这种团购的特点可以总结为“先参团,再砍价”,最后达成团购目标。在这种团购中,销售商利用消费者的从众消费,避免根据参与人数不同提出不同报价,最终达到减少销售成本、提高销售量的目标。

②“先折扣,后参团”型团购。“先参团,后砍价”型团购是由消费者需求

所催生的，但是，随着网络团购形式的逐渐发展，这个起初由消费者需求、甚至带着些许无奈色彩催生的购物形式引起了众多商家的重视。于是原团购过程中的角色发生了逆转，不少中小企业开始借助于团购的网络平台施展营销的拳脚。这种"先折扣，后参团"的团购模式应运而生。商家在团购网站上发布信息，消费者自行决定是否加入。与"先参团，后砍价"模式的团购不同，这种团购无论后期参加团购的消费者有多少，团购价格都是已经确定的，不会因为人数增多而价格下降。从 2009 年开始，我国的团购网站呈现了井喷式发展，据不完全统计，我国目前已有团购网站 500 多个。商家推出的团购商品也由起初的家具、住房扩展到了现在的饮食、娱乐、护肤、摄影、居家、健身，甚至扩张到了健康体检、旅游等项目。由于团购产品价格非常优惠，吸引了众多年轻消费者尤其是"80 后""90 后"的极大关注。"80""90"后追求高品质的生活，因此有着很高的消费需求，但其收入与消费需求尚不成正比。因此，网上团购这种能以较低价格享受较高生活品质的营销模式显示了其极大的魅力。每天醒来都要关注团购信息，甚至每天都参与一下团购活动的"团奴"也随之出现。表面上看来，商家推出的极低折扣似乎是赔本经营，其实这种营销途径为其节省了巨额的宣传和推广费用，而且这种推广途径很容易促使消费者来参与初次消费体验，如若体验满意，则会促成二次消费。因此，团购这种新颖的定价方法，对商家和消费者都是一种新颖有效的尝试。

（3）网络团购存在的问题

网络团购中存在着一些陷阱，例如，价格缺乏透明度，商家暗地里拉高标价再打折，这样消费者就很被动；又如，商家在对待团购客人相比较普通客人，服务质量、商品质量都会同样打折。现有的网络团购很多是由隐藏在背后的商家发起的，这样的团购其实就是变相促销，更有商家将团购作为赚钱的砝码，通过提供看似廉价的低质服务来牟取利益。此外，网络团购还存在售后服务不完善等问题。因此消费者在参与网络团购，尤其是购买一些大件商品时，一定要咨询律师或其他专业人士，以避免不必要的麻烦。消费者还要特别关注商家的专业水平、售后服务等其他信息。

为了确保购物安全，消费者在选择团购博取优惠价格的同时，对团购平台的选择也应该谨慎小心。选择专业、信誉高的平台发起团购，或参加团购，既可以提高回购安全系数，团购产品的质量及售后服务也能有所保障。

三、网络贸易中的竞争定价法

市场竞争导向定价法就是从市场的竞争结构和环境出发，以市场竞争对手的价格水平作为本企业的主要定价依据，以谋求在竞争中生存和发展的一种定价方法，在网络市场中，目前以竞争为导向进行定价的方法主要有：招投标定价法和网上竞拍定价以及网络竞价。

（一）招投标定价法

招投标定价法是招标单位通过网络发布招标公告，由投标单位进行投标而择优成交的一种定价方法。它是买方引导卖方通过竞争成交的一种方法，通常用于建筑包工、大型设备制造、政府大宗采购、劳务贸易等。一般是由买方公开招标，卖方竞争投标、密封递价，买方按物美价廉的原则择优录取，到期公开开标，中标者与买方签约成交。这种定价法，对于招标单位来说，扩大了招标单位对投标单位的选择范围，从而使企业能在较大范围内以较优的价格选择投标单位；对于投标单位来说，不仅增加了投标的营销机会，而且使企业能获得较为公平的竞争环境，为企业的发展创造了良机。

（二）网上竞拍定价

网上竞拍是指商家在相关网站上发布商品信息，并设置起拍价、加价幅度等，买家通过一定的规则，在限定时间内进行加价竞拍。到截止日期时，出价最高的买家获得商品的购买权的一种网上交易模式。网上竞拍是 C2C 电子商务最初采用的方式，虽然后来这种模式的主流地位逐渐被一口价模式取代，但是网上竞拍的模式仍然以其独特的魅力吸引着很多消费者。

1. 网上竞拍的种类

（1）单件竞拍。单件竞拍是指卖家设置参加竞拍宝贝的起拍价和加价幅度。买家可根据自己实际情况，输入系统需要的最低价格，也可以输入自己可以接受的最高价格，让系统代理出价。竞拍结束时，出价最高者获得宝贝。买家可使用系统代理出价。

（2）荷兰式竞拍。荷兰式竞拍是指多件相同宝贝参加竞拍，价高者优先获得宝贝，相同价格先出价者先得。最终商品成交价格是最低成功出价的金额。如果宝贝的竞拍数量大于出价人数，则最终按照起拍价成交。如果最后一位获胜者可获得的宝贝数量不足，则可以放弃购买。但买家不能使用系统代理出价。

2. 网上竞拍价格相关概念

（1）起拍价。起拍价格是指卖家设置的一个起始价格，例如最低起拍价格为 0.01 元。第一次出价的人可以选择起拍价为其出价，之后的出价必须高于起拍价格。

（2）加价幅度。加价幅度是指出价的买家为了超越前一个出价而在其出价上允许增加的最低金额。卖家在发布商品信息的时候可以自定义加价幅度，也可以使用系统自动代理加价。系统自动代理加价的加价幅度随着当前出价金额的增加而增加。

（3）代理出价。代理出价是指系统根据买家所输入的最高价格，在有其他买家出价时，自动以最小加价幅度向上出价，以维持买家最高出价者的位置，直到买家的最高出价被其他买家超过为止。如果代理出价的最高价格与其他出价相同，则最先设置该价格者领先。代理价格对其他会员是保密的。竞拍结束时，如果没有人出价超过该买家，则该买家就是获胜者，该买家将以其出价金额购得所拍商品。

（4）竞拍包邮。竞拍包邮是指竞拍的商品，只能以卖家承担运费的方式进行发布。

（5）系统代理加价幅度。系统代理加价幅度是指系统根据当前的出价金额自动限定加价幅度的方法。

3. 竞拍价格案例

下面以淘宝网为例：某品牌 2011 年新款单鞋，起拍价为 1 元，加价幅度为 0.10 元，打开网页，我们可以看到起拍价、加价幅度、已出价、最高出价、代理出价、剩余时间等价格信息。

（三）网络竞价排名

1. 竞价排名的定义

竞价排名是把企业的产品和服务通过关键词的形式在搜索引擎平台上进行推广，它是一种按效果付费的新型而成熟的搜索引擎广告。用少量的投入就可以给企业带来大量潜在客户，有效提升企业销售额。竞价排名是一种按效果付费的网络推广方式，由百度在国内率先推出。企业在购买该项服务后，通过注册一定数量的关键词，其推广信息就会率先出现在网民相应的搜索结果中。

2. 百度竞价排名的特点

（1）按效果付费，性价比较高。百度的竞价排名完全按照给企业带来的潜在用户访问数量计费，没有客户访问则不计费，企业可以灵活控制推广力度和资金投入，使投资回报率最高。企业可以设置任意想要的关键词，每次按点击的关键词起步价进行收费。如果多家网站同时竞买一个关键词，则搜索结果按照每次点击竞价的高低来排序。每个用户所能提交的关键词数量没有限制，无论提交多少个关键词，均按网站的实际被点击量计费。

（2）推广关键词不限。企业可以同时免费注册多个关键词，数量没有限制，使得企业的每一种产品都有机会被潜在客户找到，支持企业产品全方位推广。

（3）针对性强。企业的推广信息只出现在真正感兴趣的潜在客户面前，针对性强，更容易实现销售。

3. 竞价排名的弊端

百度是目前国内最大的搜索引擎，每天的搜索人次超过 1 亿。在其官方网站，竞价排名被称为一种按效果付费的网络推广方式，用少量的钱就可以提升企业的销售额和品牌知名度。但是，对百度这种影响搜索公正度的行为，来自媒体和公众的批评声也是不绝于耳。其中，药品、医院的竞价排名受到最多的批评。相当一批夸大其词甚至虚假的药品、医院信息正是通过百度搜索引擎提供的竞价排名达到推广的目的，特别是各种号称能够治疗各种癌症的医院、药品网站，它们通过编造专家简历和虚假病例混淆视听；使得受骗的消费者轻则白白花钱，重则延误最佳治疗时机。

中国互联网协会副理事长高卢麟表示，人们都希望有一个公正客观的网络环境，因此通过检索出来的资讯、信息应该是公正客观的。希望以百度竞价为例的互联网搜索行业能够行使起监督核准的义务，为网民提供公平、公正、客观的网络信息。

🔲 8-8 案例

排名首位网站大做虚假广告

2008 年 11 月 15、16 日，央视《新闻 30 分》连续两天报道百度的竞价排名黑幕，百度竞价排名被指过多地人工干涉搜索结果，引发垃圾信息泛滥，涉及恶意屏蔽，被指为"勒索营销"，并引发了公众对其信息公平性与商业道德的质疑。15 日播放的节目中，央视记者输入肿瘤这个关键词进行搜索，排名第一的网站名为"中国抗癌汇"，其首页推荐的这位白希和教授，具有中国中医科学院肿瘤学首席专家、资深教授、中华医学会肿瘤专业委员会特邀教授等多个头衔。经过核实，中国中医科学院院长秘书田毅表示，该院从未有过什么肿瘤首席专家；中华医学会组织管理部崔新生表示，该学会也没有此特邀教授。

资料来源：央视曝光百度竞价排名黑幕［EB/OL］.［2009-1-25］. https://ent.ifeng.com/idolnews/200901/0125_8_984263.shtml.

📖 8-9 案例

医药许可证用 Photoshop 做

央视记者暗访中还发现，对于一些发布医药信息的网站，百度个别工作人员不仅没有进行严格审查，甚至还帮助他们蒙混过关。某销售代表表示，前两天他的一个客户要为一种胶囊竞价排名，"肯定是没有医药许可证的"，但对方另外一个品种的一个药有许可证。该销售代表说，用 photoshop 抹去名字，然后重新换一下，打印出来就行了。

资料来源：赵妍. 百度：春晚高调亮相欲做华丽转身[J]. 大经贸，2009（3）：74-76.

📖 8-10 案例

拒绝交钱企业称被百度屏蔽

由于竞价排名让花钱的企业出现在被搜索结果的前列，因此，一些不愿为此花钱的企业只能出现在搜索结果的末尾，一些企业向记者反映，他们遭到百度的恶意屏蔽。据童年网负责人介绍，网站创办之初被百度收录的网页多达 11 万多个，用户可以轻易搜索到童年网，然而在拒绝参与竞价排名后，目前被收录的网页仅为两个。

资料来源：百度搜索引擎排名涉骗调查：恶意屏蔽不交钱企业[EB/OL]. 网易科技报道，2008-11-16.

第五节　网络经济中的定价策略

一、新产品的概念及分类

网络市场产品的更新总是伴随着传统市场产品的设计开发而变化，因此网络新产品的概念和分类如下

（一）新产品的概念

典型的产品生命周期一般可以分成四个阶段：引入期、成长期、成熟期和

衰退期。这里所讲的新产品通常处于引入期，此时顾客对产品还不了解，除了少数追求新奇的顾客外，几乎没有人实际购买该产品。在此阶段产品的特点是生产批量小，制造成本高，广告费用大，产品销售价格偏高，销售量极为有限，企业通常不能获利。

(二)新产品的分类

创新作为一种基本的企业行为，其具体的表现形式是多种多样的，涉及企业活动的所有方面。根据其场合的不同，可分为产品创新、工艺创新、市场创新和管理创新。创新产品的类型包括以下三种：

1. 完全创新产品

完全创新产品是指以运用科学技术的新发明而生产出来的具有新原理、新结构、新技术、新材料、新工艺等特征的产品。与老产品相比，具有显著的技术优势，在技术开发的过程中往往需要基础研究和应用研究的配合，要有雄厚的技术和强有力的盈利产品作为财务后盾，不但所花时间长，而且风险也大，这不是一般企业所能胜任的。因此它是企业在竞争中取胜的有力武器。

2. 部分创新产品

部分创新产品是指其基本原理不变，而产品的技术、结构和材料有重大的改变或突破。与完全创新产品不同，它保持了原有产品的用途，将新功能与老产品进行重新组合，使产品的性能或经济指标有显著提高。部分创新产品的技术开发难度较完全创新产品小，是企业新产品开发的重要形式。

3. 仿制新产品

仿制新产品是指在原有产品基础上进行各种技术的改造，对产品功能、性能或全部型号、款式进行局部改善而研制的新产品，包括在基础型产品上派生出来的变形产品，改进新产品的技术开发难度小，往往被许多企业采用，以扩大市场占有率。三种新产品中，完全创新产品强调企业的技术、资金等开发实力，难度较大，因而不容易被其他企业所仿造，而部分创新产品和仿制新产品由于其技术难度相对较低，往往容易被其他企业所仿造，形成强烈的竞争。因此，在制定新产品的价格策略时，就要针对不同新产品的种类和企业生产的情况，分别采取不同的定价策略。

二、网络新产品的定价策略

价格是一把"双刃剑"，一方面决定着消费者和市场份额，另一方面决定着竞争对手和企业利润。新产品定价的难点在于无法确定消费者对新产品的理解价值。如果价格定高了则难以被消费者接受，影响新产品顺利进入市场；价格定低了则会影响企业收益。因此，在新产品定价时，如何能够巧妙的运用定价策略来制定合理的价格对企业有着重大意义。传统线下的产品定价策略同样适用于网络产品，比如撇脂定价、渗透定价，但也有在网络环境下发生了较大变化的一些策略。

（一）免费价格策略

免费价格是传统市场上常用的营销策略，它主要用于促销和推广产品，这种策一般是短期和临时性的。但在网络交易中，免费价格不仅仅是一种促销策略，它一种非常有效的定价策略。在早期互联网开展商业应用时，许多网站想直接从中赢利，结果被证明是失败的。成功的 Yahoo 公司是通过为网上免费的检索网站起步，逐步拓展为门户网站，再到现在拓展到电子商务领域，一步步获得成功主要原因是它遵循了互联网的免费原则和间接收益原则。具体说，免费价格策略就是将企业的产品和服务以零价格形式提供给顾客使用，满足顾客的需求。免费价格策略有以下几类形式。

1. 完全免费策略

完全免费策略，即产品（服务）从购买、使用和售后服务所有环节都实行免费的策略。网站为消费者提供的无差异化产品一般实行完全免费价格策略，况且某个网站实行收费的话，其用户就会转向竞争对手的网站。列如美国某网站在成立之初，利用商业展览会、杂志封面、广告邮件等方式、免费赠送了数百万套桌面软件和浏览器软件，从而赢得大量的客户。

2. 限制免费策略

限制免费策略，即产品（服务）可以被有限次使用，超过一定期限或者次数后，这种免费服务停止。这种限制免费策略的好处是用户可以通过免费试用产品和服务，满意则付钱购买，不满意则不进行购买，让用户有选择的余地。如金山软件公司免费赠送可以使用 99 次的 WPS20 软件，使用次数完结后，消费者需要付款方可继续使用。

3. 部分免费策略

部分免费策略，即产品的某一部分或几种功能以及服务全过程中的某一环节可以享受免费，既给了用户免费试用的机会，也使其产生了付费使用的欲望。如腾讯公司的即时聊天软件，所有的注册用户都可以享受免费服务，以满足即时通信的需求，但为了享受更为个性化的服务（如 QQ 秀等），就必须付出相应费用。企业正是通过增加产品附加服务的含量来使产品差别化，这类付费的服务都是更具诱惑力的体验性增值服务，它能使核心产品更具个性化，满足顾客的不同需求。

4. 捆绑式免费策略

捆绑式免费策略，即购买某产品或服务时赠送其他产品和服务。一方面，这种手段既可以提高顾客对所购买产品价格的满意度，降低顾客对价格的敏感程度，另一方面可以通过成熟产品的销售带动新产品进入市场。如微软公司将 IE 浏览器与 Windows 操作系统捆绑在一起销售，实际上是免费赠送 IE 浏览器，并利用 Windows 的影响力免费推广 IE，迅速占领了市场份额，打败了当时著名的 Netscape。

采取免费定价策略只是企业短期或临时的一种营销战术，目的是为了吸引更多的消费者进入本企业的网站，提高其网络市场的占有率，进而争取网络的规模效益。如很多门户网站免费为顾客提供各类信息服务，当网站的点击率或知名度达到一定的水平后就可以作为一种媒体来发布广告或进行更进一步的市场开发，从而获取收益。因此，免费价格策略是与企业的发展战略和整体营销计划相联系的。

📖 8-11 案例

淘宝网的免费拍卖

2003 年，阿里巴巴投资 1 亿元创办淘宝网，以免费为法宝，并与中国工商银行联手打造"支付宝"，半年间会员数达到 30 万，交易量 1600 万元/月。根据二项抽样调查，在易趣网上开店的 70% 商家，在淘宝网也拥有店铺，而一开始就在淘宝网登录的会员，很少同时在易趣网付费开店。2004 年初，淘宝网在中国在线拍卖市场占有率为 9%，易趣网为 90%；2004 年底淘宝网急剧上升为 41%；淘宝网网上商品数为 470 万件，易趣网为 25 万件。如今淘宝网以免费的价格策略占据着 C2C 市场老大的位置。

资料来源：石榴红，王万山. 网络价格[M]. 西安：西安交通大学出版社，2011.

(二)歧视定价策略

我们知道，建立在因特网上的网络有形产品不受时间和空间的限制，因此实行价格歧视更适于这种个性化消费的时代。消费者剩余度量了消费者在市场上购买了一种商品后他在总体上得到改善的程度，即消费者愿意为某一种商品支付的数量与消费者在购买该商品时实际支付的数量之间的差额。而价格歧视是指对同一商品向不同消费者索取不同的价格，由此最大化地占有消费者剩余。价格歧视可分为三种。

1. 完全价格歧视的运用

完全价格歧视也称一级价格歧视，是指垄断厂商能够向每个消费者索取他愿为每单位产品支付的最高价格时，厂商就实现了完全价格歧视，此时厂商完全占有消费者剩余。

在网络环境下，这一策略也称作"个人化定价"，是指利用互联网的互动性和消费者的内在个性化需求特征来确定商品价格。了解顾客的个性化需求的途径有以下三种：通过注册和账单；观察顾客的网上行为；利用促销来了解顾客的需求，建立与消费者在网上协商价格和自动调价的机制。在实物或者传统市场中，完全价格歧视是很难达到的，这是因为制造商现有的财务资料和统计数据很难确定消费者愿意为商品付出的最高金额是多少。即使我们知道了消费者愿意为产品支付的最高价格，也很难避免其他愿意付出更多的消费者利用这一优惠条件。而网络环境下，某些有利条件决定了完全价格歧视的可能性。在互联网上，制造商可以采用一对一营销技术制定个人化的价格。具体方法是通过消费者的点击率、搜索习惯和网上注册等手段得到消费者购买商品的详细资料以及他们的信息反馈，从而分析消费者需要什么样的产品，然后再根据消费者对产品的评价、愿意支付的价格区间范围和消费者自身的特征来确定个性化售价。另外，在网络贸易中，消费者与制造商一对一交流，单独付账，有效地防止了转卖行为的发生。制造商实行完全价格歧视，将消费者的最高保留价格确定为商品的卖价，此时消费者剩余为零，生产者剩余达到最大，社会福利净损失也下降为零。所以，一级价格歧视虽然攫取了全部的消费者剩余，但是它的福利水平高于垄断定价的福利水平，类似于完全竞争市场的社会总福利，具有一定的资源配置效率。

2. 二级价格歧视的运用

二级价格歧视是指垄断厂商对相同货物或服务的不同消费量或"区段"索取不同的价格，部分地占有消费者剩余，例如电力公司的分段定价。

二级价格歧视的运用需要顾客的积极参与，更需要进行版本的划分。所谓的版本划分即以不同的版本向不同的市场部分提供产品。同传统市场相比较，网络厂商可以方便地利用在线技术进行版本划分，一般根据功能、性能、时间以及空间划分。厂商根据不同顾客的需求提供不同的版本，这样一个完整的产品系列以使其产品的总价值最大化。同时，厂商在涉及这些不同的版本时，突出了顾客群体的要求，从而以便每位消费者可以选择最适合其需求的版本。这种定价策略大大降低了定价成本，开且以此获取部分消费者剩余。在网络贸易实践中价格歧视常常体现为制造商的区别量的定价策略，主要包括数量折扣、季节折扣和两部定价等。二级价格歧视下，消费量越多，消费者支付的单位商品的价格就越低。不同消费量的消费者因为支付价格的不同，给制造商带来的利润也不一样，消费者剩余被生产者完全或部分榨取，这同样具有一定的资源配置效率。

3. 三级价格歧视的运用

三级价格歧视是指将消费者分为有不同需求曲线的两组或两组以上，对不同组索取不同的价格，例如航空公司的定价策略。在运用三级价格歧视时制造商将消费者分为几个可辨认的市场，对价格需求弹性小的市场收取高价，对价格需求弹性大的市场收取低价。与传统的实物市场相比，网络市场上销售者更容易辨认消费者的需求意愿。在电子商务市场上，一种产品对消费者的价值取决于该群体使用这一产品的消费者的数量的多少，如果在这一群体中使用的成员很多，以至于协调与重新培训的成本很高，即需求价格弹性很小，就可以把这一群体同其他群体分离，实行不同的定价标准。微软的操作系统 Windows 对集团用户收取高价，对散户收取低价就是一个显著的例子。三级价格歧视中，制造商对每个群体内部不同的消费者收取相同的价格，但不同群体的价格不同。在每一个群体内部与统一定价相似，存在正的社会福利净损失，与完全竞争相比降低了社会总福利。与垄断定价相比，生产者剩余会增加，消费者之间存在收入转移效应，即支付价格高的消费者减少了消费者剩余，而支付价格低的消费者得到更多的剩余，相当于一个群体对另一个群体的补贴，因此，全部的消费者剩余是增加还是减少要比较不同群体剩余增加或减少的具体数量。

在网络经济中，以下几种原因促使厂商运用三级价格歧视：①价格敏感：即群体对价格越敏感，厂商对该群体索价越低，价格越接近于边际成本，反之相反。②时间敏感：这是利用人们对时间成本的差异。忙人、高收入者比闲人、低收入者更珍惜时间。因此，前者对价格不如后者敏感。因此，利用网络特性提供更好的个性化服务会更快地吸引时间敏感型的顾客，从而获得高收益。③锁定：也就是"尽早拉其入伙"。在网络经济中，对具有不同特征的群体提供其能接受的价格，对厂商的产品，使用户从一种品牌的技术转向另一品牌时的成本非常高，此时用户会被锁定。硬件、软件而建立的知识也需要更新，那么从一开始就利用价格歧视将客户定为自己产品的使用者，这将十分利于培养客户的忠诚度。

8-12 案例

苹果 iPad 在中国采取歧视定价

本案例结合苹果的一些做法，分析有形产品常用的歧视定价的策略。

（1）推出不同版本的新产品。苹果每次推出新硬件产品，总是遵循着多版本的方式，而且常常是运用 Goldilocks 式的定价方式，即一次只出三种版本一高、中、低三档，每次都是照顾到不同市场的顾客需求，按照内存的大小恰到好处地分三类市场。对价格比较敏感的顾客通过"自我选择"，就会主动地降低对内存大小的期望，而接受较低的价格，而对价格不敏感的顾客则愿意为了更高的内存而贡献更多的消费者剩余。

（2）通过时间推移来渗透不同市场。2010 年 9 月 16 日，具有 Wifi 功能的 iPad 以低价的方式突袭国内市场，并且通过自有渠道和特定经销商的方式销售。这种抢在联通发布具有更高端功能的 3G 版之前，以低价的方式发售只有 Wifi 功能的 iPad，让那些等不及却又囊中羞涩的"果粉"们率先自掏腰包，既可以通过低价的方式率先渗透部分市场，又避免了两个版本产品线内的竞争。这种按市场分批投放低端、中端到高端产品的策略，也是 iPad 所采用的歧视定价的方法之一。

（3）变身中介管理信息共享定价。苹果将产品以可观的价格出售给对产品评价高的人，但是碰上对产品评价低的顾客也不放弃。在苹果 TV 没有出现之前，苹果就已经通过 iTunes 出售电影和电视剧，电影的售价为 9.99 美元。而苹果 TV 推出之后，其决定通过出租而非出售的方式销售影片，于是影片的价格下降了一大半，最新的高清视频电影租金价格为 4.99 美元，而老高清视频的价格为 3.99 美元，标准清晰度的视频只要 2.99 美元。苹果将自己打造成为一个批量购买版权的中介，共享定价的结果是吸引了更多此前对产品评价不高的顾客。

资料来源：细说苹果精明的定价之道 [EB/OL]. https://www.douban.com/note/324815514/?_i=4554778upsezuq,2014-01-04.

（三）顾客主导定价策略

价格对消费者的购买决策而言也是非常重要的影响因素，消费者希望通过广泛的排选和比较，购买到质量最好、服务最优、价格最低的商品。网络给消费者提供了做这种选择的条件，但因此也给卖方造成了巨大的压力，为其创造了机会。有很多学者分析了网络给卖方带来的机会，其中，Marn 和 Zawada 认为网络在造成卖方信息透明化的同时，也使买方的信息透明化。通过各种网络技术，卖方可以了解到更多的买方的信息，从而可以测试消费者的价格敏感性，以便及时方便地调整价格，针对消费者的不同价格偏好来对消费者进行细分，并采用不同的价格策略来谋求利润。在网络销售环境中，企业应注意到两个影响定价策略因素的改变：一是市场的垄断性在减少，消费者在一定程度上控制着交易，企业面对趋于完全竞争的市场，采用价格垄断是行不通的；二是消费者的购物心理趋于理智，网络为他们提供了众多的商品信息，他们会对商品进行综合比较，选择他们认为价位适中的商品。所以企业进行产品定价时应加强灵活性，多考虑购买者的决策，这就需要制定以顾客为主导的定价策略。所谓顾客主导定价，是指为满足顾客的需求，顾客通过充分的市场信息来选择购买或者定制生产自己满意的产品或服务，同时以最小代价（价格或费用等）获得这些产品或服务。简单地说，就是顾客的价值最大化，顾客以最小成本获得最大收益。

顾客主导定价的策略主要有顾客决定生产定价和拍卖市场定价。这两种主要定价策略将在下面详细分析。根据调查分析，由顾客主导定价的产品并不比企业主导定价获取利润低。根据国外拍卖网站 eBay.com 的分析统计，在网上拍卖定价产品，只有 20% 的产品拍卖价格低于卖者的预期价格，50% 的产品拍卖价格略高于卖者的预期价格，剩下 30% 的产品拍卖价格与卖者预期价格相吻合，在所有成交产品中有 95% 的产品成交价格卖主比较满意。因此，顾客主导定价是一种双赢的发展策略，既能更好地满足顾客的需求，同时企业的收益又不受到影响，而且可以对目标市场了解得更充分，企业的生产经营和产品研制开发可以更加符合市场竞争的需要。

企业在以顾客为主导定价时还可以考虑以下一些方面：

（1）实行网上会员制，依据会员过去的交易记录与偏好，给予顾客折扣，鼓励消费者上网消费，以节省销售渠道的运行成本。同时也可以对会员的交易进行积分，当积分达到一定的程度，可以用来兑换礼品或者在购买其他商品时折价使用。

（2）开发智慧型网上议价系统，与消费者直接在网上协商价格。运用该系统可以考虑顾客的信用、购买数量、产品供需情形、后续购买机会等，协商出双方满意的价格。

（3）开发自动调价系统，可以依季节变动、市场供需情况、竞争产品价格变动、促销活动等，自动调整价格。

附：扩展阅读

易趣网转向免费策略

"在易趣网开店将终身免费"易趣网副总裁常琳说。在此之前，这家最老牌的电子商务网站已坚持收费5年。在经过若干年的收费探索后，易趣开始转向全平台免费。

宣布的免费涉及易趣最传统和核心的收费项目，将免收包括高级店铺和超级店铺在内的店铺，也不再收取商品登录费、店铺使用费等费用，而且免费将是终身的。

这是易趣首次改变收费策略。易趣网是中国最早的C2C电子商务网站之一，但在成立3年之后开始收费，随后被当时高举免费大旗的淘宝击退。2006年年底，TOM在线入主易趣CEO王雷雷兼任易趣网CEO一职，变化开始发生。

推出这一措施最为激进和彻底。除了"终身免费"之外，易趣还承诺对于已购买店铺的将全额退款或是赠送推广资源。此外，还同时推出实时答疑免费电话回拨，7×24小时客展等一系列功能，摆出和淘宝针锋相对的姿态。

事实上，宣布完全免费已经是易趣"复兴计划"中针对淘宝的第二轮攻势。在淘宝推出收费B2C业务时，趁淘宝卖家还在观望，易趣就曾高调宣布承认淘宝用户的信用等级，号召"搬家"。

而对于易趣的频频进攻，在第一轮市场争夺中胜出的淘宝始终不忘显示胜利者的"大度"，淘宝官方表态，欢迎易趣免费，一起把市场做大。不过淘宝也没忘适时炫耀一下自己的成绩，声称当初主推的免费策略已成为市场规则，易趣的转变证明了淘宝此前培育市场的措施，感谢易趣在内的同行认可。

资料来源：htp:/blog.sina.com.cn/dzswbz［EB/OL］.

第九章　定价后期工作环节

第一节　销售实现及渠道维护

一、价格管理的方法与形式

对于企业来说，有效的定价策略可以快速响应市场的变化，在保持合理的利润率条件下，最大限度地获得市场份额。一个企业价格管理水平的高低，直接影响到其产品成本的高低、产品能否实现销售、资金能否回笼以及最终效益状况。因此，企业规范的完善的价格管理是企业的核心竞争力。

1. 成立价格管理委员会，统一管理企业价格

一般而言，企业价格由财务部门和业务部门管理有一定的局限性，财务部门熟悉产品成本和利润状况，但对市场缺乏了解；而业务部门虽然了解了市场，但不了解公司的产品和利润，并且业务部门在自行定价时更多的是考虑如何出库和保持较好的库存量。从企业内部控制来讲，一个部门既负责价格制定，又负责价格执行，本身就缺乏监督。因此，企业必须建立一个能独立于业务部门并站在全公司高度的价格管理机构，即成立价格管理委员会。

价格管理委员会由公司总经理任主任，经营副总经理和总会计师任副主任，财务、销售、采购、进出口、生产、技术、质量等部门参加。价委会负责研究企业价格管理方面重大问题的决策以及全公司价格管理的指导监督、协调统一；销售、采购等各业务部门在价委会领导之下，在各自的业务范围内，成立价格领导小组，具体负责公司价格政策的贯彻、其职责范围内相关价格的制定、调整及具体执行等工作；财务部门负责监督价格执行；纪委负责监督价格制定程序和过程，以及处理价格执行中的违纪问题。价委会办公室设在财务部门，作为价委会的日常办事机构，主要职责是根据价委会决定，具体制定各种价格及收费标准，下发并监督执行，价委会制定的价格一经确定，任何部门和个人无权擅自调整。

2. "公开、透明、制衡"的价格管理机制

企业价格管理分为狭义的价格管理和广义的价格管理。狭义的价格管理是指产品的销售价格，包括定价方法、价格策略、价格政策等。广义的价格管理则包括物资采购价格、产品销售价格，内部计划价格和各种收付费价格。在销售价格管理上，国家有明确价格的产品，执行国家定价；对于市场定价的产品销售价格由价委会结合财务部门和销售部门的意见直接制定。

3. 对价格执行进行监督

为了减少价格管理中人为因素的干扰，所有的进出厂价格经价委会定价后，业务部门来实现价格的完全执行，不能进行任何修改。由财务部门负责监督价格的执行，对没有经价格委员会批准的和备案的价格一律不予结算。

二、渠道策略

销售渠道是指商品从生产者传送到用户手中所经过的全过程，以及相应设置的市场销售机构。正确运用销售渠道，可以使企业迅速及时地将产品转移到消费者手中，达到扩大商品销售，加速资金周转、降低流动费用的目的。销售渠道策略包括选择销售渠道的类型和选择具体的中间商。

1. 销售渠道的类型选择

（1）直接式销售策略和间接式销售策略。按照商品在交易过程中是否经过中间环节来分类，可以分为直接式和间接式销售渠道两种类型。直接式销售渠道是企业采用产销合一的经营方式，即商品从生产领域转移到消费领域时不经过任何中间环节。间接销售渠道是指商品从生产领域转移到用户手中要经过若干中间商的销售渠道。直接式销售及时，中间费用少，便于控制价格，及时了解市场，有利于提供服务等优点，但是此方法使生产者花费较多的投资、场地和人力，所以消费广，市场规模大的商品，不宜采用这种方法。间接销售由于有中间商加入，企业可以利用中间商的知识，经验和关系，从而起到简化交易，缩短买卖时间，集中人力、财力和物力用于发展生产，以增强商品的销售能力等作用。一般来讲，在以下情况下适合采取直接式的销售策略：

①市场集中，销售范围小；

②技术性高或者制造成本和售后差异大的产品，易变质、容易破损的商品及定制品等。

③企业自身应该有市场营销技术，管理能力较强，经验丰富，财力雄厚，或者需要高度控制商品的营销情况。

反之，在以下情况下适合采取间接式的销售策略：

①市场分散，销售范围广。

②非技术性或者制造成本和售价差异小的商品，以及不易变质及非易碎商品，日用品、标准品等。

③企业自身缺乏市场营销的技术和经验，管理能力较差，财力薄弱，对其商品和市场营销的控制要求不高。

（2）长渠道和短渠道策略。销售渠道按其长度来分类，可以分为若干长度不同的形式，商品从生产领域转移到用户的过程中，经过的环节越多，销售渠道就越长；反之就越短。消费品销售渠道有四种基本的类型：生产者-消费者；生产者-零售商-消费者；生产者-代理商或者批发商-零售商-消费者；生产者-代理商-批发商-零售商-消费者。工业品销售渠道有三种基本的类型：生产者-工业品用户；生产者-代理商或者工业品经销商-工业品用户；生产者-代理商-工业品经销商-工业品用户。企业决定采用间接式销售策略后，还要对适用渠道的长短做出选择。从节省商品流通费用，加速社会再生产过程的要求出发，应当尽量减少中间环节，选择短渠道。但是也不要认为中间环节越少越好，在多数情况下，批发商的作用是生产者和零售商无法替代的。因此，采用长渠道策略还是短渠道策略，必须综合考虑商品的特点、市场的特点、企业本身的条件以及策略实施的效果等。一般来讲在以下情况下适合采取短渠道销售策略：

①从产品的特点来看，易腐、易损、价格贵、高度时尚、新潮、售后服务要求高而且技术性强；

②零售市场相对集中，需求数量大；

③企业的销售能力强，推销人员素质好，资历雄厚，或者增加的收益能够补偿花费的销售费用。

反之，在以下情况下适合采取长渠道策略：

①从产品特点来看，非易腐、易损、价格低、选择性不强、技术要求不高；

②零售市场较为分散，各市场需求量较小；

③企业的销售能力弱，推销人员素质较差，缺乏资金，或者增加的收入不能够补偿多花费的销售费用。

（3）宽渠道和窄渠道策略。销售渠道的宽窄，就是企业确定由多少中间商来经营某种商品，即决定销售渠道的每个层次（环节）适用同种类型的中间商的数目是多少。一般情况下，有以下三种具体策略可供选择：

①广泛销售策略。这是由于企业的商品数量很大而市场面又广，为了能够使商品得到广泛的推销，使用户随时都可以买到这种商品，才需要采用这种策

略。例如，一般日用品和广泛通用的工业原材料可以采取这种策略。采用这种策略，生产企业应该负担较多的广告费和促销费，以利于调动中间商的积极性。

②有选择的销售策略。这是生产企业有选择的精心挑选一部分批发商和零售商来经营自己的产品，采用这种策略，由于中间商数目较少，有利于厂商之间相互紧密协作，同时，也能够使生产企业降低销售费用和提高控制能力，这种策略适用面较广，例如选购消费品、耐用消费品，新产品试销以及大部分生产资料商品，都应该根据产品和市场的特点，选择较为合适的批发商和零售商。而中间商的具体数目，应该根据具体情况而定，一般来讲应该既要使中间商有足够的市场面，又能够保证企业的商品能够及时地销售出去。

③独家经营销售策略。这是生产企业只选择一家中间商，赋予它经销自己商品的权利。在一般情况下，生产企业在特定的市场范围内，不能再通过其他中间商来推销这种商品；而选定的经销商也不能再经营其他同类的产品。生产企业和中间商双方都应该通过签订协议做出明确的规定，这种策略主要适合于某些特殊的消费品和工业品、某些高档高价的消费品、以及具有独特风格的某些商品，例如需要进行售后服务的电器商品以及需要进行现场操作表演并介绍使用方法的产品。采用这种策略，有利于调动中间商更积极地去推销商品，同时，生产企业对中间商的售价，宣传推广、信贷和服务等工作可以加强控制，更好地配合协作，从而有助于提高厂商的声誉和商品的形象，提高经济效益。

2. 中间商的选择

中间商是指生产者与用户之间，参与商品交易业务，促进买卖行为发生和实现的，具有法人资格的经济组织和个人。他按照是否拥有商品的所有权可以分为经销商和代理商；按其在流通过程中所起的不同作用又可以分为批发商和零售商。

（1）经销商。经销商是指从事商品交易业务，在商品买卖过程中拥有商品所有权的中间商。代理商是受生产者委托，从事商品交易业务，但不具有商品所有权的中间商。按代理商与生产公司业务联系的特点，又可以将其再分为企业代理商、销售代理商、寄售商和经纪商。

（2）零售商。零售商是指向最终消费者提供商品和服务的中间商。零售商是销售系统中数量最多的组织。它按经营商品类别不同，有专业商店、百货公司、超级市场、方便商店等。从着眼于价格竞争来看，有折扣商店、仓库商店、样本商店等。从不设铺面的零售商来看，有邮购和电话订货零售商、自动机售货、流动售货等。从管理系统不同的各种零售组织看，有联营商店、自愿联合商店和零售商合作组织、协同商业百货商店、消费者合作社等。

（3）批发商。批发商是介于生产者和零售商之间的中间商，它按营销商品种类的多少来分，可以分为一般批发商和专业批发商；按照服务地区分可以分为全国批发商、区域批发商和地方批发商；按是否拥有商品经营权可以分为经销批发商和代理批发商；按服务的内容可以分为综合服务批发商和专业服务批发商。

三、通过分销渠道管理价格

1．企业的渠道价格政策

价格是影响厂家、经销商、顾客和产品市场前途的重要因素，因此，制定正确的价格政策，是维护厂家利益、调动经销商积极性、吸引顾客购买、战胜竞争对手、开发和巩固市场的关键。企业通常所运用的价格政策有以下几种：

（1）可变价格政策。即价格是根据交易双方的谈判结果来决定的。这种政策多在不同牌子竞争激烈而卖方又难以渗入市场的情况下使用。在这种情况下，买方处于有利地位并能够迫使卖方给予较优惠的价格。

（2）非可变价格政策。采取这种价格政策，那就没有谈判的余地了。价格的差异是固定的。如大量购买给予较低的价格，对批发商、零售商或不同的地点给予不同的价格。

（3）其他价格政策。

单一价格政策。这是一种不变通的价格政策。定价不顾及购买数量、不论什么人购买、也不管货物送到什么地方，价格都是相同的。

累计数量折扣。允许由一定时期内（如 1—12 月份）的总订货量打折扣。许多食品企业采取这种方法销售。

商业折扣。对履行不同职能的经销商给予不同的折扣。如：一批、二批、三批商和零售商因履行不同的经销职能而给予不同的折扣。

统一送货价格。对不同地方制定价格有两种方法，一种是统一送货价格。即最终价格是固定的，不考虑买者与卖者的距离，运费完全由卖者承担。

可变送货价格。即产品的基本价格是相同的，运输费用在基本价格之上另外相加。因此，对于不同地方的顾客来说，产品的最终价格要依他们距离卖方的远近而定。

2．企业销售价格结构体系设计

企业销售价格结构体系设计的首要任务是决定差别化价格结构。差别化的价格结构体系包括两个方面：

一是依据销售渠道成员所在阶层确定价格折扣。企业必须设计好销售通路各环节的价格体系，即处理好出厂价、一批价、二批价、三批价、零售价之间的关系。由于销售通路各环节的价格设计直接影响到中间商的利益，从而影响中间商的积极性，决定着产品在市场上的前途，因此，企业必须重视。

二是按照客户的重要程度来确定价格。按照现有客户实绩或潜在实力而将客户分为 A、B、C 三个等级，分别确定不同的价格折扣率。如 A 级大客户价格折扣率是 X%，B 级客户价格折扣率是 Y%，C 级客户(小量进货者)依定价出货。销售价格体系设计解决的是让利如何分配。让利就是出厂价和最终零售价之间的差额。谁得到这些差额以及得多少，就是价格体系设计所要解决的问题。一级批发商是靠加价和返利来赚钱，零售商是靠批零差价来赚钱，两者的利益都能够得到保证，而二批、三批处于中间环节，往上由一批决定着他不可能得到更多的利润空间，往下由于消费者的作用，零售商要以最优惠的价格拿到产品，这样，二级、三级批发商的利益如何维护，就成了价格设计的一个重要方面。企业必须给二级、三级批发商一个利润空间，并能让他们以销售量来赚钱。

3. 维护价格稳定

销售过程中价格体系混乱，这是目前我国企业普遍存在的一个问题。价格作为营销组合的一个重要因素，是竞争的重要手段。如果价格体系混乱，就可能扰乱整个市场秩序，影响产品的市场竞争力。企业要稳定价栓体系，保证不乱价，就必须做到：

(1)企业不能急功近利，为眼前的利益而自乱阵脚要杜绝各种不良现象。生产"金龙鱼"食用油的南海油脂工业(赤湾)有限公司在全国有 400 多个一级经销商，为了保证网络的任何一环都是"一口价"，公司实行全国统一报价制，距离远的由公司补贴运费，防止产品在区域间窜货。为了保证经销商的利益不受损害，公司规定非经销商客户到公司拿货的价格比在当地向经销商直接拿货的价格还要高。

(2)制定政策。企业在和经销商签订合同时就要明确规定稳定价格的条款。对不履行价格义务的，要取消经销资格。

(3)监督。要及时掌握价格状况，发现经销商违犯价格行为就要立即处理。亚洲啤酒(苏州)有限公司啤酒零售价为每瓶 2.5 元，要求经销商不能降低一分钱，谁违犯了规则，就取消谁的经销资格。为此，他们在下岗职工中招聘了 45 名"价格监察员"，每天的任务就是在商店内转，监督经销商是否遵守公司的价格政策。这样，全市大小商店价格一个样。

四、管理零售定价策略

对于零售企业而言，定价是整个经营管理中至关重要的环节。零售商品的定价战略通常在两个层面上运作。价格是零售营销组合中重要的同时也是高度敏感的组成部分，对零售商的利润率有直接的影响。定价对于零售商来说是一项极为重要的管理活动。第一层面是决定零售商市场定位的总体定价水平，第二个层面是零售商战术意义上的定价策略，零售商通常运用这种战略实现特定的短期目标。

1. 长期定价战略

（1）低价格策略。零售商选择比竞争对手低的价格。一些折扣店和超市常常选择这种战略——薄利多销。但是要保持这种战略却有很大的压力，压力一方面来自它的低利润率，另一方面来自竞争对手随时可能发起价格战的威胁。所以能够长期采用这种战略的销售商是很少的。从博弈论的观点看，这种战略不是最终的均衡。

（2）高价格策略。一些销售商以比竞争对手高的价格销售某些或全部的商品。这一般是名牌或者奢侈品商店采取的方式，当商店的位置得天独厚时，销售商也会采用这一策略。

（3）每日低价。选择每日低价的销售商总是保持每种商品稳定的低价，这样消费者无须在促销期便会获得低价。换句话说这种战略选择下商品的价格有相对较长的稳定性。

（4）高-低定价。这种定价策略下，零售商在一段时间内选择较高的价格，但不时地零售商会降价销售商品来进行促销。一般来讲，零售商会在不同的时间段选择不同的商品进行促销，从而吸引不同细分市场的消费者。

2. 短期定价战略

（1）亏损-领先型定价。在这种定价战略中，某些商品的价格被制定在很低（甚至是亏损的）水平上，并同时对这些产品进行密集的广告，以便吸引消费者的注意力。在生活中我们常常会收到一些超市的促销品目录册，这里超市运用的就是亏损-领先型定价战略。此战略的立足点在于：坚信那些被低价商品吸引来的消费者不会仅仅只消费低价商品。在他们消费其他商品的同时，零售商便可以从中收回他们前期投入的成本。这种战略的缺点也恰恰是针对它的立足点：低价的商品往往真的只吸引来了那些专门搜索和储存便宜商品的消费者，而对于其他商品的销售却帮助甚微。

（2）多买多赠和关联购买。这种战略一般在快速变化的消费品零售领域非常普遍。它的优点在于能够促进新产品的推广、刺激特定产品品牌与品种的短期销售、提高每笔交易的金额以及鼓励关联购买。当然如果多赠的商品或者关联购买的商品对于消费者来说缺乏吸引力，那么这种战略便往往会以失败而告终。

（3）积分方案和会员方案。在这种战略中，对于经常光顾的消费者，零售商会给予他们一定的价格折扣或者其他的一些物质鼓励。这对于提高消费者的忠诚度方面无疑是很有益的。有些零售商还会给予推荐其他人成为会员的消费者一些奖励，这同时又能够扩大商店的顾客群和影响力。

第二节　销售实现后的产品价格维护

一、价值创新

价值创新是现代企业竞争的一个新理念，它不是单纯提高产品的技术竞争力，而是通过为顾客创造更多的价值来争取价值创新，赢得企业的成功。价值创新，原因在于它并非着眼于竞争，而是力图使客户和企业的价值都出现飞跃，创造出其他公司不能提供的价值，提高顾客感知的产品优点，这是定高价的关键。以韩国的三星公司为例。亚洲金融危机之后，三星长期负债高达180亿美元，月亏损额一度超过2.13亿美元。在当时，大多数亚洲企业都在削减研发资金，而三星却确立了"未来数字革命领导者"的战略定位，坚定不移的加大数字产品这一蓝海领域的研发投入。2004年三星的净利润约为94亿美元，而索尼、松下、日立、东芝、NEC五大公司的净利润合计才不到57亿美元。三星公司进行数字产品的开发在当时的手机市场上来说，是对客户使用需求和习惯的改变，也是对市场上消费者对数字产品需求的满足，属于重大创新，并且取得了成功。

价值创新的三个切入口：

（1）文化创新。文化创新是指产品功能和产品整体形象所带来的物质追求和精神追求的满足。时下，人们对产品的需求，不再满足于产品的使用，更多地追求视觉、听觉或其他感官的享受。

（2）服务创新。服务创新是指通过非物质制造手段所进行的增加有形或无形"产品"之附加价值的经济活动。在产品出售后，产品和服务相比，服务更重要，更能提高顾客对产品的满足，提升顾客对价格的认可。

（3）附件创新。附件创新是指组成产品的部件、零件功能、设计、质量等的改变。现在产品本身获利越来越小，而主要的盈利点在于附件。

通过价值创新提高顾客对产品优点的感知，降低对产品价格的感知，是维护企业高价的有效办法。

二、情感创造

在价值计算公式里，有一个关键词感知。感知就是主观的感受。虽然很多顾客宣称，是否购买的重要标准是价格，但是很多情况下并非如此。当你把一种产品赋予内涵、情感、象征意义，与顾客产生情感共鸣时，顾客的价格敏感性会突然降低，他们会为自己的感性不惜花大价钱埋单。

情感创造的方法是首先赋予商品一种情感象征意义，让顾客产生情感上的共鸣，训练销售人员更好的传递产品的情感，让顾客从主观感受上感受到产品价值的提升。一个叫吉田正夫的日本人，一次去外地省亲，在集市上看到一位渔民在摆弄一种小虾。这种小虾从小习惯于成双成对地生活在石缝中，长大后就再无法从石缝中游出来，只能这样在石缝中度过一生。渔民捕捞后把它们放在清水中，作为观赏性的小动物出售。吉田正夫想，这些小虾成双成对在石缝中生活一辈子，不是可以作为爱情专一的象征吗？于是，他在东京开了一间店，专卖这种小虾。经过精心设计，他使用一种小巧玲珑的玻璃箱，将人工制作的假山石置于其中，成为小虾的"石方子"，小虾在其中生活的十分安逸。纪念品上还附有简短的说明，把小虾白头偕老的故事描绘得真切动人，激起新婚夫妇的共同心愿。甚至许多老夫老妻看到后，也纷纷买回家作纪念。当然，定价不会很低。吉田正夫遇见的小虾，若是用来煮可能一分钱不值，作为观赏品也算不上抢眼，但加上一个故事、一种寓意之后，情况就大不一样了，顾客花钱也觉得物有所值。

三、感官提升

感官是感受外界事物刺激的器官，包括眼、耳、鼻、舌、身、意等。感官提升是从顾客感觉暗示中获得关于商品质量提升的信息时，他们也愿意支付更多。感官提升的方式有：

（1）色彩。色彩隐含着特殊的性质，醒目的色彩吸引大量的目光，安静的色彩表达成功自信。一种产品给客户感觉是高价值还是低价值，往往在色彩上就能露出端倪。低成本航空公司，如柏林航空、波兰航空，采用大红、明亮的黄色和醒目的绿色吸引人们的注意力，以求在顾客数量获胜。而相比之下，欧洲的顶级航空公司英航和汉莎航空，都在洁白的飞机机体下侧采用宁静的蓝色。因为宁静的深蓝色表示了高贵的气质，吸引高端客户。

（2）感觉。感觉是人脑对直接作用于感觉器官的客观事物个别属性的反映。一个物体有它的光线、声音、温度、气味等属性，人通过一个一个感觉器官，分别反映物体的这些属性，如眼睛看到了光线，耳朵听到了声音，鼻子闻到了气味，舌头尝到了滋味，皮肤摸到了物体的温度和光滑程度。消费者通过感觉器官可以感受到商品的信息。例如打开鞋盒时皮革的香味，通过花店空调系统散发出仿佛刚刚修剪过的青草的味道，将有助于商品卖更高价。

（3）包装。现在已进入包装时代，同一件商品，会因为不同的包装，价格差别性很大。礼品市场是一个典型的例子。顾客在选择礼品时，首先会询问是否有精美的包装，然后再选择商品。顾客对价值的判断是"价格在预算范围内，包装能给对方与众不同的印象和感受"。改善包装，能使相同的产品创造出另一个完全不同的价值感受。

（4）品牌。品牌永远是对价值的承诺，人们也宁愿相信强势品牌的价值承诺。品牌是实现高质高价的关键。海尔集团非常重视品牌的塑造，同时也非常重视依靠品牌来获取高于行业平均水平的利润。在国内家电企业中，海尔产品的价格一般比其他企业的同类产品高 10%~30%，这就是海尔一贯宣传的"高质高价"策略。中国的很多产品都是高值低价，明明在质量和功能上不比国际名牌差，但消费者却不能接受和国际名牌一样的价格，这就是名牌上的差距。定价与品牌的关系，一方面，越是名牌，定价越高；另一方面，一种产品的定价高，给人的印象就是产品好。但消费者面对几种不熟悉的品牌时，定价高的产品往往被认为是"名牌"。

四、价格表达技巧

日常生活中，同一个意思会因为语言语气表达方式的不同而给人完全不同的理解。其实，价格和语言一样，也有自己的表达方式，我们也要掌握价格表达的艺术。

同样的产品、同样的价值、同样的价格，用不同的价格表示方式，顾客的心理感受也会大相径庭。正确的价格表达方式，让顾客感受到的价格并没有实际高。正确的价格表达策略有：价格分割和产品分割。

（1）价格分割。这是一种心理策略，能造成顾客心理上的价格便宜感。例如，茶叶每公斤 100 元，报成每 50 克 5 元。巴黎地铁的广告是："只需付 30发廊，就有 200 万旅客能看到您的广告。"保险公司以天为单位计算保险费，避免以年为单位的巨大数字。报社用"每天少抽一根烟，每日可订一份报纸"

做广告。而在电器销售过程中，也可用"使用这种电冰箱平均每天消耗 0.2 元电费，只够吃一根冰棍！"这样的煽情语言加以表示。

（2）产品分割。通常，消费者对价格的敏感度，超过了对商品重量的敏感程度。依据这样的心理，可以推出多种规格、多种价格的商品，其中一种产品会非常畅销。例如，某企业的奶粉有两种规格，一种是 500 克装，定价 9.30 元，另一种是 450 克装，定价是 8.50 元，结果，后者的销量好于前者。但实际上，后者单位价格还略高。

（3）避免"附加收费"。在选购商品时，消费者永远喜欢看到"免费""折扣""附送"这样的字眼儿，这些字眼会让他们眼前一亮。所以，努力给顾客一个惊喜的价格表示，是非常有效的。例如，一位旅客在选择度假酒店时，有两个酒店的报价呈现在他眼前：一种是 250 元加 10%的单人附加收费，另一种是 300 元减去提前预订获得的 25 元折扣。两种报价的开支都是 275 元，但顾客把折扣解释为"得到"，附加收费就是"损失"，所以往往选择后者。

（4）分期付款。研究显示，当消费者在缴付分期付款时，他们对每个月支付的费用高低比较敏感，对缴费月份长短则比较不敏感。每个月缴一万元，共缴 30 个月，与每个月缴 1.5 万元，共缴 20 个月，其实总数没有差别，但是，消费者对第二种情况产生的反抗较大，因为每个月必须拿出的金额较高。特别是对于一些价格比较高的产品，比如房屋、轿车等，一般都采用这种方式。

第三节　价格修正与产品市场定位优化

一、追踪价格变化趋势

现代市场环境越来越复杂，为使价格触角更加灵敏，必须追踪产品价格变化趋势，为企业经营决策服务。为此，必须加强价格信息工作，采集各方经营信息和国家有关行业信息反馈。

1. 采集信息

企业经营部门需要定期组织各部门专职物价员进行采价，主要对某类商品或一段时间内价格波动大的商品、季节性商品、销售畅旺的商品的单价、成本、税收、利润水平等收集。此外，还包括国家颁布的价格法、价格管理条例和指令，价格管理的工作方法，价格科学研究信息等的采集。

2. 进行类比分析，并做较详细的记录

记录内容包括：采价商品的名称、零售价、所到单位名称。采价后物价员需对价格动态进行分析，计算出与本中心的价格差，提出参考变价意见，报各部门经理室和中心经营部(专职物价员留存一份)，建立价格信息数据库。

二、适宜调整

价格调整的原因：采购的原因，如，采购的花色品种不符合目标消费者的要求；采购过量；商品过时；商品质量不符合消费者的要求。销售过程的原因，如，定价失误、刺激销售、竞争等。经营方面的原因；如，零售商在营销过程中会遇到市场改变和商品实体及外观变化等问题，因而也需要对商品进行调价出售。

(一)降价

(1)早降价

①为新商品腾出资本、储存和销售的空间；②早降价的幅度小，因为商品的需求还保持着；③销售费用低，早降价不必为商品再花费广告及人力推销的费用，只是正常的促销；④增加顾客流量，早降价对顾客的吸引力大；⑤降低销售风险，早降价可以在销售季节中进一步再降价，推动商品周转；⑥提高市场占有率，有些消费者对流行性商品愿意早购买，即使是高价格，也有一些消费者只要流行期末过，愿意支付略低的价格购买。

(2)迟降价

迟降价是保持最初的销售价格到期末，采取明显的降价销售。迟降价也有许多优点：①迟降价保护商店高质量的形象；②迟降价提供充足的时间按最初价格销售；③迟降价也减少顾客等待降价购买；④迟降价产生一次性的降价销售，通常降价幅度大，吸引力大。

可是以上列举的早降价策略的种种有利之处，正是迟降价政策的不利之处。

(3)交错降价

除了迟、早的选择，商家还可以运用交错降价的方式，就是在销路好的整个季节期间价格逐步下降。这种政策往往是和"自动降价计划"结合运用的。在自动降价计划中，降价的金额和时机选择是由商品库存时间的长短所制约的。

(4)全店出清销售

"全店出清销售"是指零售店定期全面降价的一种方式，通常一年有两三次。

(5)替代性降价(新品价格更低)

替代产品是指基本用途相同的产品。替代产品价格策略即指营销企业有意识地安排本企业替代性产品间的价格比例，用以实现某种营销目标。

具有替代关系的产品，降低一种产品的价格，不仅会使该产品的销售量增加，而且会同时降低替代产品的销售量。例如，一个企业生产不同型号的汽车，不同型号的电冰箱、不同型号的照相机就属这种情况。企业可以利用这种效应调整产品结构。如企业为了把需求转移到某些产品上去，它可以提高那些准备淘汰的产品价格，或者用相对价格诱导需求，以牺牲某一品种，稳定和发展另一些品种；企业也可以利用这种效应，提高某一知名产品的价格，突出它的豪华、高档、创造一种声望，从而利用其在消费者心目中的良好形象而增加其他型号产品的销售量。

（6）控制适宜降价幅度

顾客感兴趣的降价幅度是多少？

①流行性、季节性商品通常要求在最初的标价上降价25%~50%。

②常用品在最初价的基础上降低10%~15%。

③早降价的商品降价幅度小，有时间继续降低价格；

④迟降价的商品降价的幅度大，才会刺激销售。

⑤降价幅度以商品的需求弹性为依据。

⑥降价幅度，还受到存货水平、销售和储存空间的要求、资金周转的要求等因素的影响。

（二）提价

（1）将实情告诉顾客，如由于采购成本上涨，导致产品提价。

（2）分步骤提价，如可以选择分部分商品逐步提价。

（3）一次涨价幅度不能过高，如不该超过10%。

（4）附加馈赠

（5）选择适当涨价时机

商店通常选择的涨价时机有：

①当商品采购成本上升，商店已经出告示通知顾客一段时间，而顾客皆知采购成本上涨时为涨价；

②季节性商品换季时。如冬季商品换成春季商品时，对新上市的春季商品可以考虑高于上年价格的幅度销售；

③年度交替时。新年或春节期间消费比较热，顾客手中要花费的钱比较多，此时对商品价格敏感度减弱，在这一时期涨价会容易被顾客接受；

④应节商品。传统节日和传统习俗时期，因为顾客这时对价格关心程度较低，对商品本身的关心程度较高。这时提高价格往往不会遭到顾客的拒绝。

(三)降低顾客的价格敏感度

价格敏感度的概念：在经济学理论中，价格敏感度表示为顾客需求弹性函数，即由于价格变动引起的产品需求量的变化。由于市场具有高度的动态性和不确定性，这种量化的数据往往不能直接作为制定营销策略的依据，甚至有时会误导企业的经营策略，而研究消费者的价格消费心理，了解消费者价格敏感度的影响因素，能够使企业在营销活动中掌握更多的主动权，也更具有实际意义。

1. 影响价格敏感度的因素

(1)产品因素

产品是消费者与企业发生交易的载体，只有当消费者认为产品物有所值时，产品的销售才有可能得以实现。产品的自身特性影响消费者对价格的感知，名牌、高质和独特的产品往往具有很强的价格竞争优势。

①替代品的多少。替代品越多，消费者的价格敏感度越高，替代品越少，消费者的价格敏感度越低。

②产品的重要程度。产品越重要，消费者的价格敏感度越低。

③产品的独特性。产品越独特，消费者价格敏感度越低，产品越大众化，消费者价格敏感度越高

④产品本身的用途多少。产品用途越广，消费者价格敏感度越高，用途越专一，消费者价格敏感度越低。

⑤产品的转换成本。转换成本高，消费者的价格敏感度低，转换成本低，消费者价格敏感度高，因为转换成本低时，消费者可以有更多的产品选择。

⑥产品价格的可比性。产品价格越容易与其他产品比较，消费者价格敏感度越高，比较越困难，消费者价格敏感度越低。

⑦品牌。消费者对某一品牌越忠诚，对这种产品的价格敏感度越低，因为在这种情况下，品牌是消费者购买的决定因素。消费者往往认为，高档知名品牌应当收取高价，高档是身份和地位的象征，并且有更高的产品质量和服务质量。品牌定位将直接影响消费者对产品价格的预期和感知。

(2)消费者个体因素

对于同一件商品或同一种服务，有些消费者认为昂贵，有些消费者认为便宜，而另一些消费者则认为价格合理，这种价格感知上的差异主要是由消费者个体特征不同造成的，个体特征既包括个体人口统计特征又包括个体心理差异。

①消费者的年龄。消费者年龄越小，价格敏感度越低，消费者年龄越大，价格敏感度越高。

②消费者的产品知识。消费者产品知识越丰富，购买越趋于理性，价格敏感度越低，因为消费者会用专业知识来判断产品的价值。消费者产品知识越少，对价格的变化会越敏感，尤其是对于技术含量比较高的商品，普通消费者只是以价格作为质量优劣的判断标准。

③产品价格在顾客消费中的比例。比例越高，消费者价格越敏感，比例越低，消费者价格越不敏感。高收入人群有更多的可支配收入，因此对多数商品的价格不敏感，而低收入群体，往往对价格敏感。

④消费者对价格变化的期望。期望越高，价格敏感度越高，期望越低，价格敏感度越低，因为对价格变化的期望影响消费者的消费计划，消费者买涨不买落也正是这种心理。

⑤消费者对成本的感知。消费者对实付成本的感觉比对机会成本的感觉更敏感。实付成本被视为是失去了已经拥有的财产，而机会成本被视为是潜在的放弃的所得，因为消费者认一种好处时，常常不愿意冒风险，消费者的这种心理对于一些家电企业有重要的启示，比如，尽管一种家电产品具有省电的优势，但在销售中，却不如打折扣较多同时耗电量比较大的同类产品销售得快。

⑥消费者对产品价值的感知。价格不是决定消费者购买行为的唯一因素，消费者的购买决策更多地依赖于产品价值和付出成本的比较，只有当价值不小于付出的成本时，才会发生购买行为，其中，获得的价值包括产品价值、服务价值、人员价值和形象价值，产品价格是这些价值的综合反映。付出的成本则包括货币成本(产品价格)、时间成本、体力成本、心理成本和精力成本。价值和成本的感知对于不同的顾客而言有很大的差异，甚至一个顾客在不同的情况下的感知也不同。

(3)公司的营销策略

公司经常利用价格调整的手段来引导产品的销售，相对于产品策略和渠道策略而言，价格策略表现得更直接，同时也更为有效。

①价格变动幅度。价格变化的幅度与基础价格的比例越高，消费者敏感度越高，比例越低，消费者价格敏感度越低。韦伯·费勒定律显示：顾客对价格的感受更多取决于变化的相对值，而不是绝对值。比如，对于一辆自行车，降价 200 元会有很大吸引力，而对于一辆高级轿车，降阶 200 元也不会引起消费者的过多关注。这个定律还有一个重要启示：价格在上下限内变动不会被消费者注意，而超出这个范围消费者会很敏感，在价格上限内一点点提高价格比一

下子提高价格更容易被顾客接受，相反的，如果一次性将价格降到下限以下，比连续几次小幅度的减价效果更好。

②参考价格。参考价格为消费者设置一个对比效应，从心理上影响消费者的价格公平感知。参考价格通常作为消费者评价产品价格合理性的内部标准，也是企业常用的一种价格策略。影响参考价格形成的最主要因素包括上次购买价格、过去购买价格、消费者个人感知的公平价格、钟爱品牌的价格、相似产品的平均价格、推荐价格、价格排序、最高价格、预期价格，这些因素都是可以直接用货币衡量的。还有一些无形因素可以影响参考价格的形成，主要包括公司形象、品牌价值、购物环境、购物地点以及口碑宣传。在公司有多种产品时，参考价格的设置就显得更加有意义，比如，将某种产品或某种服务的价格定得比较高，可以提高整个产品线（服务种类）的参考价格，其余产品（服务）就显得比较便宜，牺牲这种高价产品（服务），可以增加低价位的产品或服务的销售，从而提高公司的总体利润。

③促销。用降价的方式增加产品销售往往会立竿见影，但是过于频繁的价格促销会增加消费者的价格敏感度，使消费者只有在产品降价的时候才产生购买的欲望。全国性的广告可以降低消费者的品牌价格敏感度，因为用全国性广告树立起来的品牌价值更高，消费者更容易将高价值和高质量相联系。店内广告可以提高消费者的品牌价格敏感度，因为店内广告更容易让消费者进行价格比较。用实物促销能降低消费者的价格敏感度，因为实物更易引起消费者的兴趣，让消费者觉得"占了便宜"。

④巧用数字。心理学研究表明，不同的数字会对消费者产生不同的心理影响。奇数尾数定价已被广大厂商所运用，如果价格再包括小数位数，则消费者认为这是厂商经过精确测量的"合理"价格，并且消费者往往感觉奇数结尾的价格比实际上仅高出一点的整数价格低廉很多，比如，消费者认为49元要比50元便宜许多。有资料显示，当商店产品的价格从整数价格下降到含小数位的价格，销售量会有一个明显的提高。对于经常购买的日用消费品应当用奇数做尾数定价，对于不经常购买的耐用品应当用偶数做尾数定价，因为奇数暗示着节约，偶数暗示着声望。心理学家指出：当价格以"99"结尾时，产品能吸引消费者的注意；当价格以"8"结尾时，意味着对称和平缓，在中国也代表要"发"的意思；当价格以"7"结尾时，意味着笨拙和刺耳；当价格以"6"结尾时，意味着顺利和通达；当价格以"5"结尾时，意味着快乐。对于价格变动消费者也会有不同的反应，比如，厂商将价格从89降至75或从93降至79，尽管下降数额相同，但消费者感觉第二组（从93降至79）价格下降更多，因为消

费者对价格的比较首先从第一个数字开始，只有当第一个数字相同时才会依次比较后面的数字。

2. 减少消费者价格敏感度方法

不管在哪种场合下，如果价格弹性大，提价都会遇到麻烦，就难以给商品定高价。如何降低顾客的价格敏感度，有如下几种方法：

（1）给出参考价格

顾客支付意愿受到同类产品价格的影响，过去的采购经验指引消费者去判断价格是否合理。让销售人员开始先提供一些高价格的产品，然后再拿出比较便宜的产品，消费者对这款产品的价格敏感度就会降低，因为他们已经把前面那些高价商品作为参考价格。

（2）增大对比难度

顾客在购买商品时，总是要和其他同类产品做比较，但如果产品或服务的价值难以互相比较，比如法律服务，那么，顾客的价格敏感度就会降低。

（3）提高转换成本

转换成本可能由以下项目直接组成—售后服务、产品培训、存货管理、专利、兼容……分析和开发这些转换成本，制定转换壁垒，让顾客意识到改变供应来源的困难性、不稳定性和风险，将消除顾客对价格敏感性的认识。

（4）利用终端优势

当顾客花了一大笔钱购买一件商品时，他对这件商品的一些附带品和附带服务的价格就不太敏感。一辆保时捷车的真皮座椅，与整个车的巨大花费相比，顾客会觉得两三万元的皮椅看起来花费并不多。

3. 价格敏感度的管理启示

企业之间的竞争最终都将通过价格表现出来，只有真正掌握消费者如何感知价格，才能很好地利用价格杠杆实现企业的营销目标，才能使企业在竞争中立于不败之地。产品因素和营销策略是企业的可控因素，企业可以利用这些可控因素来引导和影响消费者的消费心理，从而影响消费者的价格感知和价格敏感度，有时需要降低消费者的价格敏感度，有时需要提高消费者的价格敏感度，这也正是价格策略艺术性的表现。

附：扩展阅读

风驰传媒的价格策略实践与管理

2004 年，我在风驰集团当 CEO，我们下属有 16 家公司，几乎每一个地区公司都是行业第一名。我提出一个战略，叫作增值提价，对我们来说，与抢占市场占有率相比，利润最大化更重要。

当我提出提价建议时，我们的总经理马上就害怕了，他向我报告说：第一，我们的行业利润比较高，消费者觉得我们赚了钱；第二，竞争对手为了快速地扩张，进行破坏性定价，打算用降价获得市场。那个时候，竞争对手确实在降价，我如果跟着下去，就意味着打价格战，价格战一旦出现，这个行业没有赢家。所以，我告诉所有人，我们不打价格战，我们必须打价值战，我们要和他们之间拉开距离，要消费者感觉到我们更有价值、更放心、更有回报。所以，不降价，反而要提价！

第一步，我们进行了产品的创新，开发新产品，在设计创意和新材料运用上下功夫，增强产品的内在价值。

第二步，我把价值计算出来，客户得到了哪些价值，客户在广告之前销量是多少，广告之后销量增加了多少，他们的利润回报率有多高，我们做了大量的客户见证，给客户参考。同时我们对竞争对手进行分析，对比竞争对手的价值。

第三步，我们把目标客户重新分类。A 类；铂金客户；B 类；黄金客户；C 类；一般普通客户群体。我们推出了量身定制化产品，针对高端客户，把最好的员工、最好的资源、最好的技术、最好的设备全部聚焦在最好的客户身上，推行大客户战略。

第四步，我们把产品分类，分成 A，B，C，D 四个等级，进行差异化定价。

在新战略的施行上；首先，我给员工重新"洗脑"。2004 年，我开始对我们的分公司总经理进行培训，之后是营销副总、财务总监、定价专员，明确告诉他们；我们的产品价值，我们怎样定价，定价的误区，消费者是怎么认识的。其次，改变组织模式。我们成立定价委员会，总经理挂帅，所有的定价报到集团总部，由我审核，谁敢降价必须通过我，这是军令！再次，我改变了绩效机制。从给员工按销售收入提成，改成按毛利提成。当然，提价的毛利更高，这样员工对提价还是保有积极性。最后，还在定价上设立奖惩机制。每个月我们通过额外的利润，拿出一个百分比，针对定价委员会，对他们所做的努力，给予绩效匹配的奖励。最终的结果，我们年度的利润完成预期的 115%，当年，我们被评为中国最赚钱的广告公司之一，也被评为年度中国 25 年广告业最具影响力的公司之一。

资料来源：李践. 定价定天下[M]. 北京：中信出版社，2009.

第十章　公共定价

第一节　公共定价概述

一、市场失灵

经济学的核心问题是研究稀缺资源的合理配置。如何才能使得资源的配置合理呢？自亚当·斯密提出"看不见的手"原理以来，绝大多数的经济学家认为：资源的最优配置应该依靠自发的市场价格机制。

在自发的市场价格机制调节下，需求和供应的双方都会对价格作出恰当的反应，然后双方进行较量磋商，最终达到某种均衡。确实，在经济生活中，许多东西的生产和销售是在"看不见的手"的指引下完成的，比如苹果、香蕉、蔬菜、股票、债券等。在这里，既没有中央计划的权威，也没有经济史所记载的中世纪的行会制度，市场通过价格和市场体系无意识地协调着生产者、消费者及其活动，把千百万个不同的人的知识和行动汇集在一起。在没有集中的智慧或计算机的情况下，它解决了一个当今最大计算机也无能为力涉及上百万个未知变量和关系的问题，没有人去设计市场，但它相当好地发挥着作用。

然而，另一方面，在任何国家的任何时期，没有哪个国家其商品和服务的价格调节机制完全是自发运行的。因为要真正做到资源的合理配置，其前提是：(1)市场是充分竞争的，(2)资源的转移是灵活的，(3)生产也没有外部性，(4)人们的收入分配比较均等，(5)消费者的偏好是完全正确的。然而，现实的情况不是这样，这几个前提实际只是假定。

第一，市场不全是充分竞争的。充分竞争的市场只存在于小规模的商品生产之中，比如农副产品和制作工艺简单的小商品等。生产过程复杂、技术要求较高、生产规模较大的生产就与竞争性的假定相违背，垄断性的问题凸显。经济学的道理告诉我们，垄断的结果必然使消费者的利益受损，消费者获得的价格必然较高，得到的产出必然较少。

第二，资源完全灵活转移几乎是不可能的，任何的生产都要求有专门的资本和人力，投入的专用性妨碍了资源的灵活转移，价格信号在前，资源转移必然滞后。资源转移的滞后性必然会对资源配置的合理性打上问号，在商品紧缺的情况下，价格会奇高，给企业带来不正常的垄断利润；反之，在商品过剩的情况下，价格会过低，消费者得到的价格不能反映社会的正常成本，资源配置的结果是扭曲的。

第三，从严格的意义上说，任何商品的生产都有外部性。当企业生产产生正外部性的时候，企业供应就会不足，因为没有足够的利润吸引企业生产。相反，企业生产具有负的外部性的时候，企业生产的成本会低于社会的实际成本，企业生产的数量就会过度。现实是后一种情况比较明显。

第四，市场经济的结果必然是两极分化。计划经济时期人仁收入均等的状况不复存在。在一部分人先富起来的同时，另一部分人就会穷起来。"穷"，有绝对的穷，有相对的穷。绝对穷的现象随着生产力的发展和社会保障措施的健全会越来越少，最后会杜绝；而相对的穷，则不可能消灭，泯灭意味着平均主义，又要回到计划经济的老路上去。我们已经体会到平均主义给我们经济和生活带来的危害。我们必须承认相对贫困的现实，政府的工作就是适当缩小贫富的差距。

第五，市场经济是充分尊重消费者的偏好的，问题是消费者的选择不一定是完全合理的。消费者都是从自身利益角度考虑问题，一般不会顾及他的消费对社会的影响。只要有钱，他就会按市场价格购买他愿意购买的商品。如果市场价格不能真实反映社会需求的时候，消费者就会过多或者过少消费，不能使社会福利最大化。

以上都说明市场的局限性，或者叫市场失灵。

二、基本型的商品和劳务

政府的价格控制与自发市场调节同样具有普遍性。在封建社会甚至更早，国家就对农产品的价格进行控制和调节。在现代社会，政府干预和调节价格更加广泛，政府往往对基本性的商品和劳务进行定价。基本性的商品和劳务是指影响到国计民生的商品和服务，从稀缺资源配置的角度看，它们是生产者和消费者最为需要的东西，如果社会上缺乏基本品，社会就会发生混乱，经济就会崩溃；从收入分配的角度看，它们满足消费者基本生活需要，与维护人的生存的基本权利有关。于是政府就对这些行业的产品和服务进行定价，一般来说，主要是以下几个行业：

（1）公用事业。比如，能源（电力、煤气），供水，通信（电话、邮政），电视和广播，交通运输（民航、铁路、城市交通、收费桥和道路），屠宰场和垃圾处理，等等。

（2）基础行业。比如，生产煤炭、钢铁的企业和原子能发电的企业。

（3）金融业。欧洲大多数国家至少有若干个公共所有的银行，大多数国家对私人和公共的保险公司都实行范围广泛的（从保险费率与政策条款的确定到风险和准备金的估算）管制措施。

（4）教育和卫生保健。在美国，公共所有的中小学和大学的收费以及公共所有的医院和受政府管制的私人医院都是实行公共定价的。在欧洲，尽管医疗费用基本上是纳入医疗保险内容的，政府对医疗收费仍有许多规定，政府对人们支付的处方药物的价格也纳入管制的范围。

（5）农业。在西方国家，从事农业生产的企业都是受政府管制的企业。

公共定价在我国也同样广泛。政府干预价格的领域很多，它既包括电、水、煤气、公交等公用事业行业，也涉及邮政、电信以及交通运输等基础产业部门；既包括具有垄断性的管道运输、城市供水、电力供应，也涉及具有竞争性的城市出租车、公交等行业。同时，政府干预和控制价格的方式多种多样，公共定价在有的领域采取法定价格的方式，而在其他领域则采取行业指导或价格核准的方式。

三、公共品定价主体

在一般情况下，承担公共定价职责的是政府机构。政府机构是由各级政府或者由别的相应的政府部门任命的代理机构代理政府行使定价的职能，以实现政府所要实现的目标。例如，社会保障机构，它往往对所属的医院和诊所的价格进行控制而履行定价的职能。当然，对于公共企业，公共定价也许是公共企业的董事会完成的。根据联合国（1968）的定义，公共企业是指全部地或者主要地由公共权力所有或控制的企业，它们可以是政府部门的代理机构、公共公司或者国有公司。由于公共企业为公共部门所有，公共企业的定价必然是公共定价。

四、公共品定价客体

既然公共定价强调的是定价主体的性质而与定价客体的性质无关。那么，从定价客体的角度讲，公共定价既有可能是政府机构对于私人企业的价格管制行为，也有可能是政府机构或企业董事会对于公共企业的定价行为。也就是说，公共定价可能是针对私有但受到管制的企业的，也有可能是直接针对国有企业的。

当然，同是公共定价行为，在不同的情况下，政府和企业在定价和投资决策方面所分担的责任是不同的。

（1）由企业自己作出决策。在这种情况下，企业是一个自主经营的实体，企业自负盈亏，自行生产和销售产品与服务，价格也是自主定出，可能高于或者低于成本。这种情况与管制的私人企业的情况相差无几。

（2）决策由国家机构作出。国家机关部门，比如法院、政府有关部、审计部门或法院，这些部门根据国家的有关法律单独或者联合对企业实行控制。

（3）政府可以通过直接或间接的控制影响企业决策。直接控制包括对企业价格、投资计划、就业政策、管理层的收入或者外部筹资计划等作出决策，也包括对企业作出规定和限制。

除了从企业客体的角度之外，从商品的角度来分析定价的客体。公共定价的商品大多数都具有很强的社会性，或称为社会化商品。社会化商品是指对于每一个消费者来说都有平等的权利得到，而不管消费者的收入或财富是多是少，这种商品的通常例子是医疗服务、中小学就学等。从制度上看，政府可以组织公共生产，以很低的价格或者免费供应商品，例如博物馆、中小学教育、欧洲的大学教育等。社会化商品的生产可以保留在私人手里，但由政府购买，再分配到消费者手里；或者消费者自行购买商品，政府给予消费者或者生产者补贴。政府提供社会化商品的钱不是凭空而来的，当然是纳税人的钱，来自一般的或者特殊的税收。

社会化商品的基本特征是：价格为零或者很低，供应数量很充沛。在社会化商品的各种模式中，要求公共企业把价格定得很低，使得穷人有能力与富人一样得到相同的商品数量，为此企业可能不得不蒙受巨额的亏损。

社会化商品与一个国家的经济制度和富裕程度有关。实行计划经济制度，商品化程度低，许多商品实行配给制度，尤其是生活必需品，国家保证供给，配给供应的商品都可称为社会化商品。实行市场经济，商品化程度大大提高，配给制度基本上取消了，社会化商品的范围也相应缩小。在市场经济条件下，究竟社会化商品的范围有多大，一是取决于需要，二是可能。从需要的角度来看，范围越大越好，显然是不可能做到的。只有从可能的角度看，要根据轻重缓急，列出在国家财力允许范围内的社会化商品。

第二节　公共定价的方法

在市场经济条件下，资源配置是否有效取决于市场上产品的价格是否合理，而价格的合理与否又要进一步受到市场竞争条件的制约。根据市场竞争约束条件，公共定价的一般常用方法如下：

一、边际成本定价

边际成本定价法是在市场需求曲线和厂商边际成本曲线给定的条件下，由两条曲线的交点来确定产品价格的方法。在竞争市场上，由市场需求曲线和市场供给曲线形成的均衡价格等于厂商的边际成本，从长期来看，也等于厂商的最低平均成本。这样，边际成本定价一方面保证了厂商获得最大收益，另一方面又保证了消费者能够获得低价，从而获得最大效用。所以，在竞争市场上边际成本定价是符合帕累托最优条件的一种定价方法。但是，在自然垄断行业，由于厂商在平均成本递减的规模经济阶段进行生产，因此，当政府按边际成本定价时，会给厂商带来亏损。显然，企业无法维持再生产。在此情况下，解决这一问题的可能方法是用税收来弥补企业的亏损。但是，这一解决方法会带来两个新的问题：

一是效率问题。用税收弥补亏损从效率的角度来看要求所征税收是总额税，但是，在现实经济生活中有种种的因素（如总额税无法实现理想的再分配）限制了总额税的使用，因此，现行的税收并非是完全中性的总额税，而是多少带有扭曲性影响的非中性税收。既然如此，税收的课征就不可避免地会产生超税负担，从而带来税收效率损失。伴随着税收的课征，还会发生相应的征纳成本。

二是公平问题。用税收弥补企业的亏损，意味着消费者支付的价款仅够弥补产品的部分成本，而另一部分的成本则需通过政府向公众征税来弥补，其实质是用纳税人的钱补贴了消费者，导致了产品的受益者与负担者在一定程度上的分离，显然，这既有害于公平，也有害于效率。

用税收弥补亏损所带来的效率与公平问题，为自然垄断条件下公共定价偏离最优的边际成本定价法，寻求次优的、收支平衡的平均成本定价法提供了依据。

二、平均成本定价法

平均成本定价法是在市场需求曲线和厂商平均成本曲线给定的条件下，由两条曲线的交点来确定产品价格的方法。既然边际成本定价会使企业发生亏损，从而无法实现社会福利最大化，那么至少应该限制企业的超额利润，使其盈亏相抵，收支平衡。按平均成本确定产品的价格，使社会福利达到次优状态，就成为自然垄断条件下公共定价的又一可选方法。

在平均成本定价法之下，价格确定在产品平均成本等于产品边际效益的水平上。当价格等于平均成本时，企业经营中既没有超额利润，也没有亏损，企业财务上刚好处于收支相抵的状态。

此外，平均成本定价的方法也存在着一些缺陷。第一，在正常利润被管制的情况下，自然垄断企业为获得更多的投资报酬将选择过多资本的投资组合，而不是成本最小的投资组合；同时，企业在政府定价时，将尽可能地多报成本以争取更高的定价标准，在执行期里也缺乏自觉降低成本的积极性，以增强在修订定价标准时讨价还价的筹码。第二，政府部门对企业财务和经营状况的了解程度显然不如企业，在信息不对称条件下作出的定价决策可能会使资源配置偏离平均成本定价的要求，使企业获得超过收支平衡状态的收入。

三、二部定价法

二部定价法是在弥补产品生产成本的基础上，使产品的价格等于产品边际成本的定价方法。它是平均成本定价法的变形，其出发点是"以收支平衡为条件实现经济福利最大化"。在二部定价法下，产品的价格由两部分组成：一部分是固定费用，是为取得产品的使用许可而定额缴纳的费用，这部分费用只与消费与否有关，与固定成本有关，采用定额计算的方法；另一部分是从量费用，是为消费每单位产品而支付的等于边际成本的价格，这部分的费用与消费数量有关，与变动成本有关，采用从量计算的方法。如电话费的收取通常采用的就是二部定价法，它既有每月固定收取的租费，又有按通话次数多少、时间长短和距离远近等从量计算的话费。由于固定费用是定额收取的，而从量费用是从量计算的，因此，从量收费标准就消费者而言，反映了其产品消费中的边际成本，就厂商而言，反映了其产品生产中的边际收益。当消费者和厂商分别按边际收益等于边际成本的原则进行决策时，由此所形成的均衡状态将使得产品的价格等于产品的边际成本。

但是，需要注意的是，上述结论是建立在这样一种假设基础上的：不会因为二部定价法而导致大量的消费者退出。由于二部定价法要收取一笔与消费数量无关的固定费用，这样，消费量小的消费者支付的平均成本较高，而消费量大的消费者支付的平均成本则较低，这意味着小额消费者补贴了大额消费者。

这对于那些只想消费少量该产品的消费者来说，就会权衡再三，当固定费用大于该消费者按边际成本价格支付所能得到的消费者盈余时，消费者就会退出该产品的消费，从而造成该产品消费上的效率损失。

📅 **附：扩展阅读**

四川省"十三五"农业水价综合改革

"十三五"期间，西充县红旗水库灌区依托中型灌区续建配套与节水改造项目，将2.78万亩耕地灌溉面积全部纳入农业水价综合改革规划范围，按照"科学定价、精准奖补"的思路，统筹建立农业水价形成机制和精准补贴节水奖励机制，完成改革面积2.5万亩，改革项目区实现农业用水计量收费，水费实收率达到82.2%，供水价格基本达到维修养护水平。

实行分类水价，国管工程水价实行政府定价，末级渠系实行政府指导价，骨干工程和末级渠系分别按照运行成本、全成本计价，区别作物种类，制定两类水价。推进农业水价定额管理及超定额累进加价，明确灌区粮油作物定额内水价0.13元/立方米、超定额10%（含）以内水价0.15元/立方米、超定额10%以上水价0.17元/立方米，经济作物、养殖业及其他用水类型定额内水价0.16元/立方米、超定额10%（含）以内水价0.18元/立方米、超定额10%以上水价0.2元/立方米。

明确30万元农业用水精准补贴和节水奖励资金纳入年度县级财政预算。在精准补贴方面，骨干水利工程按照全成本和水价差进行补贴，末级渠系按照每年水毁修复成本的50%进行补贴。在节水奖励方面，对采取节水措施、调整生产模式等促进农业节约用水的用水户或用水合作组织按照水权分配节约水量比例0~10%（含）、10%~30%（含）、30%~50%（含）、50%以上划分四档，分别进行奖励。

资料来源：四川水利［EB/OL］. https://www.sohu.com/a/448537684_120214231.

第十一章 价格体制与治理

第一节 价格方面的法律法规

一、价格方面的法律法规

价格方面的法规包括三种，一是价格法及与价格行为直接相关的行政法规；二是一些行政法规，这些行政法规虽然不是直接针对价格行为的，但因为涉及价格的内容，应该属于价格法广义的渊源；三是一些相关的行政法规，因为我国的价格部门属于行政机关，因此，其对微观市场的管理、对宏观市场的调控，都需要价格部门在执法过程中遵循行政法的一些程序与规范。

《中华人民共和国价格法》(1997 年 12 月 29 日中华人民共和国主席令第 92 号，自 1998 年 5 月 1 日起施行)

《关于制止低价倾销行为的规定》(1999 年 8 月 3 日国家发展计划委员会令第 2 号颁布施行)

《关于印发低价倾销工业品的成本认定办法(试行)》的通知(国家发展计划委员会 1999 年 2 月 23 日发布，自 1999 年 3 月 1 日起施行)

《关于认真贯彻〈价格法〉严格规范市场价格竞争秩序的通知》(国家发展计划委员会 2000 年 8 月 15 日颁布)

《禁止价格欺诈行为的规定》(2001 年 11 月 7 日国家发展计划委员会令第 15 号发布，自 2002 年 1 月 1 日起施行)

《禁止价格垄断行为暂行规定》(2003 年 6 月 18 日国家发展和改革委员会令第 3 号发布，自 2003 年 11 月 1 日起施行)

《关于商品和服务实行明码标价的规定》(2000 年 10 月 31 日国家发展计划委员会令第 8 号颁布)

《政府制定价格行为规则》(根据《中华人民共和国价格法》，国家发展和改革委员会对《政府制定价格行为规则(试行)》进行了修订，修订后的《政府制定

价格行为规则》已经国家发展和改革委员会主任办公会议讨论通过，自 2006 年 5 月 1 日起施行）

《中华人民共和国反不正当竞争法》（1993 年 9 月 2 日第八届全国人民代表大会常务委员会第三次会议通过，自 1993 年 12 月 1 日起施行）

《政府价格决策听证暂行办法》（2001 年 7 月 2 日国家发展计划委员会令第 10 号颁布，自 2001 年 8 月 1 日起施行）

《价格行政处罚程序规定》（中华人民共和国国家发展和改革委员会令第 22 号修改，自 2013 年 7 月 1 日起施行）

《中华人民共和国行政强制法》（2011 年 6 月 30 日第十一届全国人民代表大会常务委员会第二十一次会议通过）

《价格监督检查管辖规定》（国家发展计划委员会 2000 年 4 月 25 日颁布，自 2000 年 6 月 1 日起施行）

《价格主管部门案件审理委员管会工作规则》（国家发展计划委员会 2001 年 6 月 1 日颁布，自 2001 年 7 月 1 日起实施）

《中华人民共和国招标投标法》（1999 年 8 月 30 日中华人民共和国主席令第 21 号公布，自 2000 年 1 月 1 日起施行）

《关于进一步贯彻〈中华人民共和国招标投标法〉的通知》（国家发展计划委员会 2001 年 7 月 27 日发布）

《工程建设项目招标范围和规模标准规定》（2000 年 5 月 1 日国家发展计划委员会令第 3 号发布、施行）

《印发国务院有关部门实施招标投标活动行政监督的职责分工意见的通知》（国务院办公厅国办发［2000］34 号，2000 年 5 月 3 日发布、执行）

《招标公告发布暂行办法》（2000 年 7 月 1 日国家发展计划委员会令第 4 号发布、执行）

《工程建设项目自行招标试行方法》（2000 年 7 月 1 日国家发展计划委员会令第 3 号发布、施行）

《评标委员会和评标方法暂行规定》（2001 年 7 月 1 日国家计委、国家经贸委、建设部、铁道部、交通部、信息产业部、水利部联合发布，国家发展委员会令第 12 号发布、实施）

《中华人民共和国合同法》（1999 年 3 月 15 日中华人民共和国主席令第 15 号公布，自 1999 年 10 月 1 日起施行）

《中华人民共和国行政处罚法》（1997 年 12 月 29 日第八届全国人民代表大会常务委员会第二十九次会议通过）

《中华人民共和国行政复议法》(1999 年 4 月 29 日第九届全国人大常务委员会第九次会议通过，1999 年 10 月 1 日起施行)

《中华人民共和国行政诉讼法》(1989 年 4 月 4 日第七届全国人民代表大会第二次会议通过，1990 年 10 月 1 日起施行)

《中华人民共和国国家赔偿法》(1994 年 5 月 12 日第八届全国人民代表大会常务委员会第七次会议通过，2010 年 4 月 29 日第十一届全国人民代表大会常务委员会第十四次会议《关于修改〈中华人民共和国国家赔偿法〉的决定》修正)

《价格监测规定》(国家发展和改革委员会办公会议讨论通过，自 2003 年 6 月 1 日起施行)

《食盐价格管理办法》(自 2003 年 7 月 1 日起执行)

《政府价格决策听证办法》(由国家发展计划委员会公布，自 2002 年 12 月 1 日起施行)

《政府制定价格行为规则》(根据《中华人民共和国价格法》，对《政府制定价格行为规则(试行)》进行了修订，修订后的《政府制定价格行为规则》已经国家发展和改革委员会主任办公会议讨论通过，自 2006 年 5 月 1 日起施行)

《价格违法行为行政处罚规定》(1999 年 7 月 10 日已经国务院批准，自 1999 年 8 月 1 日起施行，2008 年 1 月 9 日国务院第二百零四次常务会议通过了关于修改《〈价格违法行为行政处罚规定〉的决定》)

《价格违法行为举报规定》(由国家发展计划委员会公布，自 2002 年 1 月 1 日起施行)

《中介服务收费管理办法》(国家发展计划委员会、国家经济贸易委员会、财政部、监察部、审计署、国务院纠风办文件联合发布计价格[1999]2255 号)

《国家计委、建设部颁布经济适用住房价格管理办法》(自 2002 年 11 月 29 日公布)

《价格监测质量管理暂行办法》(国家发展计划委员会公布，自 2004 年 6 月 1 日起执行)

《收费标准管理规定(试行)》(国家发展委员会价格[2004]893 号)

《中华人民共和国国家发展和改革委员会令》

《国家发展改革委关于运用价格调节基金和改善价格调控的通知》

《国家发展改革委发布政府制定价格行为规则》

《财政部、国家税务总局关于调整外伤投资项目购买国产设备退税政策范围的通知》《企业会计准则——基本准则》(2006 年)

《关于调整外商投资项目购买国产设备退税政策范围的通知》（财税［2006］61号）

《企业会计准则——基本准则》（中华人民共和国财政部令第33号）

《建设工程监理与相关服务收费管理规定》（发改办价格［2007］226号）

《政府制定价格成本监审办法》（国家发展改革委会令第42号）

二、价格方面法律法规特点

在这些法规中，国家发展和改革委员会制定的部门规章在数量上占绝大部分，体现了国家发展和改革委员会是价格宏观调控的主体，从而确保了价格宏观调控在市场经济发展中发挥着巨大的作用。

价格方面的法律法规呈现出立法层次较低的特点，因为大多是部门规章，由全国人大及人大常委会制定的基本法却很少，从而导致法律效力不高。

价格方面的法律法规体现了对价格微观市场的规制与对价格宏观市场的调控两个方面，共同构筑了价格法的体系框架。

三、价格法的法律意义

经济法是调整在国家协调本国国民经济运行过程中发生的经济关系的法律规范的总称，它是一个独立而又重要的法律部门，在保障和促进以经济建设为中心的社会主义现代化建设中发挥着重要且巨大的作用。与民法、刑法、行政法之法的部门相区别，经济法以社会为本位，旨在维护社会公共利益，突出了国家为克服市场失灵和政府失败，从全社会整体经济利益出发，对经济的干预引导和调节控制，属于公法领域的范畴。而国家对经济干预和调节，以经济法律手段为主，并辅之以必需的行政手段来实现，其中，价格杠杆即为一种重要而有效的经济手段，因此，把价格杠杆这一调整手段法律化的价格法，是经济法中重要的部门法，它与经济法的本位、宗旨一致，对保证我国的市场经济建设的持续、健康、快速发展作出了重大贡献。价格法的经济法意义作用如下：

（一）价格法是经济法用法律手段来调整价格经济关系的法

价格法是指调整价格关系的法律规范的总称，即价格法是对价格经济关系的法律上的调整。法律上的调整应当包括三层含义：一是法律允许主体做什么；二是法律不允许主体做什么；三是主体违反了法律规定，法律责任是什么？也就是运用法律的规定把人们的行为或者活动纳入可操作的轨道。价格法是价格杠杆这一经济手段和法律手段相结合的产物，但正是这一结合赋予了价格手段法律效力，使其以国家的强制力为后盾，成为最强有力的经济调控杠杆和手段。

我国的《价格法》于 1997 年 12 月 29 日第八届全国人大常委会第二十九次会议审议通过，并于 1998 年 5 月 1 日正式实施，它以法律的形式确立了我国现有的价格制度。《价格法》把按经济规律和符合国民经济需要的调控价格的方式方法用法律手段固定下来，明确规定价格领域各主体的权利义务，并辅之以相应的法律责任，突出了国家价格宏观调控目标和价格管理职能，建构起了公平合理、有序地进行价格竞争的市场秩序。《价格法》的内容涵盖了社会主义市场价格体制的基本特征，即形成了价格市场化、价格决策民主化、价格宏观调控间接化、市场价格竞争有序化和价格管理监督法制化。因此，《价格法》是适应社会主义市场经济发展的客观要求制定的基本法律，是我国价格法制定逐步走上规范化轨道的里程碑，是社会主义市场经济法制化的一个重要体现。《价格法》为开展价格工作指明了方向，提供了指导思想和法律依据，摆正了价格在市场经济体制下的"校对市场晴雨表"的重要地位，凸显了国家利用价格这一经济手段间接调控经济的目标和价格工作的基本出发点，为维护市场经济的有序竞争创造了条件。

(二)《价格法》赋予企业权利与义务

企业是市场经济活动的主体，是市场价格行为的发出者，也是政府价格调控措施的实际执行者。价格法通过对企业自主定价权利的规定，有效地发挥了企业根据市场变化灵活调整经营模式、自由配置社会资源的作用，并通过了经营者不正当价格行为的禁止，保证了市场正常的价格竞争秩序，从而使《价格法》起到了在微观上对价格关系的调整作用。

《价格法》开宗明义，确立了主要由市场形成价格的机制，大多数商品和服务价格实行市场调节价，其形成机理是企业的生产经营成本和市场供求状况。因此，价格的制定应当符合价值规律，遵循公平、合法和诚实信用的原则，要努力改进生产经营及管理，降低生产经营成本，为消费者提供价格管理的商品和服务，并在市场竞争中获取合法利润。

《价格法》还禁止企业进行不正当价格竞争行为，实行明码标价制度，创立了企业在价格领域的公平竞争条件，为实现价格机制乃至市场机制优胜劣汰的作用奠定了良好的基础。《价格法》所禁止的不正当价格竞争行为主要包括：(1)相互串通，操纵市场价格，损害其他经营者或消费者合法权益的行为；(2)为排挤竞争对手或独占市场，以低于成本的价格倾销，扰乱正常的生产经营秩序，损害国家利益或其他经营者合法权益的行为，但也有例外情况；（3）捏造、散布涨价信息，哄抬价格，推动商品价格过高上涨的行为；（4）利用虚假的或者使人误解的价格手段，诱骗消费者或者其他经营者与其进行交易；（5）提供相同商品或者服务，对具有同等交易条件的其他经营者实行价格歧视；（6）利用抬高等级或者压低等级等手段收购、销售商品或者提供服务，变相提高或者压低价格；（7）违反法律、法规的规定牟取暴利；（8）法律、行政法规禁止的其他不正当的价格行为。

总之，价格法在赋予企业自主定价的权利的同时，也规定了相应的义务，以法律手段切实维护了企业作为市场经营主体的正当权益，为企业建构起了公平、合理的市场竞争环境，体现了企业作为经济法主体的地位。

（三）价格法体现了国家用经济法对市场的干预

经济法是国家为了克服市场调节的盲目性和局限性而制定的，调整需要由国家干预的、具有全局性和社会公共性的经济关系的法律规范的总称。表明经济法最基本的属性是国家运用法律对社会经济生活的干预，且这里的干预包括有介入、调节、协调、调控和管理等内容，更能体现经济法的权力属性。经济法之所以要运用国家权力对市场经济进行干预，原因在于市场存在缺陷，即市场会失灵，干预目的在于矫正这种市场失灵，清除市场顺畅运行的阻碍因素，从而确保公平、公正与有序的市场竞争环境。

价格机制作为市场机制的核心，在市场经济中起着配置资源的主导作用，而价格机制作用的充分发挥必须以公平竞争的市场环境为依托。但是，现代市场经济不是完全意义上的自由竞争市场，存在市场缺陷和对于长期经济发展、外部效应、公共产品提供等不利，以及价格机制本身无法解决的垄断价格控制和消除不正当竞争等问题。因而，必须借助于国家干预来弥补市场的失灵和价格机制的缺陷，以创造公平、公正的市场竞争环境。

因此，完全的市场调节和市场形成价格的机制在现实中是不存在的。对一些供求弹性小，缺乏竞争性而对国家政治经济稳定和发展有重大影响的商品和服务价格，由市场自发调节往往会导致垄断和供求关系的失衡，反而不利于资源的合理配置和居民生活水平的稳定提高。因此，《价格法》在确立了以企业自主定价为主的价格形成机制的同时，仍未放弃政府对市场价格的控制作用。因此对于少数重要商品的价格，仍然必须由政府从国民经济和社会发展的全局出发加以指导。我国《价格法》第18条界定的，政府在必要时实行政府指导价或政府定价的商品和服务价格的范围如下：（1）与国民经济发展和人民生活关系重大的商品和服务价格；（2）资源稀缺的少数商品价格；（3）自然垄断经营的商品价格；（4）重要的公用事业价格；（5）重要的公益性服务价格。

《价格法》第三章还规定制定政府指导价、政府定价，明确规定应当根据有关商品或者服务的社会平均成本和市场供求状况。国民经济与社会发展要求以及社会承受力，实行合理的购销定价、批零差价、地区差价和季节差价，使价格既灵活而又相对稳定，既考虑市场供求、反映价值规律，又体现从整体经济利益出发对全社会和国家利益的维护。同时，还可召开价格听证会，广泛听取各方意见，来增加价格制定的透明度和灵活性。这都体现了国家既充分尊重市场，又不放松对市场价格的必要引导与控制，体现了价格法的市场规制法属性。

（四）价格法体现了国家运用价格手段对经济的宏观调控

如果说国家干预是对市场经济微观领域的干预，那么宏观调控是对国民经济进行的宏观干预。因为如前所述，市场具有自身无法克服的局限性，无法预计长远利益，整体平衡，那么就需要一种力量，从宏观上、整体上、战略上对"社会经济活动给予指导、鼓励、提供帮助和服务，引导和促进社会经济协调、稳定和不断发展"。现代国家大多具有这种经济职能，并将其命名为"国家宏观调控"。可见，宏观调控也是以市场失灵和政府失败理论为基础，综合运用经济、法律、行政等手段从总体上对国民经济进行的间接调节和控制。

但是，宏观调控目标的实现和体系的建立必须以法律为途径。从根本上讲，宏观调控是一个经济问题，但是，宏观调控目标的最终实现，使它又不得不采取法律的形式。因此，宏观调控必须与法律相结合。且宏观调控体系的建立与宏观调控法律体系的建立必须完成于同一时空，否则，没有法治做后盾的宏观调控体系，只能是一个软弱无力的运行体系。

价格作为市场运行的信号和调节器，在市场机制的运行中发挥着重要作用，价格法是国内价格关系的法律规范的总称，是法制化的价格关系。且价格作为商品经济社会一切经济利益的逻辑起点，不仅是微观经济运行的基础，同时也是宏观经济调控的目标、对象和主要手段。稳定市场价格总水平是国家重要的宏观经济政策目标。国家根据国民经济发展的需要和社会承受能力，确定市场价格总水平调控目标，列入国民经济和社会发展计划，并综合运用货币、财政、投资、进出口等方面的政策和措施，予以实现。我国《价格法》的第四章"价格总水平调控"就是国家援用价格手段进行宏观调控的明显体现。在该章中不仅规定价调控的目标，实现手段，还规定了重要商品储备制度，价格调节基金制度，重要农产品保护制度，以及价格临时干预措施和紧急措施等价格总水平调控的价格手段，体现了国家运用价格手段，对全社会经济总量的平衡、总供给与总需求基本平衡的维护。

由于价格是国家经济的基础和核心，运用价格杠杆这一经济手段，协调国民经济，是政府职能从直接行政干预转到间接宏观调控的有效方式，因此把价格杠杆这一调控手段法律化的《价格法》，是国家宏观调控法的重要组成部分，是国家进行价格宏观调控的重要依据。

综上所述，《价格法》作为经济法中一个重要的部门法，与经济法的本位、调整对象、主体和内容等方面相一致，体现了经济法对市场经济发展的巨大作用。《价格法》将我国价格改革的成果用法律的形式固定下来，不仅规定了企业等经营者的微观领域价格行为，同时也从国民经济的全局出发，运用价格手段对微观领域进行宏观调控，从而既维护了广大消费者和其他经营者的合法权益，也保持了全社会经济总量和经济结构的基本平衡，实现了国家调节社会经济的职能。

因此，《价格法》是我国制定的全面体现经济法特征的一个实际运用的典型法例，它丰富了我国经济法的内容，是经济法体系中必不可少的部门法，对其属性的准确界定应是：《价格法》既具有市场规制法属性又具有宏观调控法属性，兼具微观和宏观两方面的属性，任何只谈价格法的一个属性的说法都是片面的。

第二节　价格法律制度

一、价格的垄断性

对于价格垄断问题，在人们的心目中早已将其定格为市场规制法的研究范围，认为价格垄断是破坏市场有序竞争，损害消费者合法权益的行为，这不无道理。因为价格是商品经济社会一切经济利益的逻辑起点，是微观经济运行的基础。所以，世界各国纷纷在反垄断法中对其加以禁止和规范。然而，价格垄断之根源并不仅仅在于市场本身，而是更多地根植于政治、经济体制，因而，单纯地规范市场竞争，反对价格垄断，不可能真正制止或杜绝价格垄断的发生。价格垄断之所以屡禁不止，更重要的是目前对价格垄断的认识存在误区，价格垄断不仅是市场规制法所研究的问题，更是宏观调控法所研究的内容。

(一)价格垄断需要宏观调控的必要性

1. 对价格垄断之界定

价格垄断,即恶意串通,操纵市场价格,是指双方或多方经营者相互勾结,非法串通一气,直接利用价格共同进行的在相关市场上消除或限制价格竞争,损害其他经营者或消费者的合法权益的不正当经济行为。其特征为:首先,主观上出于恶意,具有违法的意图,如果双方或一方经营者不知或不应知道其行为的损害后果,不构成恶意;其次,经营者之间相互勾结、串通一气,即经营者具有共同的目的,都希望通过实施不正当价格行为来损害其他经营者和消费者的利益;再次,形成价格垄断的主要方式是独占或有组织地联合行动,垄断者凭借自己在市场中的独占地位,靠操纵市场价格来牟取非法利润;不具有独占地位的经营者则依靠组织的联合性行为,通过不合理的企业规模和减少竞争者数量以及对具有竞争性的企业实行控制等方式排挤竞争对手,控制市场价格;最后,垄断者之所以能形成垄断势力凭借的是经济优势或行政权力,目的在于操纵或支配市场价格,获得垄断利润。

价格垄断有多种形式和分类,依它产生原因的不同可分为三类:由竞争而产生的价格垄断属经营性价格垄断;基于资源控制和规模优势,仅由一家生产者提供全部产品而产生的垄断属自然价格垄断;由政府立法或授权形成的价格垄断属政策性价格垄断或行政性价格垄断。经营性价格垄断在我国只是一个概念。因为我国的市场经济没有经历过自由竞争时期,很少有生产的集中和积聚,企业自身积累也不可能产生经营性价格垄断,因而无需对经营性价格进行反垄断。对于自然价格垄断的行业在我国由政府实行定价和指导价,对其进行价格宏观调控。市场经济国家中,政府有时需要控制某些行业的市场准入,限制行业竞争,这就导致了政策性垄断或行业性垄断的产生。因而,对于后两种价格垄断,由于经营者的特定性或特殊性,单纯的市场是无法对其加以规制的。传统观念认为:价格垄断是市场规制法律体系中反垄断法的重要内容,而垄断法之所以关注价格,是因为价格可以反映出市场的竞争程度,价格是反垄断法关注市场竞争状况的风向标,商品生产经营者之间的竞争是市场经济的活力所在,而价格的竞争无疑是市场竞争最直接和最重要的表现方式。价格作为经济学上的重要概念,一直是微观经济领域的重要杠杆和工具。价格在市场经济中发挥着重要作用:价格作为商品价值的货币表现,具有核算工具的职能;价格通过对价值的偏离(即价格的上下波动)实现价值规律调节社会生产,促进供求平衡和资源优化配置,发挥调节杠杆的作用;价格通过其高低涨落传递市场供需信息，刺激生产者生产和进行收入的再分配。价格还可以影响消费者购买力的投向，在一定程度上调节消费者结构与可供商品之间的平衡。但是价格杠杆作用的发挥必须以公平的市场竞争为依托，只有这样，才能使交换双方的利益和意志充分地、淋漓尽致地发挥出来。但是，这种竞争性市场只有在没有任何一个供给者或者需求者可以影响市场价格的情况下才能存在。然而现实中的市场往往会受到各种不正当竞争行为和垄断行为的影响而使竞争不公正、不公平，从而影响价格杠杆作用的充分发挥，价格垄断行为即为最大的阻力。因而为规范公平有序的市场竞争秩序，世界各国都把价格垄断作为竞争法的禁止对象和调整的内容。美国的《谢尔曼法》《克莱顿法》和《联邦贸易委员会法》三部法所构成的独特的竞争法体例即为典型。我国现行的《反垄断法》只是对经济垄断做了明确规定，但对行政垄断却规定的甚少，所以《反垄断法》还需要进一步的明确与完善。因为，目前我国的经济体制仍然需要完善，不存在经营性价格垄断。而自然价格垄断和行政性价格垄断又往往交织在一起，许多自然价格垄断行业的经营者本身就是管理者或政府部门。有时很难区分其行为是行政行为还是单纯市场经营者的行为。现实中，即使是本着单纯经营者的目的参与市场竞争，也难免会以其独特的行政主体的身份介入其中，结果不但不能制止价格垄断，有时甚至使矛盾更加激化，从而走向竞争的反面——垄断。这种与生俱来的优越性是单纯的市场规制法无法克服和避免的，这为反价格垄断提出了难题，该如何解决，必须寻求新的办法。

但并不是所有的垄断都有悖竞争，为适应经济生活的复杂性，各国在制定反垄断法时普遍作了保留，国家基于社会经济发展和公共利益考虑，从立法政策上对某些特定行业、特定行为或在特定时期、特定情况下对某些特定内容的行为赋予法律适用的豁免权。各国反垄断法规定的例外情况有：一是特定的经济部门，一般是指具有一定的自然垄断性质的公用公益事业，如电力、交通运输、水、煤气、银行等行业，还有比较分散、易波动的农业以及不应过多过滥开采自然资源的开采业；二是知识产权领域，因其自身的独占性和垄断性，不适用反垄断法；三是特定时期和特定情况下的垄断行为和联合行为，是指在经济不景气时期为调整产业结构的合并、兼并以及发生严重灾害及战争情况下的垄断行为，是正当合理的行为。那这些例外情况又受什么法的调整，该如何规范和约束？如果拥有豁免权的经营者一味地对它加以滥用，又该如何处理？

市场规制法是国家依法干预市场交易活动的法律。市场规制法的本质是国家权力对市场交易活动的依法适度干预，其宗旨是重现和复制公平的市场交易活动。市场失灵是国家干预的重要根源，是市场规制法存在的重要理由，导致市场失灵的重要原因即为垄断，价格垄断是不正当竞争行为最大的罪魁祸首。所以政府借助于法律化的经济、行政手段直接干预市场、管理经济，以克服市场失灵，使市场恢复自由、公平、有序，这在一定程度上提高了交易的效率，维护了消费者和国家的合法权益。然而，政府作为管理主体以公法手段介入市场管理关系，难免会以自己特殊的身份而导致政府干预的失灵，如干预过度、滥用干预权等官僚主义行为的发生，滋生腐败，使价格垄断等行为加剧，因此，需要建立政府干预的规范来约束政府干预的权力，推进管理的民主化和法制化。

综上所述，市场规制法建立的理论基础应该是市场失灵和政府失灵的双重基础。反垄断法作为市场规制法的重要内容，是反价格垄断的专门法、特别法。但是由于市场规制法对市场竞争的直接干预性，决定了它不能从根本上杜绝价格垄断的局限性。因为政府作为市场规制主体，不可能从根本上去约束自己，就好比医生不能给自己治病一样，政府也无法做到彻底的自我医治。可见，价格垄断不仅是个单纯的市场规制法问题，更是个宏观调控法问题。

2. 价格垄断的宏观调控法新论

在现代市场经济一般理论中，宏观调控和市场规制是国家干预经济的两个基本手段。宏观调控法和市场规制法都以市场失灵、政府失败和国家干预理论为理论基础，强调国家应该介入市场经济领域，以促进公平竞争、引导市场经济有序、健康地发展，但是，宏观调控法和市场规制法具有明显区别：其一，两者的调整对象不同：宏观调控法以宏观调控关系为调整对象，即以国家对国民经济总体活动进行调节和控制过程中发生的经济关系为调整对象，而市场规制法则以市场管理关系为调整对象，即以政府对微观经济领域进行管理所形成的经济关系为调整对象。其二，两者所依据的国家干预理论的范畴不同：宏观调控法所依据的国家干预理论属宏观经济学的范畴；而市场规制法所依据的国家干预理论属微观经济法的范畴。其三，两者所采用的手段不同：宏观调控法以经济、法律手段为主，辅以必要的行政手段，是间接调控；而市场规制法用法律化的经济、行政手段来直接参与经济管理。其四，两者的目的不同：宏观经济法具有宏观性、指导性、政策性等特点，目的在于保持全社会产品总供给与总需求的基本平衡；而市场规制法则以市场为对象，在于促进市场竞争的公平、公正，维护消费者和经营者的合法权益，规制微观经济领域的利益平衡。

稳定物价、充分就业、促进经济发展和平衡国际收支是宏观调控的四大目标，其中物价的稳定首当其冲。价格在市场经济中的重要作用表明"价格好比国民经济的一面镜子，它的变动影响生产、流通、交换和消费领域，反映着价格总水平和经济结构的调整、变化，是调节国民经济发展和各方面利益最重要最敏感的经济杠杆"。"价格不仅是微观经济运行的基础，也是宏观经济调控的目标、对象和主要的宏观调控手段"。因此，价格机制的正常运行和价格体系的合理化是国民经济协调、稳定、健康发展的重要保证。而价格垄断行为破坏了市场的公平竞争，阻碍了价格机制的正常运行，因此，国家从保持价格总水平的基本稳定和全社会总供给与总需求基本平衡的全局出发，应该对其加以调控。国家通过宏观经济政策，主要运用法律、经济手段并辅之以必要的行政手段，来实现对垄断的规范和约束，因此，价格垄断问题，首先应该是一个宏观调控政策法律的选择与调控问题。

(二)对价格垄断两部规章的解读

1. 实施的意义

作为价格垄断实施细则的《反价格垄断规定》和《反价格垄断行政执法程序规定》规章于 2012 年 2 月 1 日正式施行。

一是有利于维护公平竞争的市场环境。竞争是市场经济的本质属性和基本特征。建设社会主义市场经济必须严厉打击各种排除、限制竞争的行为。两部规章对《反垄断法》作了必要的细化，有利于准确判断各种价格垄断行为，把握处罚依据，加大对价格垄断行为的打击力度，优化市场竞争环境，提高经济运行效率。

二是有利于促使经营者自觉遵守法律。两部规章进一步界定了合法与违法的界限，明确了市场主体开展价格竞争应遵守的行为准则，使经营者形成明确的法律预期。同时，也有利于社会各界了解国家反价格垄断政策，形成有效的社会监督，规范经营者的价格行为。

三是有利于价格主管部门依法实施监管。两部规章对各种价格垄断行为的法律构成要件、表现形式、法律责任，以及执法程序等问题作出了比较具体的规定，有利于价格主管部门依法实施监管，准确分析定性，更好地实现反垄断法的立法目的。

2. 两部规章的内容简介

(1)《反价格垄断规定》的内容简介

《反价格垄断规定》属于实体性规定，共29条，《反价格垄断规定》详细明确了一些禁止的价格垄断行为，包括禁止具有竞争关系的经营者达成固定或者变更价格的8种价格垄断协议；禁止经营者与交易相对人达成固定商品转售价格和限定商品最低转售价格的协议；具有市场支配地位的经营者，不得从事不公平高价销售、不公平低价购买、在价格上实行差别待遇、附加不合理费用等6类价格垄断行为。

此外，还规定了行政机关和法律、法规授权的具有管理公共事务职能的组织不得滥用行政权力，强制经营者从事价格垄断行为，或者制定含有排除、限制价格竞争内容的规定；不得对外地商品设定歧视性收费项目、实行歧视性收费标准或者规定歧视性价格。

（2）《反价格垄断行政执法程序规定》的内容简介

《反价格垄断行政执法程序规定》属于程序性规定，是规范价格行政执法部门自身行为的，共26条，对举报受理、调查措施、依法处理、中止调查、宽大政策等程序制度，以及价格主管部门的责任做了规定。其中一个重要亮点是，违法经营者中，第一个主动报告达成价格垄断协议的有关情况并提供重要证据的，可以免除处罚。对涉嫌价格垄断行为，任何单位和个人有权向政府价格主管部门举报。国务院价格主管部门和经授权的省、自治区、直辖市人民政府价格主管部门作为反价格垄断执法主体，有权对管辖范围内的垄断案件进行查处，并可以委托下一级政府价格主管部门实施调查。政府价格主管部门可以依法进入被调查经营者的营业场所或者其他有关场所，采取询问、查封、扣押、查询银行账户等调查措施。

3. 两部规章的实施保障

两部规章出台后，国家发改委从三方面采取措施，保证反价格垄断规定的贯彻实施。

一是整合执法资源，加大监管力度。特别是省级以上价格主管部门，将整合和加强反价格垄断执法力量，成立专门的反垄断执法机构，为监管工作提供人员和组织保证。并进一步加大对价格垄断行为的监管力度，组织开展对重点行业和重点领域的执法检查，查处各种违反反垄断法的价格违法行为，曝光一批典型案件。

二是反垄断法实施以来，国家发改委与商务部、工商总局等反垄断执法机构形成了良好的分工合作机制。下一步，价格主管部门将与有关部门密切配合，加强协调，建立健全分工管辖、案件移送、联合办案等制度，形成反垄断监管的合力，共同维护公平竞争的市场环境。

三是各级价格主管部门将通过各种方式积极宣传反价格垄断规章。引导相关企业和市场主体知法、懂法、自觉守法；让群众进一步了解国家反价格垄断政策，形成有效的社会监督。

4. 对两部规章的评析

(1)自 2010 年 7 月以来，在我国 CPI 连续走高的背景下，各级价格主管部门依法查处并公开曝光了绿豆、大蒜、电力、成品油等一批价格违法典型案例，两部规章的出台，也是国家一系列稳定物价的举措之一。未来一段时期内，部分涉及价格垄断的行业协会、企业将受到制约，这在政策层面对因垄断造成的价格上涨将起到一定遏制作用。尤其是集中程度较高、在价格上易于进行垄断操作的行业，如石油、电信、交运行业未来将受到此规定的约束。对于进口依存度较高的行业而言，在国际贸易中出现的价格垄断争议，将可以通过上述规定进入调查程序，这将增强相关企业在对外谈判中的筹码。但《反价格垄断规定》主要针对的是市场调节价和一部分政府指导价，它是对企业、对经营者的价格行为进行监管。与老百姓生活密切的水、电、气、成品油等商品价格属于政府定价的，就通过政府价格政策的制定和调整来解决，比如说，电价是自然垄断，国家主要应加强成本监审，合理确定价格，因此不属于《反价格垄断规定》的监管范围。

(2)《反价格垄断规定》中有一些概念比较模糊的字眼，比如"过高的销售价格"或者"过低的购买价格"，这对该规定会有影响吗？虽然该规定是个具体实施细则，但是对每一个词语做到量化确实比较困难。建议在适用法律时不但要根据前一个周期的水平，或者周边地区、相同类似产品的价格水平进行比较，还要综合考虑其他方面的很多因素，比如有没有从中获利等。但总的来说，要把所有的操作都量化也是很困难的，各行各业的价格情况是不一样的。所以，很难作出一个放诸四海而皆准的标准，即使作出了对某些方面或者行业会很不公平。所以面对这样的问题，只能要求执法者根据多方面因素综合判断。

(三)打破价格垄断的措施

1. 引进竞争机制，打破垄断

如上所述，困扰我国反垄断的难题是政府行政性价格垄断和自然价格垄断，且二者又常常交织在一起，呈一体化垂直垄断结构，即：自然垄断环节与附着在自然垄断环节的可竞争环节往往为同一行政管理部门或行业所拥有，实行一揽子统一管理或经营。自然价格垄断行业受到政府行政保护，缺乏为保护自己垄断地位而进行竞争的动力。打破垄断，引入竞争，首先使垄断行业脱离政府的行政管理。对于自然垄断行业，要先进行区分，分离出自然垄断行业中的非垄断行业并引入竞争，鼓励民间投资主体进入，实行产权的多元化，进行股份制改造,使其成为独立自主的不受政府行政权力影响的现代化企业。对于纯粹自然垄断行业的产品实行政府定价或政府指导价,并由政府根据市场供求变化、社会平均生产成本、宏观调控形势、社会承受能力,实行合理的购销、批零、地区、季节差价,并做出相应的调整和变动,且随着市场季节体制的进一步完善,纯粹的自然垄断行业产品在逐步递减,竞争机制的引入可以打破自然垄断行业以往的垄断地位,使其充满活力。同时,政府可以出台并实施相关的政策来维护、引导企业进行公平竞争,制定市场准入规则限制企业进入,以管制垄断企业的价格和服务质量,限制垄断企业利用其垄断地位压制潜在竞争对手,损害消费者利益。

2. 政府应当具有超前意识

政府要做好宏观调控,为自然垄断行业引入竞争机制创造有利条件,多数基础设施如邮政、电信、供水等部门都具有自然垄断性质,还有公用事业如城市供水、供暖、供气等往往具有自然垄断性质。这两种行业具有投资大、规模大、使用广等特点,如果引入竞争,政府首先应该承担基础设施的发展前景预测和总体布局规划,并制订基础设施建设的中长期计划,消除市场机制的盲目性,为提高基础设施投资效率打下基础。良好的规划又可以大大提高基础设施的投资效率。同时政府应该订立明确的奖惩制度,对于符合基础设施和公用事业投资计划的,应加以奖励,以鼓励其引进民间投资,开展竞争。对于不符合基础设施和公用事业投资计划的,应当运用其行政权力加以制止,以避免恶性的价格垄断和竞争。

3. 转变政府职能,树立服务意识

导致我国价格垄断的主要原因是政府行政权力的干预和介入太多,因此,政府行政垄断行业成为价格垄断最严重的行业,而利益驱动是滥用行政权力妨碍市场的根本动力。但是反行政垄断并不是一件轻而易举的事,因为反垄断的主体和对象是同一的,更何况并不是所有的行政垄断应该被反,深化体制改革,转变政府职能,促进政企分离,树立服务意识是最为有效的办法。

转变政府职能,不仅要转变管理职能、工作方式,还要转变机关作风,政府要按照市场经济发展的要求进一步调整现有管理职能,正确处理宏观调控和微观管理的关系,充分发挥综合研究能力,拟定经济和社会发展政策,进行总量平衡。加强和完善宏观调控,综合运用各种经济杠杆,搞好宏观经济政策的协调配合。同时,要突出工作的宏观性、战略性和政策性,真正把主要精力放在研究制定实施发展战略、长期规划、产业政策、搞好经济总量配合、优化经济结构等方面上来。

总之，一般认为，在经济法内部分工之上，价格垄断问题应是市场规制法的调整范围，但是本书认为，就价格垄断的现状和发展来看，其首先是个宏观调控政策法律的选择与调控问题。适当的宏观经济政策与法律的选择是抑制行政权力滥用，制止价格垄断的第一道屏障，而市场规制法则构成第二道保护屏障。宏观调控法和市场规制法同作为国家干预、校正市场失灵的手段，分别从宏观和微观的角度来反对价格垄断，维护公平竞争，保护消费者和国家的合法权益，做到双管齐下、两手齐抓，且价格垄断的宏观调控法归属，与我国稳定物价的宏观经济政策目标和实行宏观经济调控下主要由市场形成价格的机制相吻合，也与价格法的宗旨、精神相一致。

二、掠夺性价格及其法律规制

掠夺性价格，即低价倾销，低于成本价格倾销，是指经营者为了排挤竞争对手或者长期独占市场，采取阶段性的以低于成本的价格进行商品销售或提供服务的行为，这一行为的特点是：首先，行为人销售商品或提供服务是低于成本价格进行的。其次，行为人只是在一段时间内实施低价的倾销，而不是长此以往。再次，低价倾销的目的，是排挤竞争对手或者独占市场。最后，其后果是扰乱了正常的价格秩序，损害了其他经营者的合法权益或国家利益。

如何确定某种商品或服务的价格为低价倾销？本书认为判断标准为是否以低于成本价来销售，但以下四种情况例外，也即不属于掠夺性价格，即销售鲜活商品；处理有效期限即将到期的商品或者其他积压的商品；季节性降价；因清偿债务、转产、歇业降价销售商品。

（一）现行法律的不足

《价格法》和《关于制止低价倾销行为的规定》具体规定了掠夺性价格行为的各种表现。但是现有的规定存在种种不足：

《价格法》第14条第2款中使用"倾销"一词不准确。倾销是指不低于国内市场的价格在海外市场大宗销售商品的行为，与"掠夺性价格"具有明显的区别：首先，两者的使用范围不同。倾销适用国际贸易，而掠夺性价格适用于国内贸易。其次，两者的认定标准不同。倾销以国内同类产品在正常交易时适用的价格为其标准；而掠夺性价格以成本价为标准。再次，两者适用的法律不同。倾销主要适用国际条约或外国法律，而掠夺性价格主要适用国内法律。最后，两者的法律后果不同。对倾销的法律制裁为征收反倾销税，而对掠夺性价格的法律制裁则为损害赔偿或行政处罚。

《价格法》对掠夺性价格规定得过于原则性、简单、抽象、缺乏可操作性。表现为：条文中仅规定不得以低于成本的价格销售，却对成本价没有作出明确界定；条文仅简单列举了几种例外情况，却未能进一步对它作出具体的规定或限制等。

关于掠夺性价格的责任设置不科学。掠夺性价格从其性质而言，是民事侵权行为的一种，但《价格法》中的责任条款中却没有对其规定民事责任，所规定的责任形式全部都是行政责任，显然有悖于它行为的本性。

对掠夺性价格的执行机构规定不统一。《价格法》中规定县级以上地方各级人民政府价格主管部门负责本行政区域内的价格工作。而《反不正当竞争法》中规定的管理机关为工商行政管理部门和价格主管部门，有可能导致两机构间相互扯皮，推卸责任。

（二）对现行法律不足的完善建议

鉴于以上的种种不足，本书提出了完善掠夺性价格理论的设想。

在法律条文中取消"倾销"一词的用法，代之以"销售商品或提供服务"。

扩大例外情况的范围，并给予严格的界定：首先，例外情况除上面提到的4种外还应包括以下几类行为：不会对竞争产业带来损害的

行为；商品价格差异只是反映合法的商品成本的差异，或是为了应对竞争对手的价格等。其次，对于清仓、歇业、转产、季节性降价等抗辩事由应予以一定的国家权力的干预，以确保正常的竞争秩序。

1. 修正掠夺性价格责任条款

本书认为，该责任应采取以民事责任为主，行政责任、刑事责任为辅的责任方式。民事责任形式除赔偿损失外，还应包括停止违法行为，恢复原有状态，责令违法者以声明或其他形式作出不再违反的保证等责任方式。对情节严重的，还可以用刑事责任来保障。

2. 统一执法机构

掠夺性价格应由竞争法执行机构负责监督管理，即由县级以上人民政府工商行政管理部门为掠夺性价格的执行机构，但是由于工商行政管理部门的独立性和权威性不够高，由其单独执行也许不合适，建议设立一个专门的机构来管理和监督不正当竞争行为的案件。

3. 制定成本价的具体认定办法

因为掠夺性价格以成本价为认定标准，因而确定成本对其认定的重大意义是重要的，成本也称生产费用，是生产中使用的各种要素支出的总和。虽然国

家计委、国家经贸委于 1998 年 11 月 16 日下发的通知中将成本价界定为行业平均生产成本(指生产企业)和进货成本(指销售企业)，然而由于不是正式的法律文件，又缺乏对成本的具体认定办法，操作起来具有困难。因而对成本价需要立法或司法解释予以明确的界定。

三、价格欺诈及其法律规制

(一)价格欺诈的 13 种行为

《价格法》第 14 条第 4 项规定，经营者不得利用虚假或者使人误解的价格手段，诱骗消费者或者其他经营者与其进行交易。这种价格违法行为通常称作价格欺诈行为，是指经营者利用虚假或者使人误解的价格条件，诱骗消费者或者其他经营者与其进行交易的行为。

《禁止价格欺诈行为的规定》第 3 条："价格欺诈行为是指经营者利用虚假的或者使人误解的标价形式或者价格手段，欺骗、诱导消费者或者其他经营者与其进行交易的行为。"

根据《价格违法行为行政处罚规定》第 7 条规定："对经营者的价格欺诈行为，责令改正，没收违法所得，并处违法所得 5 倍以下的罚款；没有违法所得的，处 5 万元以上 50 万元以下的罚款；情节严重的，责令停业整顿，或者由工商行政管理机关吊销营业执照。"

《禁止价格欺诈行为的规定》中认定以下 13 种价格行为为价格欺诈行为：

(1)标价签、价目表等所标示商品的品名、产地、规格、等级、质地、计价单位、价格等或者服务的项目、收费标准等有关内容与实际不符，并以此诱骗消费者或其他经营者购买的。

(2)对同一商品或者服务，在同一交易场所同时使用两种标价签或者价目表，以低价招徕顾客并以高价进行结算的。

(3)使用欺骗性或者误导性的语言、文字、图片、计量单位等标价，诱导他人与其交易的。

(4)标示的市场最低价、出厂价、批发价、特价、极品价等价格标识无依据或无从比较的。

(5)降价销售所标示的折扣商品或者服务，其折扣幅度与实际不符的。

(6)销售处理商品时，不标示处理品和处理品价格的。

(7)采取价外馈赠方式销售商品和提供服务时，不如实标示馈赠物品的品名、数量或者馈赠物品为假劣商品的。

（8）收购、销售商品和提供服务带有价格附加条件时，不标示或者含糊标示附加条件的。

（9）虚构原价，虚构降价原因，虚假优惠折价，谎称降价或者将要提价，诱骗他人购买的。

（10）收购、销售商品和提供服务前有价格承诺，不履行或者不完全履行的。

（11）谎称收购、销售价格高于或者低于其他经营者的收购、销售价格，诱骗消费者或经营者与其进行交易的。

（12）采取掺杂、掺假、以假充真、以次充好、缺斤短两等手段，使数量、质量与价格不符。

（13）对实行市场调节价的商品和服务价格，谎称为政府定价或者政府指导价的。

（二）价格欺诈的 10 种表现形式

国家计委（原国家发改委）在各地禁止价格欺诈的市场检查中发现的价格欺诈行为，主要有以下 10 种表现形式：

（1）虚假标价。如某饭店餐饮部在商品标价签上标明象鼻蚌价格每斤 78 元，但顾客结账时却按每斤 200 元结算，并且称标价签标的是小象鼻蚌，以虚假标价误导消费者。再如某家具城，在一款真皮沙发商品标价签上标明产地是"意大利"，而实际产地却是广东省。

（2）两套价格。如某酒店采用两套标价簿欺诈消费者。在顾客点菜时提供价格低的标价簿，在结账时按价格高的标价簿结算，某顾客点了 12 种炒菜，在结算时即发现其中 10 种菜肴的价格高于提供的标价簿所标的价格，最高的超出 9 元，最低的超出 2 元，共多收 36 元。

（3）模糊标价。如某商厦以"出厂价"搞促销活动，销售某品牌洗衣机误导性文字明示"出厂价"950 元，实际该型号洗衣机出厂价是 920 元。再如某酒店在门口迎宾处以"特价烤鸭每只 38 元"进行价格宣传，实际却按 48 元结算。当消费者质问何为"特价"时，该酒店谎称每天前三位顾客才能享受"特价"。

（4）虚夸标价。如某家公司在其经营场所以"全市最低价""所有商品价格低于同行"等文字进行宣传，而实际其家电商品价格多数高于其他商家，误导消费者购买。再如某公司在其店面显著位置标示"消费各类手机全市最低价"，而实际该店所称"全市最低价"不仅无依据，而且也无从比较。

（5）虚假折价。如某商店以"全场 2 折"的文字进行价格宣传，但消费者发现全场上百种商品中，只有两种商品按 2 折销售。再如某服装商店用公告牌向顾客推荐某品牌服装全场 8.5 折，但消费者购买该品牌貂领大衣，原价为 1998 元，打 8.5 折销售价应 1698.3 元，而实际标价为 1798 元。

（6）模糊赠售。如某餐饮公司在经营场所打出"肥牛午市买一送一，晚市买二送一"的条幅，但未标明赠送商品的品名和数量。在顾客消费一斤肥牛后，仅赠送价值较低的一碟羊肉。

（7）隐蔽价格附加条件。如某百货公司采取"购物返 A、B 券"的手段促销，其中 A 券可当现金使用，而没有事先告知消费者 B 券只能付等值人民币现钞才能使用，误导消费者在店内循环消费。

（8）虚构原价。如某商场销售皮夹子，使用降价标价签标示原价 158 元，现价 98 元，但却不能提供原价的交易票据。再如某百货商场降价销售某品牌服装，虚构原价 3500 元，现价 190 元，不能提供此次降价前一次在本交易场所成交的原价交易票据。

（9）不履行价格承诺。如某超市向消费者承诺在 2009 年 1 月 12 日至 15 日期间，凡购买某品牌清洁抹布实行买三送一，而实际消费者购买后并未获得赠送。销售某品牌酸奶，向消费者承诺：凡购买 5 杯 125 克装酸奶，实行"特惠家庭装优惠 20%"，原价 6.2 元，优惠后价格应是 4.96 元，但顾客结算时仍以原价结算。

（10）质量、数量与价格不符。如某机电产品商店将因有质量问题而返修的某品牌电冰箱按正品价格销售，质量与价格不符。再如某商店销售价格 3 元的袋装白糖，标示每袋重量 1000 克，而实际每袋重量仅有 750 克，数量与价格不符。

（三）对价格欺诈的完善建议

价格欺诈行为不但侵害了消费者和竞争者的合法权益，而且还给监管带来困难，不但扰乱了正常的市场秩序还造成资源的浪费。因此，需要对其加以规制，并通过立法对其加以完善。

1. 完善价格欺诈法体系

目前调整我国的价格欺诈法律有《禁止价格欺诈行为的规定》《关于〈禁止价格欺诈行为的规定〉有关条款解释意见的通知》，还包括在《反不正当竞争法》《产品质量法》及有关价格管理部门颁布的规范性文件，比如《关于在全国开展查处价格欺诈专项行动的通知》等。现有的法律法规参差不齐，效力低，且大多是行政性法规。随着市场的进一步发展，价格欺诈的方式也在发生着变化，例如："建议零售价""奢华包装"等表现形式的出现，需要消费者具有更高的识别与应对能力。可见，列举式的价格欺诈表现形式已经不能适应市场发展的需要，需进一步完善。

2. 统一价格欺诈的地方规范性文件

除国家层面的价格法规外，我国还存在着很多地方性价格欺诈的法规，由于受地域经济、文化等因素的限制，这些法规难免会存在着相互矛盾及不协调的因素。所以，应该按照我国《立法法》的规定，对这些矛盾的法规加以清理，以与国家层面的法规相一致、相协调。

3. 明确和细化价格欺诈的界定

只有把价格欺诈的概念、表现形式、后果等明确界定且细化后，才能使价格欺诈的行为更易于被识别。同时，价格欺诈的主体、被欺诈主体、行为及主观要件都需要进一步细化，以易于操作和执行。

4. 完善法律责任

价格欺诈的责任应该包括行政责任、刑事责任及经济责任。在行政责任中，现有的方式是能力罚，本书建议增加资格罚和声望罚，以从某些方面对欺诈主体进行限制，从而起到一种惩戒作用；在刑事责任方面可以考虑把价格欺诈作为罪名入刑，用最严厉的处罚方式以对价格欺诈行为起到一定的惩罚作用；在经济责任方面，可以引入惩罚性赔偿机制对价格欺诈行为进行惩治，以削弱其经济能力。

第三节　价格违法及其犯罪行为的法律责任

一、价格违法行为的行政责任

价格违法行为是指经营者违反了价格活动的基本规范，采用不正当竞争的手段，侵害消费者和其他经营者的合法权益，干扰并破坏正常的价格竞争秩序的行为。目前，我国对价格违法行为的处罚主要采用行政手段，涉及的法律有《中华人民共和国行政处罚法》《中华人民共和国行政强制法》《中华人民共和国价格法》《中华人民共和国反垄断法》《价格违法行为行政处罚规定》《价格行政处罚程序规定》《关于商品和服务明码标价的规定》等法律、行政法规。可见，我国对价格违法行为的行政处罚从法律依据、程序到措施都有相应的规定。价格违法行为的行政处罚具备的要素如下。

行政处罚的主体是县级以上各级人民政府价格主管部门，按照价格违法行为实行属地管辖的原则，违法行为一般由价格违法行为发生地的地方人民政府价格主管部门决定，但如果国务院价格主管部门规定由其上级价格主管部门决定的除外。

被处罚的对象主要是经营者，但对行业协会或者为商品交易提供服务的单位机构操纵市场价格的行为也是行政处罚的对象，《价格违法行为行政处罚规定》（以下简称《规定》）第6条规定："行业协会或者其他单位组织经营者相互串通，操纵市场价格的，对经营者依照前两款的规定处罚；对行业协会或者其他单位，可以处50万元以下的罚款，情节严重的，由登记管理机关依法撤销登记、吊销执照。"

行政处罚的客体主要是价格违法行为及违反政府价格宏观调控的行为。《价格法》第14条列举了相互串通，操纵市场价格；低价倾销；经营者哄抬价格；价格欺骗；价格歧视；变相提高或者压低价格；牟取暴利等经营者的8种不正当价格行为。《规定》不但对该条涉及的价格违法行为的行政处罚做出详细规定，还对经营者不执行政府指导价、政府定价，不执行法定的价格干预措施、紧急措施的价格违法行为做出了规定。《规定》细化了对多种价格违法行为的认定，加大了对有关操纵市场价格，造成商品价格较大幅度上涨等违法行为的处罚力度，是行使行政处罚权的直接法律依据。

行政处罚的方式有罚款、没收违法所得、责令停业整顿，或者由工商行政管理机关吊销营业执照，且视违法情节的轻重来采取。针对情节严重、拒不改正的任何单位和个人，政府价格主管部门除依照本规定给予处罚外，还可以公告其价格违法行为，通过名誉的警告、公众的压力来迫使其改正。

行政处罚的程序法定。于2013年7月1日开始施行的《价格行政处罚程序规定》不但为价格行政处罚量身定做了专业的执法程序，还增加了相关法律的协调性，使得执法更加明确。在执法的程序上分为一般程序与简易程序。一般程序包括立案、调查取证、陈述、申辩和听证、处罚决定、送达与执行等五个环节。使得整个执法程序更加合理、顺畅。价格主管部门应当依照法律、法规、规章的规定实施行政处罚，否则行政处罚无效。价格主管部门在依法调查或者检查时，执法人员不得少于两人，并应当向当事人或者有关人员出示行政执法证件。价格主管部门实施行政处罚必须以事实为依据，与违法行为的事实、性质、从宽与从重处罚以及社会危害程度相当。

二、价格犯罪行为的刑事责任

依据《价格法》《价格行政处罚程序规定》及相关规定，在我国对价格犯罪没有专门的规定，一般散见于价格违法行为的行政处罚中，"情节严重，构成犯罪的依法追究刑事责任"，可见，较为模糊、分散。我国现行刑法与价格犯罪相关的罪名第225条，但该条是对非法经营罪的规定，与我国价格方面的犯罪在犯罪构成、定性等方面还存在极大的差距，如依据该条对价格犯罪行为处罚不利于发挥价格杠杆的调控作用。所以，本书建议在《价格法》修订时，最好将价格犯罪作为一个单独的一节，将我国现行的价格犯罪分为操纵市场价格罪、低价倾销罪、价格欺诈罪、牟取暴利罪、哄抬价格罪、价格歧视罪、不执行政府指导价与政府定价罪、不执行价格干预措施与紧急措施罪，以及行政性收费犯罪中的扰乱国家行政机关收费秩序罪、违法审批国家行政机关收费罪等的罪名，通过对每一个罪名加以明确规定，以与行政处罚行为衔接、配套。在刑法的《破坏社会主义市场经济秩序罪》一章中，也应该增加相应的罪名，以便保证所有价格法规的配套实施。在修订之前，对价格方面的犯罪，应适用刑法的处罚原则与量刑标准，以事实为根据，以法律为准绳，对其进行从宽、从严或应然的处罚，以维护良好的价格宏观调控秩序与市场竞争秩序。

附：扩展阅读

上海市场监管局发布最新价格违法典型案例

据"上海市场监管"公众号消息，当前疫情防控正处于向常态化防控转换的关键阶段，上海市场监管部门深入开展"守安全，稳价格"专项行动，持续加大价格监管力度，综合运用监督检查、提醒告诫、政策宣讲等方式，督促引导经营者认真遵守法律法规，切实履行社会责任，依法诚信合规经营。同时，继续保持高压态势，严厉打击各类价格违法行为，维护市场价格秩序稳定，保障人民群众正常生活。5月26日，上海市场监管局发布新一批疫情期间价格违法典型案例。

案例一：戚妈妈食品店哄抬蔬菜和生猪肉产品价格案

2022年5月17日，徐汇区市场监管局在价格监督检查中发现，戚妈妈食品店在经营过程中涉嫌哄抬蔬菜和生猪肉产品价格。经查，2022年4月至2022年5月17日期间，当事人通过电话接单、自行外送方式，对外高价销售米苋等蔬菜及生猪肉产品。其中，米苋进销差价率为157.14%，大排、小排平均进销差价率为133.33%，远高于同时期周边市场同类商品的进销差价率。

当事人的行为违反《中华人民共和国价格法》第十四条第（三）项以及《关于疫情防控期间认定哄抬价格违法行为的指导意见》相关规定，构成哄抬价格的违法行为。徐汇区市场监管局现已依据《中华人民共和国行政处罚法》第二十七条、《行政执法机关移送涉嫌犯罪案件的规定》第三条的规定，将该案移送公安部门处理。目前，案件正在进一步侦办中。

案例二：孟某哄抬大米价格案

2022年5月14日，黄浦区市场监管局对农夫山泉半淞站开展巡查检查。经查，孟某以"农夫山泉半淞站"为招牌对外从事矿泉水及饮料销售的经营活动，在外卖平台"农夫山泉店"上销售东北香米（净含量1.5千克）。进货价格为每袋12.5元，销售价格为每袋28元，进销差价率为124%，远高于同时期周边市场同类商品的进销差价率。

当事人的行为违反《中华人民共和国价格法》第十四条第（三）项以及《关于疫情防控期间认定哄抬价格违法行为的指导意见》相关规定，构成哄抬价格的违法行为。黄浦区市场监管局责令当事人立即整改，期限退还违法所得2487.5元，若在规定时限内未能退还的则予以没收，并拟罚款9950元。

案例三：阜某哄抬蔬菜价格案

闵行区市场监管局近日接到市民举报，反映某文具店近期开始销售蔬菜，且存在乱涨价现象。执法人员随即对该文具店进行现场检查。经查，该文具店的经营者阜某在门店内销售蔬菜的同时，以社区团购形式对附近居民销售蔬菜。其中，韭菜、芹菜分别以5.5元/500g、7.5元/500g购进，均以15元/500g的团购价对外销售，进销差价率分别为172.7%、100%，远高于同时期周边市场同类蔬菜的进销差价率。

当事人的行为违反《中华人民共和国价格法》第十四条第（三）项以及《关于疫情防控期间认定哄抬价格违法行为的指导意见》相关规定，构成哄抬价格违法行为。闵行区市场监管局责令当事人立即整改，期限退还违法所得290.57元，若在规定时限内未能退还的则予以没收，并拟罚款1452.85元。

案例四：顾某、胡某某销售猪肉套餐价格欺诈案

青浦区市场监管局近日根据举报线索，反映小区内存在高价销售保供

猪肉套餐的情况。经查明，某小区内业主顾某主动找到该小区组织社区团购的"团长"胡某某。由顾某从某保供超市员工尤某处购入猪肉套餐 100份，每份 100 元。胡某某在团购微信群中声称团购的猪肉是保供套餐，每份猪肉套餐按照进货价 130 元销售，并未加价。至案发，上述猪肉套餐已全部销售，两人均分了 3000 元获利。

当事人的行为违反《中华人民共和国价格法》第十四条第（四）项的规定，构成价格欺诈的违法行为。目前案件正在抓紧办理中。

案例五：曹某某伪造微信转账截屏价格欺诈案

普陀区市场监管局近日收到举报，反映某网络平台跑腿人员在代购服务中，存在对商品费用进行价外加价的情况。经查，某网络平台代购骑手曹某某在跑腿代购业务中，以商家无法提供小票为由拒绝向消费者提供小票，并伪造微信转账截屏向消费者加价收取商品费用，违法所得共计 482 元。

当事人的行为违反《中华人民共和国价格法》第十四条第（四）项的规定，构成价格欺诈的违法行为。普陀区市场监管局拟责令当事人退款，若在规定时限内未能退还的则予以没收，并拟罚款 2410 元。

案例六：传民蔬菜店不明码标价格案

浦东新区市场监管局近期在处理投诉举报时，发现传民蔬菜店在其租住处从事蔬菜、肉类、豆腐、鸡蛋等商品销售，对外均未标明价格，仅在消费者询问时以口头报价的方式对外进行销售。当事人前期已经收到《关于稳定基本民生商品和防疫用品价格的提醒告诫函》，明知在销售商品的过程中应严格执行明码标价的规定。

当事人的行为违反《中华人民共和国价格法》第十三条第一款的规定，构成不明码标价的违法行为。浦东新区市场监管局已当场责令其改正违法行为，目前案件正在抓紧办理中。

上海市场监管部门将继续主动作为，从严从细落实各项监管措施，强化价格市场巡查和提醒告诫，规范市场经营行为，为全力支持企业复工复产、复商复市，维护市场秩序平稳有序提供有力保障。

资料来源：央视网［EB/OL］. http://news.cctv.com/2022/05/26/ARTIXpDhNMqA8DmWcYahGRrP220526.shtml.

杰斯伯(JanSport)双肩包定价调查

声　　明

市场上的包类品牌繁冗复杂，我们小组人员经过大量搜索相关资料之后发现双肩包所属的包类行业之中关于高中低档的分界线并不十分清晰，许多有点知名度的品牌的产品价位都不会太廉价，而十分廉价的包类又大多是杂类品牌和高仿的产品，不论从质量上还是从顾客体验和心理上都没法满足客户，这违反了我们做该定价方案的初衷：选择一个物美价廉的产品，因此我们选择了和高端品牌双肩包 MCM 相比之下平价的杰斯伯(JanSport)双肩包。经调查，因为该产品的双肩包没有低到消费者们理想中的"廉价"，所以我们小组对该产品的价格定位为中档包。

如有疑问，欢迎咨询；如有不满，敬请谅解。

第四小组全体组员

一、前期产品相关定价调研

(一)产品介绍

JanSport 背包源于美国，始创于 1967 年，是由 Janlewis 女士和 Sklpyowell 以及 Murraypletz 两个好友，首先将改良的军用背包引进美国校园，同时在 1967 年创立公司时，便决定以合伙人中唯一的女性名字作为全球第一个双肩背包品牌，这也就是日后风行全美，成为美国背包第一品牌的 JanSport 名字的由来。

JanSport 专事生产带骨架的背包，于 1970 年获得专利，1971 年设计生产了第一个工厂用的圆顶帐篷。1972 年被 K2 公司购买，并在 1974 年达到了百万销售额，但无论谁购买他，都曾为 JanSport 的发展作出了贡献。直至 1985 年 JanSport 的销售额已达到 25 亿美元，而时至今日在多方努力下，JanSport 已当之无愧地成为美国背包行业的首席。

在美国，JanSport 素来以耐用而驰名，原因无他，因 JanSport 是以制作山野背包起家的公司，故 JanSport 认为，要经得起山野的严格考验，才算是真正的背包。所有 JanSport 背包既要防水、耐磨、可负重、舒适、分格详细，兼而可靠耐用才合格。背包的外观和设计一直让 JanSport 的设计师们自豪不已。全因 JanSport 坚持使用最佳原料及最好工艺制作，这也是 JanSport 能够成为世界五大洲最畅销的背包的主要原因。JanSport 所选用的是高强度之 Polyester（聚酯）纤维线，绝不会发霉及缩水。在主要接口均是使用双线或锁链线车缝，制作绝对认真，使产品更为耐用。JanSport 所选用的是高密度高张力尼龙带，确保不会有走线，松脱或散口。JanSport 用料在每一个细节均不会忽略，拉链是选用YKK、Talon 等，为求耐用，JanSport 所使用的拉链均比其他牌子的背包更粗，流畅顺滑之外更耐扯。扣具方面全是世界顶级的 ITW、Nifco、YKK、Duraflex 等。

当然，时髦也是必需的：JanSport 色彩多元——赤橙黄绿青蓝紫无所不含。另一方面背包功能是设计者充分考虑到人体背部的生理结构，给予背包人性化的造型结构，而背包的肩带设计则侧重于舒适和减缓压力。且背包内有各式各样的文件袋、磁盘袋、匙扣，甚至鞋袋、水壶袋，包的容量有大有小，功能不一，以适应各种不同的需要。因为 JanSport 既个性又实用，价格亲民，质量上乘，所以在 16~30 岁的年轻人里广受欢迎。

JanSport 背包分很多系列，包括旅游类、常用类、经典类、厚皮底类等，是日常生活、学习、旅游探险、外出野营的上佳选择。本方案着重介绍适合中学生、大学生和年轻上班族都需要的主打类型的双肩背书包，不考虑 JanSport 的户外类型背包、商务电脑包和经典款背包。

杰斯伯的双肩书包一般为大中学生所喜爱，多是背包及拉杆箱类，代表商品有 Essence 原色系列、Beamer 电波侠系列、Trinity 三位一体等。这些背包样式新颖、色彩多元：缤纷纯色带给人焕然一新的视觉感受；炫彩花色紧跟潮流，摆脱背包的沉闷单调色彩；时尚撞色带来强烈的色彩冲击；复刻麂皮受众多明星青睐；还特别推出大学生系列超大容量、双层大主袋、设计分隔层。隔层较多，容量相对在 33L 左右，基本上有耳机线专用的隐形出口，适合年轻人的时尚个性。

（二）受众因素

1. 消费群体

JanSport 背包受众群体主要为 16~25 岁的年轻人。个性、独特已经成为越来越多年轻消费者的消费观，特别是"90后"消费者本就是背包类消费的大群体，因此他们的要求必须受到重视。

但是年轻一代学生和上班族的消费档次却并不非常高，中学生的书包大多由家长代为购买；大学生的消费比较自由，往往随性而购；年轻上班一族属于工薪阶层，消费水平在平均线附近。MCM的背包的确十分引领潮流，使消费者都趋之若鹜，但并不是这三类人会实际去购买的。JanSport充分考虑到这类人的消费需求与购买欲望，专门做双肩包类的平价商品。但平价并不平庸，JanSport不但有个性，质量也相当好，是这三类人的理想消费品牌。

2. 顾客心目中期望值

我们小组做过调查（后文会详细介绍），中学生的书包家长代为购买，一般家长们的心理预期在150~250元质量好又能让孩子喜欢的书包，JanSport的叛逆轻薄系列和叛逆校园系列可以做到；大学生对于书包的心理预期也在200元左右，既新颖又时尚，看起来质量上乘，JanSport的星空系列能做到；上班族的心理预期价格在200~400元，要求使用年限长、简约大方、可去场合多、不会显得奇怪，JanSport的城市背客系列能做到。

（三）竞争对手

1. 耐克和阿迪达斯

杰斯伯与耐克和阿迪达斯相比，它的品牌知名度没有耐克和阿迪达斯高，从心理上讲，消费者会认为这两者的牌子更大，更有面子，而JanSport在国内名气并不大，略显低端，这是它与耐克和阿迪达斯竞争的劣势。但是，耐克和阿迪达斯的双肩背包主要以运动款为主打，种类单一。而杰斯伯只做背包品牌，不涉及运动服饰类，因此更专业。杰斯伯背包融入当代流行元素，个性化的设计更容易满足年轻一代消费者的需求，相对来说，杰斯伯在这一点做得更好，背包的类型多样，外观个性时尚。且较之于阿迪达斯和耐克，杰斯伯的价格更低，做到了真正的物美价廉。

2. 不知名品牌

随着互联网技术的飞速发展，网购成为潮流，受到越来越多人的追捧。网络上形形色色的背包也层出不穷，它们看起来外观精美，时尚潮流，但是牌子杂乱无章质量不能完全得到保证，往往出现实物与图片严重不符，质量低下，做工粗糙。杰斯伯背包品牌知名度虽然不能与其他深入中国市场的品牌相比，但是比网络上不知名的杂牌包质量更优，并且正品有保证。这也是众多消费者选择杰斯伯的重要原因之一。

二、市场调研

随着经济的发展，消费能力的提高，人们越来越追求高品质的生活。来自北美品牌的杰斯伯双肩背包正是为了满足人们此类需求的产品，据统计，在中国的一线城市，例如广州、上海、北京、深圳，衣鞋箱包的店铺数量比例最多只有 50 : 5 : 1。在中国背包市场，杰斯伯约有 20% 的市场占有率。同时，中国市场的销售量也排在整个亚洲市场的前三名，相比于欧美市场，中国背包产品市场还处于初期发展阶段，市场主要集中于一、二线城市。

(一)调研目的

本次市场调研最根本的目的是真实地反映杰斯伯在市场的竞争状况，为杰斯伯的合理定价提供依据：

通过市场调查，了解目前竞争状况和特征。

通过市场调查，了解消费者对背包消费市场的习惯和偏好。

通过市场调查，了解消费者对背包产品的认知和看法。

(二)调查对象及范围

(1)范围：在各高校内进行调查，在街头进行调查。

(2)对象：在校中学生、大学生，时尚年轻男女。16~30 岁男女。

(三)对消费者调查内容

性别、年龄范围、是否有背双肩包的习惯、在意背包的哪些特质(款式、颜色、材料、功能质量、价格、品牌、潮流程度)、是否听过杰斯伯品牌、接受杰斯伯双肩背包在什么价位之内、所知的双肩包品牌还有哪些。

分析：由于大学生仍处于学生阶段，经济来源有限；年轻男女追求时尚，更看重款式，工资水平一般，看中性价比。因此，杰斯伯的消费群体的消费水平处于中端甚至中低端，接受价格普遍在 100~500 元。

三、定价决策

(一)定价目标

定价目标——扩大在中国的市场占有率

随着中国改革开放推动经济的发展，人们的消费水平越来越高，也更崇尚自由，个性，秉承活出自我的信念，JanSport 的理念正是如此。在中档书包市场中，人们对价格的敏感度比较高，要想在庞大的市场中分得尽可能多的资源，企业就应该考虑通过低价来实现市场占有率，因为赢得最大市场占有率意味着将享有最低的成本和最高的长期利润，所以，在单位不低于可变成本的条件下，制定尽可能低的价格，追求市场占有率领先地位。

(二)定价方法和策略

1. 竞争导向定价法

竞争导向定价：指企业可以依据对手的价格，制定出高于、低于或相同的价格以实施企业的竞争策略。这种定价方法主要有以下两种：

(1)随行就市定价法：随行就市定价法又称流行水准定价法，它是指在市场竞争激烈的情况下，企业为保存实力采取按同行竞争者的产品价格定价的方法。这种"随大流"的定价方法，主要适用于需求弹性比较小或供求基本平衡的商品，如大米、面粉、食油以及某些日常用品。对于竞争比较激烈的背包行业而言，这样的做法对公司并没有太大好处，反而会降低商品在市场的竞争力。

(2)竞争价格定价法：竞争价格定价法是根据零售店商品的实际情况及与竞争对手的商品差异状况来确定价格。根据 JanSport 产品的本身特点，小组认为这个细分的定价方法是适合 JanSport 产品的。

定价时首先将市场上竞争商品价格与 JanSport 的价格进行调查比较，是高，低，还是大致相同。其次，将店内商品的性能、质量、成本、式样、产量等与竞争对手商品进行比较，分析造成价格差异的原因。再次，根据以上综合指标确定 JanSport 的特色和优势，在此基础上，按我们要达到的目标，确定商品价格。最后，跟踪竞争商品的价格变化，及时分析原因，相应调整零售店商品价格。

现在的市场是竞争的市场，只要存在市场，就会产生竞争，因此市场环境成为影响价格的外部因素之一，同时也决定了竞争导向定价法的存在。竞争导向定价法，不以成本和需求来制定价格，而是以同行业的主要竞争对手的价格为主要依据来制定。这种定价方法的特点是对商品成本和需求关联少，重点参考同行业对手的商品定价，这样做有利于企业增强应对竞争的能力和保护市场的份额，同时还可以刺激企业不断加强管理，提高技术，降低成本。但是，由于这种方法主要是应对竞争对手，很容易陷入价格战，使企业减少利润，造成损失。因此我们选择第二种定价方法来作为补充，与第一种定价方法相结合。

2. 需求导向定价法

需求导向定价法：是指产品价格的确定以需求为依据，以消费者对产品价值的理解和感觉差异来确定价格的定价方法。需求强度是指企业通过研究竞争对手的商品价格、生产条件、服务状况等，以竞争对手的价值为基础，确定自己产品的价格。这种定价方法也有相应的分类：

（1）觉察价值定价法：是以消费者对商品价值的感受及理解程度作为定价的基本依据。把买方的价值判断与卖方的成本费用相比较，定价时更应侧重考虑前者。因为消费者购买商品时总会在同类商品之间进行比较，选购那些既能满足其消费需要，又符合其支付标准的商品。消费者对商品价值的理解不同，会形成不同的价格限度。这个限度就是消费者宁愿付货款而不愿失去这次购买机会的价格。如果价格刚好定在这一限度内，消费者就会顺利购买。

（2）需求差异定价法：以不同时间、地点、商品及不同消费者的消费需求强度差异为定价的基本依据，针对每种差异决定其在基础价格上是加价还是减价。市场需求受价格和收入变动的影响。

首先，这个方法强调适应消费者需求的不同特性，而将成本补偿放在次要的地位。其次，对于我们的产品本身——JanSport 而言，消费对象主要是学生群体，它出现频率最多的就是校园。JanSport 创立之初也是将产品打造成校园品牌，时至今日依然是校园书包中一道亮丽的风景线。

JanSport 的消费对象主要是青少年，而青少年大多个性鲜明。因此本产品定价时应考虑到不同人群、不同地区和不同时期的需求。将这些市场进行细分从而获得更多的"消费者剩余"。

3. 定价策略

招徕定价：又称特价商品定价，是一种有意将少数商品降价以招徕顾客的定价方式。商品的价格定得低于市价，一般都能引起消费者的注意，这是适合消费者"求廉"心理的。

这是一种有意将商品按低于市场平均价格的价格出售来招揽消费者的定价策略。如商品大减价、大拍卖、清仓处理等，由于价格明显低于市场上其他同类商品，因而顾客盈门。这种策略一般是对部分商品降价，从而带动其他商品的销售。比如一些大型超市将特定的商品以低价出售，作为宣传来吸引消费者。

折扣定价：对基本价格作出一定的让步，直接或间接降低价格，以争取顾客，扩大销量。其中，直接折扣的形式有数量折扣，间接折扣的形式有回扣和津贴。

这种定价有三种模式：数量折扣：按购买数量的多少，分别给予不同的折扣，购买数量愈多，折扣愈大。其目的是鼓励大量购买，或集中向本企业购买；现金折扣：是对在规定的时间内提前付款或用现金付款者所给予的一种价格折扣；功能折扣：中间商在产品分销过程中所处的环节不同，其所承担的功能、责任和风险也不同，企业据此给予不同的折扣。

(三)最终定价

定价商品	官方网站定价	小组最终定价
叛逆轻薄系列	178/197	168/188(138 特价)
叛逆校园系列	257	238
城市背客系列	347/398	338/388

资料来源：(1)王铮. 运动背包"杰斯伯"[J]. 体育博览，2001(9)：34；(2)杰斯伯，百度百科。

JanSport 市场调查问卷

1. 您的性别　　　　　　　　　　(男)(女)

2. 您的年龄＿＿＿＿＿＿＿

3. 您的工作＿＿＿＿＿＿＿

4. 您平时会背双肩包吗　　　　(是)(否)

5. 你会选择的品牌

(NIKE)(Adidas)(Bape)(木村井泓)(B. DUCKS)(JanSport)(SWISSGEAR)(其他)＿＿＿＿＿＿＿

6. 您了解 JanSport 吗　　　　　(是)(否)

7. 您购买背包时考虑的因素

(价格)(材质)(设计)(品牌)(其他)＿＿＿＿＿＿＿

8. 您现在背包的价格＿＿＿＿＿＿＿

9. 您可以接受的背包价格区间＿＿＿＿＿＿＿

10. 您对于背包设计的想法

_____

_____

STARBUCKS 咖啡定价调查

一、星巴克市场调研

(一)顾客调研

顾客调研是为了发现顾客的满意率及满意的地方；发现顾客的不满意率及不满意的地方；提高企业的形象；让顾客有参与感，关注顾客的渴望，寻求顾客的需求，直接促进服务工作质量的提高。具体应用到价格学这门学科，顾客调研就是要调查顾客对产品的价格满意的地方，不满意的地方，关注顾客对于价格的渴望，寻求顾客对价格的需求，从而促进服务工作质量，提高市场占有率。顾客调研有很多种的方法，比如调查问卷，电话调查，面谈，召开座谈会等等，在这次调研中，我们应用的是调查问卷调查法。通过向同学们发放调查问卷，我们发现星巴克的顾客中，男生占 46.38%，女生占 53.62%，年龄段集中在 21~30 岁，这个年龄段占据了星巴克顾客的 68.6%，其次是 31~40 岁，占据了 20.29%，16~20 岁的占据了 5.8%，40 岁以上，只占据了 4.35%，我觉得这个是比较值得我们关注的，因为 40 岁以上的群体是比较有经济实力的，如果在指定价格的时候，多多考虑这部分人的诉求，对星巴克的经济效益的提升有很大的好处。在顾客的月收入这一块，调查发现，月收入 5000~8000 元的占据了消费人数的 40%，3000~5000 元的占据了消费人数的 22%，2000~3000 元的占据了 20%，8000~15000 元的占据了 10%，2000 元以下的占据了 4%。15000 以上的占据了 4%。在调查星巴克的价位如何时，有 70% 的消费者认为较贵。但可以接受，21% 的消费者认为适中，5% 的消费者认为比较便宜，4% 的消费者认为太贵。我们还进行了消费层次的调查，发现 53% 的消费者认为星巴克属于一般开支，38% 的消费者认为是较高开支，6% 的消费者认为是高消费，3% 的消费者认为是低消费。

总结如下，星巴克的顾客中性别没有明显的差别，但在年龄段上有明显的差别，年龄段集中在 21~30 岁和 30~40 岁，这两部分群体一般都是在校大学生，刚工作的大学生，白领和已有一定经济能力的在职人员。只对这两部分人，应该针对不同产品采取不同的价格策略与方法。星巴克的消费群体的月收入集中在3000~8000元，可见，星巴克是中高端消费人群所青睐的品牌，所以在制定价格策略时应要考虑面向的顾客群体，在价格满意度中，较多数顾客认为价格有些贵，所以在制定价格策略中，要关注顾客的这一部分诉求。

（二）产品调研

要想在产品同质化的市场中成功，需要拥有自己独家的成功秘诀。

为了调制出顶级的咖啡，星巴克拥有了从烘焙、混合、萃取和包装等各方面的专利技术。比如，星巴克开发出一种金属箔作为包装材料。这种材料最大限度地阻隔了氧气和潮气，他们在这个包装袋上安装了特殊的阀门扣，这个扣能把咖啡氧化时所产生的气体排出，使咖啡始终维持在真空状态。

这项重大的发明把咖啡的流通期限从一周延长到一年以上。自从有了这项包装技术，世界各地的星巴克就可以得到来自美国总公司的、经过严格筛选的上等咖啡。另外，星巴克还开发季节性菜单。夏季推出冰咖啡，冬季则提供热饮。

餐饮行业是一个受季节影响较大的行业，所以要抓住季节因素及时推出应季产品，商家应该时常更新产品项目或根据季节变化变换产品种类，并且提前做好淡季的准备工作，做到一年四季都有合适的各种产品。

星巴克将主要消费对象定位为年轻一族，尤其是年轻女性的心。它寻找到年轻一族的特点，知道他们有足够的能力去享受高档的咖啡，于是准确定位产品的特点，以人为感性营销的中心，让顾客享受浪漫情调。

星巴克提出的口号是：煮好每一杯咖啡，把握好每一个细节。现在，星巴克能根据顾客的不同需求和口味提供多种不同混合的咖啡饮料。

首先，星巴克的咖啡是分大、中、小杯的，顾客根据自己不同需要自由选择。小杯容量是8盎司，中杯容量是12盎司，大杯容量是16盎司。

下面是星巴克的基本咖啡单（不包括其他非咖啡饮料或者不定期推出的其他特质咖啡）

浓缩咖啡，也就是意大利特浓，外文名ESPRESSO。这是最基本的，所有意式咖啡都是以此为基础制作的。ESPRESSO这种由高压蒸汽迅速喷蒸出来的液体，极其浓郁，并且是用那种很小很小的杯子盛，好的ESPRESSO上面会有一层油脂，这是咖啡最香醇的部分。这种咖啡一般饮用时不添加任何糖奶等调味料。初接触者会觉得它很苦，但这种苦并没有那种恼人的焦煳味道，唇齿留香，这也是ESPRESSO的魅力所在。有些资深咖啡爱好者，只喝ESPRESSO，一杯下去，精神百倍。ESPRESSO 一般不分大小杯，只有单份与双份之分，双份会更浓，量稍微多一点。

美式咖啡（Americano）。简单说，就是 ESPRESSO 加热水。一般来说小杯用一份 ESPRESSO，中杯用两份，大杯用三份。需要注意的是，许多过滤咖啡店也会有美式，因为美式本来就是用过滤方法制作的。但在意式咖啡店你将幸运地喝到味道更醇厚的美式咖啡，用 ESPRESSO 加热水的美式味道，和用过滤方法制作出来的完全不一样。

卡布奇诺（Cappuccino）。爱就像 CAPPUCCINO 歌中这样唱到。CAPPUCCINO 翻译过来就是奶沫咖啡。先做一份 ESPRESSO，再用蒸汽喷蒸牛奶打出奶泡，然后将热蒸奶倒入咖啡杯，最后将奶泡轻拨在咖啡杯的最上面。喝这种咖啡嘴边或多或少地会沾上一些白色的奶沫，如果说 ESPRESSO 是男人，那 CAPPUCCINO 就是爱情，它是 ESPRESSO 与柔美女人（奶沫）的完美结合。柔中有刚，刚中有柔。

拿铁（Cafe Latte）。LATTE 很像 CAPPUCCINO，都是咖啡蒸奶最后再附上奶沫，唯一不同的是比例，CAPPUCCINO 的牛奶只是加到六分满，奶沫会更多一点，所以叫奶沫咖啡。而 LATTE 是牛奶加到八分满，奶沫相对少，所以 LATTE 又叫牛奶咖啡。

摩卡（Cafe Mocha）。这种咖啡是很好喝的品种，所添加的辅料也最多。首先，取一份巧克力酱挤到杯底，在上面加一份 ESPRESSO，然后加牛奶和奶泡，最后在上面挤一块鲜奶油，最后可以用巧克力酱在上面画点花儿，比如 I LOVE YOU。

玛琪雅朵（Macchiatto），这种咖啡还有另一个名字叫 ANGEL KISS，天使之吻。和 CAPPUCCINO 和 LATTE 一样，也是 ESPRESSO 与牛奶的结合，所不同的是，这里所加的全部是奶泡，而没有蒸奶。通常，星巴克会在 Macchiatto 中加入焦糖，焦糖玛琪雅朵之所以好喝，这都源自焦糖的魅力。

各种冰咖啡。一般的冰咖啡品种，有美式，拿铁，摩卡，等等。

星冰乐。星巴克的特色饮品，更像冰砂饮料，有些与咖啡无关。星冰乐通常很好喝。

焦糖。焦糖是一种糖浆，通常会使用法国的。这种糖浆会使咖啡味道变得很好喝，像饮料那样好喝。

二、竞争对手分析

知己知彼，百战不殆。在当今经济全球化的市场经济条件下，竞争愈演愈

265

烈，企业欲生存发展，采取有效的竞争战略，了解企业所在行业和市场以及参与竞争的对手，是企业经营者们必须考虑的重要课题，以提高每一步决策成功的把握。因此，竞争对手分析成为企业制定竞争战略中必不可少的组成部分。

（一）确认竞争对手

目前，中国市场的咖啡品牌众多。但星巴克在中国市场的主要竞争对手为：中国台湾地区上岛咖啡、韩国咖啡陪你。这些连锁经营咖啡品牌在中国咖啡市场逐渐扩大市场份额，它们作为星巴克最大的竞争对手，一场"咖啡大战"已经不可避免。

（二）确认竞争对手的目标

上岛咖啡食品有限公司于 1968 年成立于宝岛中国台湾。目前，该集团的加盟店已遍布全国大中城市，拥有近 300 家之众，分公司雄踞南北，相互策应，为各加盟业主提供全方位服务。上岛咖啡着重表达中国传统茶文化与西洋时尚咖啡文化自然、完美的结合，并体现其柔美的同质性，上岛以最佳的环境，最优的服务，最好的品质，最惠的价格，使其成为人们放松身心，享受休闲的首选。几十年来，上岛咖啡一直秉承着人性化的服务的宗旨，坚持"创一流的餐饮品牌"为企业目标。

咖啡陪你独特的商业运作模式成就了其在中国咖啡市场的试探，赢得了在中国的初步发展。该商业模式的独特性在于，它是一种公司与投资者共同合作开店的经营模式。除此之外，精准的品牌定位、明星营销、独特的门店开拓模式更符合中国市场的发展。咖啡陪你在经营模式、盈利模式方面都有自己独特之处，也为中国咖啡业带来一股新的"休闲咖啡"潮，"星巴克教会中国人喝咖啡、咖啡陪你教会中国人开咖啡店"，整个咖啡业界从最初的"产品为王时代"进入真正的"服务体验"时代。咖啡陪你对于未来的规划很明确那就是无论你走在中国的什么地方，不论是一线城市，还是三四线城镇，只要您想喝咖啡，就会有一家咖啡陪你等着您。在开店方面的速度是咖啡陪你中国发展的一部分，以后的咖啡陪你将是一个多领域跨界合作的综合型连锁企业。咖啡陪你不仅会贩售咖啡饮料、餐点，在咖啡陪你店里可以办理金融业务；可以购买韩国的各种畅销商品、奢侈品；可以与世界任何一个地方互联等，实现了咖啡陪你的多元发展。当然，为了迎合中国人的口味，咖啡陪你中国的研发团队也在积极开发中国人喜爱的产品，不仅从品质本身出发，更追求视觉上新的突破。相信在不久的将来，咖啡会带给中国消费者更多惊喜。

(三)确定竞争对手的战略

1. 广告战略

根据咖啡陪你和上岛咖啡的主要消费群体是大部分公司白领与商务人员可知,其广告的制定要新颖且符合潮流和白领阶层的审美品位。广告媒介选择的基本原则为:平面印刷媒体为主导,展开特色宣传;户外媒体(巨幅布幔、广告牌、灯箱、横幅、挂旗等),全面支持,渲染"上岛咖啡"气氛。与咖啡陪你"全国种植园直供、全球一流咖啡烘焙设施、先烘焙再拼配,原汁原味,中度烘焙,凉了也好喝"的形象氛围,扩大宣传影响面与持续力;电视媒体配合,进行"上岛咖啡"形象宣传;报纸媒体辅助,侧重于全市的宣传。

2. 媒体战略

在网络论坛和网聊工具上发布信息,利用移动传媒和广播、电视进行宣传,印制一定数量的海报和传单以及限量版的精美明信片。其中以网络宣传为主要手段,再辅以移动传媒和电视广播以及宣传单。

3. 促销战略

以都市白领和周边大学生为主要促销的对象,促销活动方式包括赞助校内各种比赛,建立完善的消费者等级制度等。

(1)对高校活动提供外联赞助,并且可以提供店铺优惠券和带有店铺 Logo 的公仔、咖啡杯和包包为活动奖品。

(2)建立完善的消费者等级制度,推行可升级的会员卡,可以随着消费费用的增加而逐渐提高打折力度,从而培养忠实消费者。

(3)不定时推出特价尝鲜套餐活动,购套餐得公仔、包包。

(4)在特定时间段推行优惠活动,如顾客生日当天赠送咖啡一杯或者在周一周二上班时间段推出打折优惠来吸引消费。

(5)分析特定的用户群,对万达广场周边的住户小区、高新园区内的企业员工发放促销单、优惠券、打折卡,与其他商家争夺客源。

(四)竞争对手的优势、劣势分析

A. 咖啡陪你

优势:

咖啡陪你有自己系统而专业的培训体系

灵活的加盟方式和服务周到的受托运营模式

大量运用媒体及明星代言。韩国一线明星张根硕、宋承宪都是咖啡陪你的

代言人

　　成熟的加盟发展模式

　　劣势：

　　昂贵的开店成本

　　基本等同于零的门店管理运营能力

　　无法有效管理加盟体系

　　加盟商总部严重的内耗

　　依赖明星效应。当明星光环不再，经营状况每况愈下

　　B. 上岛咖啡

　　优势：

　　上岛有自己独特的品位，良好的环境和氛围，适于休憩与商务会谈。包括咖啡、各式茶品、饮料、点心等。

　　有固定的消费群体

　　有一定的品牌知名度

　　产品品质高，咖啡口感纯正

　　卫生条件好，方便快捷

　　劣势：

　　价格与其他中低端休闲餐厅相比价格偏高；与星巴克、咖世家等高端咖啡品牌相比价格又低很多，给消费者一种高不成低不就的感觉。

　　餐厅运营管理效率有待进一步加强。

　　上岛的加盟体系管理失控

　　上岛一直专注加盟而忽视了直营

　　营销渠道功能不全

三、具体竞争战略

　　星巴克在中国就成了一个时尚的代名词。它所标志的已经不只是一杯咖啡，而是一个品牌和一种文化。

　　从管理角度来看，星巴克早期实行的是一种差异化战略。差异化曾是星巴克的竞争利器。通过在咖啡饮品行业提供差异化的产品和服务，使该公司获得了高于普通咖啡店的利润率。具体表现在：（1）星巴克根据世界各地不同的市场采用灵活的投资与合作模式。星巴克在很早的时候就开始了跨国经营，美国总部在世界各地分公司中所持股份比例都不同。（2）星巴克对员工福利和培训支出很大，使员工的流动性很小，这对星巴克的品牌经营起到了重要作用。

(3)星巴克认为其产品不单是咖啡，而是咖啡店的体验，所以他把精力主要放在与客户的交流上，特别重视同客户之间的沟通。另外，对店内气氛、个性化设计、灯光和音乐等加以调试和管理，打造更加舒适的氛围。(4)推广教育消费者，通过网络、俱乐部等各种方式，推广自己的产品，并以各种有趣的创新的宣传模式，形成一种深入人心的文化。

为了应对金融危机带来的挑战，打破传言，星巴克开始实行多元化战略，将其作为有力的武器，在美国涉足 DIY 领域、食品业、电影业等，以这样的方式寻求跨行业发展。在中国，星巴克还找到了另一种拓展业务的方式，就是出售各种与冲调咖啡有关的器具，各式咖啡杯、笔记本等，印有星巴克墨绿色标志的货品纷纷被摆上货架。

同时，星巴克还采用了成本领先战略和目标聚焦战略。星巴克不花一分钱做广告，他们坚信自己的店就是最好的广告。星巴克从未在媒体上花过一分钱广告费，但他们却十分善于营销。星巴克采用直营战略，在全世界都不要加盟店，星巴克绝不会吝啬报废材料，而为了提供顾客最好的咖啡，一次只烹调顾客的那一杯咖啡。将焦点放在质量和服务上，从而赢得消费者的青睐，赢得更好的口碑。

四、定价目标

定价目标(Pricing Objectives)是企业在对其生产或经营的产品制定价格时，有意识的要求达到的目的和标准。它是指导企业进行价格策略的主要因素。定价目标取决于企业的总体目标。不同行业的企业，同一行业的不同企业，以及同一企业在不同的时期，不同的市场条件下，都可能有不同的定价目标。根据星巴克的发展，我们把定价目标分为提高市场(前期目标)、获取利润(中期目标)、防止竞争(后期目标)三个时期。

(一)前期目标——提高市场

也称市场份额目标。即把保持和提高企业的市场占有率(或市场份额)作为一定时期的定价目标。市场占有率是一个企业经营状况和企业产品在市场上竞争能力的直接反映，关系到企业的兴衰存亡。较高的市场占有率，可以保证企业产品的销路，巩固企业的市场地位，从而使企业的利润稳步增长。在许多情形下市场占有率的高低，比投资收益率更能说明企业的营销状况。有时，由于市场的不断扩大一个企业可能获得可观的利润，但相对于整个市场来看，所占比例可能很小，或本企业占有率正在下降。无论大、中、小企业，都希望用较长时间的低价策略来扩充目标市场，尽量提高企业的市场占有率。以提高市场占有率为目标定价，企业通常有：

1. 定价由低到高

定价由低到高，就是在保证产品质量和降低成本的前提下，企业入市产品的定价低于市场上主要竞争者的价格，以低价争取消费者，打开产品销路，挤占市场，从而提高企业产品的市场占有率。待占领市场后，企业再通过增加产品的某些功能，或提高产品的质量等措施来逐步提高产品的价格，旨在维持一定市场占有率的同时获取更多的利润。

2005 年 9 月，星巴克开拓中国西部市场的首家专卖店在成都开业，刚开业就有 30 多种口味的咖啡上市，出人意料的是最低价位的一款只需 12 元。最贵的咖啡焦糖玛奇朵每杯 32 元，摩卡的售价在 23~30 元，卡布奇诺每杯 19~26 元，拿铁为 17 元/杯。消费者据此根据自己的语气以及其他品牌咖啡的价格做比较，往往会认为星巴克并不比其他品牌贵多少，有的甚至比其他品牌咖啡价格更便宜，从而很容易接受。

2. 定价由高到低

定价由高到低，就是企业对一些竞争尚未激烈的产品，入市时定价可高于竞争者的价格，利用消费者的求新心理，在短期内获取较高利润。待竞争激烈时，企业可适当调低价格，赢得主动，扩大销量，提高市场占有率。

全球范围的星巴克咖啡的平均价格都比其他同类产品高出 15%~20%，然其品牌却不因为高价格而有所损伤。高价格吸引顾客时尚休闲，星巴克把握了消费群体的特点，大部分是白领职工，在下班休闲期间或者工作洽谈时，一种十分舒适无压力的环境，博得广大消费群体的喜爱。有时星巴克还会采取一定的促销活动，将产品的价格调到正常价目以下，有时甚至低于成本，以创造购买的热情和紧迫感。

(二)中期目标——防止竞争

企业对竞争者的行为都十分敏感，尤其是价格的变动状况更甚。在市场竞争日趋激烈的形势下，企业在实际定价前，都要广泛收集资料，仔细研究竞争对手产品价格情况，通过自己的定价目标去对付竞争对手。

星巴克采取特色定价的方法，不效仿其他同类咖啡厅的做法：以咖啡平价赚取茶点点心等利润，反其道行之，若有平价的茶点则明显提高咖啡的价格。这种做法让部分消费者综合考虑下，弱化了高价咖啡的影响，其他多种自主选择给客户更自由的心情。

（三）后期目标——获取利润

获取利润是企业从事生产经营活动的最终目标，具体可通过产品定价来实现。获取利润目标一般分为三种：以获取投资收益为定价目标、以获取合理利润为定价目标、以获取最大利润为定价目标。

根据星巴克的后期发展状况，获取利润是其主要定价目标。合理利润定价目标是指企业为避免不必要的价格竞争，以适中、稳定的价格获得长期利润的一种定价目标。

五、定价方法

定价工作非常复杂，企业必须全面考虑各方面因素，并采取一系列步骤和措施，就产品定价具体来说，一般会受市场需求、成本费用和竞争等因素影响和制约，但是在实际定价工作中，往往只能侧重某一方面，因此也就有了不同因素导向的定价方法，大体上可以归纳为成本导向、需求导向、竞争导向三种方法。

对于星巴克的定价方法，介于其运营成本和市场情况主要选择成本导向、需求导向两种定价方法。

成本导向定价方法

成本是所有商业运营中不可忽视的重点，在企业产品定价时，充分考虑成本因素，利润率才有可能实现。星巴克与其他咖啡相比较来说较高昂的成本从很大层面上决定着其产品较高的市场价格。

星巴克成本构成图：

总计：$4.79

从成本构成可以看出其实星巴克咖啡的原料成本占比较小，主要成本是其租金和管理运营成本。

一般星巴克店铺的地理位置处于繁华地带，店铺面积也比较大，顾客的容纳量也比较大；另一方面广告公关方面的投入也较大（包括更多促销），所以成本自然较高。

曾经有报道引 smith street 的数据显示，在中国超过 25% 的支出为房租，是最大的支出项目，数据不一定非常精确，但是大概能说明了"你买咖啡的时候不是为咖啡付钱而是为喝咖啡的环境付钱"的道理。而且中国的物流成本相对也较高。

需求导向定价法

需求导向定价法是一种以市场需求长度及消费者感受为主要依据的定价方法，包括感知价值定价方法、反向定价法、需求差异定价法。

根据星巴克的市场现状来看，可以采用感知价值定价法。

感知价值定价法，就是根据购买者对产品的感知价值来制定价格的定价方法。感知价值定价与产品市场定位是一致的，星巴克的国内市场定位是中高端消费者，并且星巴克的高端形象在消费者心中已经形成，而从某一方面来说高端=高价。因此，可以利用消费者对星巴克的价值认知给出基础价格，然后再结合成本和在此基础价格上可能完成的销售量，给出最终定价。

六、定价策略

价格是企业产品在市场中的直接表现，价格直接影响消费者对产品的态度。价格合适与否决定了企业产品在市场中的地位，因此制定合适的价格至关重要。对此，我们需要根据自身产品的特点以及市场的需求，选择适合的定价策略，从而确立一个与产品相符的价格。

通过前面我们从顾客、竞争对手、自身产品三个大的方面对影响星巴克定价的因素进行的分析，我们可以看出星巴克的消费者主要是收入较高、忠诚度较高的高级知识分子、爱好精品的白领阶层。因此对于这类消费者来说，价格对需求的影响弹性已经非常小了，他们更多追求的是一种生活的享受。而这也恰恰与星巴克的企业目标是相符的，即"我们提供的不是咖啡，是享受咖啡的时刻"。在这样的一种企业目标下，我们将星巴克的产品定位确立为"多数人都承担得起的奢侈品"。

而另一方面，我们更加强调的是星巴克产品本身背后的一种品牌文化。在顾客心中树立一种形象，即星巴克这个品牌就是高品位、高质量生活的代言人，是具有小资情调人士生活享受的地方。从而达到使消费者形成"品质最好的咖啡"就等于"星巴克"的观念。而这也就是为什么星巴克价格高出竞争对手20%以上，却依然能受到青睐的根本原因。

因此基于星巴克前期树立的品牌形象，以及我们确立的产品定位"多数人都承担得起的奢侈品"，我们决定实施以下几种定价策略：

（一）差别定价策略

由于星巴克的产品在种类、规格、口味等方面都有不同的分类，并且不同季节产品也会有相应的调整，我们决定首先选择差别定价，将不同类别的产品首先从价格上进行区分。

产品形式差别定价

首先，针对产品的不同规格进行不同的定价。如拿铁，其小杯、中杯、大杯的价格分别为 26、29、32 元不等。

其次，我们对同种规格的不同商品进行价格区分，如同时小杯但焦糖玛奇朵、拿铁、卡布奇诺的价格分别为 26、27、22 元不等。

	小	中	大	超大
焦糖玛奇朵	26	29	32	36
拿铁咖啡	27	30	33	36
卡布奇诺咖啡	22	25	28	31

（二）心理定价策略

由于不同的消费者有不同的消费心理，我们对不同的消费心理进行了分析。由于星巴克的主要消费群体是收入较高、忠诚度非常高的白领阶层以及追求生活情调、讲究品位的小资阶层，根据这一群体的消费特点，我们决定主要采用以下两种心理定价策略：

1. 整数与尾数相结合的定价策略

实验表明在商品定价时有意定一个与整数有一定差额的价格，会对消费者有一种强烈的心理刺激作用，即提高消费者剩余。在我国常以奇数为尾数，如0.99，9.95 等，这主要是因为消费者对奇数有好感，容易产生一种价格低廉，价格向下的概念。而 8 由于与发谐音，在定价中 8 的采用率也较高。所以，考虑到不同类型的消费者的心理，我们在对星巴克的产品进行定价时主要用到

9，5，3 等基数以及 8 这个偶数。

另外，因为星巴克针对的是高收入群体，他们更多的是追求便利、简洁的，因此我们在定价时也会采用 20、30 这类的整数进行定价。

2. 声望定价策略

消费者一般都有求名望的心理，而星巴克在中国一直定位于一种高档咖啡消费，并且基于长期的品牌宣传，星巴克已经成功在中国消费者心中树立了"最好的咖啡"等于"星巴克"的形象，成为品味生活的代言词。因此，基于这种前期已经建立的品牌声望，我们继续将星巴克的产品制订比市场同类商品更高的价格，从而使顾客对星巴克产品形成信任感和安全感，而顾客也从中得到荣誉感，同时消除潜在消费者的购买心理障碍。所以，我们将这个价格区间定在高于同类产品价格 18%~22%。定价结果如表 1 所示。

表 1　星巴克产品定价表

冰饮系列	中	大	超
冰焦糖玛奇朵	31	34	37
冰香草拿铁	30	33	36
冰拿铁	27	30	33
冰卡布奇诺	27	3o	33
冰摩卡	30	33	36
冰美式咖啡	22	25	28
冰榛果拿铁(部分店)	30	33	36
冰摇红梅黑加仑茶	24	27	30
冰摇芒果木槿花茶	24	27	30

(三)折扣定价策略

虽然星巴克的消费群体主要是高收入阶层，但为了吸引顾客长期、大量购买星巴克的产品，同时吸引更多中收入阶层消费群体来体验星巴克产品，适当地采用折扣定价不失为一种挖掘潜在顾客，留住老顾客的好方法。

这里我们主要采用数量累计折扣定价，根据不同级别的会员，给予不同的优惠。如持有星享卡的会员，可在购买星巴克产品时积累星星，兑换星享俱乐部会员好礼。每累积消费 50 元可获赠一颗星星。星星越多，会员等级越高，好礼越丰富。而对于更高等级的会员，则赠送亲友邀请券、早餐咖啡券等，给予更高的优惠。

参考资料：

（1）来秀峰. 对星巴克定价问题的分析与思考[J]. 中国集体经济，2016(21)：62-63.

（2）刘敏. 星巴克在中国卖高价了吗[N]. 长江日报，2013. 10. 21(3).

（3）彭燕，宁宇. 对餐饮业成本和定价问题的思考—从星巴克的"高价咖啡"谈起[J]. 商业会计，2014(8).

（4）张晋光. 星巴克如何定价[J]. 企业管理，2006(12).

参 考 文 献

[1]赵改书，陈静. 企业定价[M]. 北京：中国人民大学出版社，2001.

[2]周菁华. 企业定价策略[M]. 重庆：重庆大学出版社，2012.

[3]吴振球，倪叠玖. 企业定价(第2版)[M]. 武汉：武汉大学出版社，2010.

[4]侯龙文. 企业定价方略[M]. 北京：经济管理出版社，2001.

[5]孙春芳. 现代企业定价方法[M]. 北京：中国市场出版社，2007.

[6]倪叠玖. 企业定价[M]. 武汉：武汉大学出版社，2005.

[7]沈倩岭，曹洪，臧敦刚，宋涛. 平台企业定价研究[M]. 成都：西南财经大学出版社，2018.

[8]赵改书. 现代企业定价理论与实务[M]. 北京：北京经济学院出版社，1996.

[9]董国姝. 不同供应链金融模式下的企业定价与订货策略[M]. 杭州：浙江大学出版社，2022.

[10]邵路路. 低碳经济背景下电动汽车企业定价与政府机理策略研究[M]. 北京：经济管理出版社，2019.

[11]宋贺. 风险投资对我国创业板上市企业定价效率的影响研究[M]. 北京：中国金融出版社，2020.

[12]赵立新，张更华，鲁杰钢，等. 价格博弈：上市公司并购中的估值与定价[M]. 北京：中国市场出版社，2021.

[13]李胜旗. 中国制造业出口企业加成定价研究[M]. 北京：中国财富出版社，2017.

[14]戴国良. 图解定价管理[M]. 北京：企业管理出版社，2018.

[15]林文斌，张明刚. 机械工业企业定价策略与方法[M]. 北京：机械工业出版社，1988.

[16]贾格莫汉·雷朱，张忠. 创新定价：世界知名企业的最大化盈利法则[M]. 北京：人民邮电出版社，2022.

[17]经济合作与发展组织. 跨国企业与税务机关转让定价指南[M]. 国家税务总局国际税务司，译. 北京：中国税务出版社，2015.

[18] 许蔚蔚. 煤炭企业兼并重组定价与融资风险[M]. 北京：应急管理出版社，2018.

[19] 千贺秀信. 定价即经营[M]. 北京：机械工业出版社，2021.

[20] 朱青，汤坚，宋兴义. 企业转让定价税务管理操作实务[M]. 北京：中国税务出版社，2003.

[21] 刘畅，苟于国，张玥等. 中小企业贷款定价体系：基于巴塞尔协议Ⅲ和商业银行资本管理办法的研究[M]. 成都：西南财经大学出版社，2014.

[22] 曹玉贵. 企业产权交易定价研究[M]. 北京：经济管理出版社，2011.

[23] 郑湘明，关健，吴承逊. 超竞争环境下企业并购定价与时机选择[M]. 北京：经济科学出版社，2019.

[24] 彭正昌. 股票市场错误定价、企业并购与财富效应[M]. 北京：中国经济出版社，2012.

[25] 周宏. 企业债券信用风险定价：理论与模型[M]. 北京：经济科学出版社，2018.

[26] 段翀. 基于风险溢价的小企业贷款定价研究及应用[M]. 北京：经济科学出版社，2018.

[27] 姚海鑫，刘志杰. 外资并购国有企业的股权定价研究[M]. 北京：商务印书馆，2015.

[28] 王可瑜. 企业经理人人力资本定价问题研究——基于博弈理论的视角[M]. 北京：经济科学出版社，2013.

[29] 梁雪春. 小企业信用风险及定价分析[M]. 北京：化学工业出版社，2012.

[30] 瑞兹盖提斯. 企业知识产权估价与定价[M]. 金珺，傅年烽，陈劲，译. 北京：水利水电出版社，2008.

[31] 曾勇. 基于增长期权的企业估值与资产定价——企业生命周期的视角[M]. 北京：科学出版社，2021.

[32] 张新鑫，申成霖，侯文华. 政府规制下制药企业创新激励与定价机制研究[M]. 北京：科学技术文献出版社，2018.

[33] 马常松. 考虑碳限额与交易政策的制造企业生产与定价模型研究[M]. 成都：西南财经大学出版社，2017.

[34] 祝继高. 定价权博弈：中国企业的路在何方？[M]. 北京：中国人民大学出版社，2012.

[35] 廖继全. 银行资金转移定价[M]. 北京：企业管理出版社，2009.

[36] 崔健波. 转移定价策略研究：基于企业目标优化视角[M]. 上海：立信会

计出版社，2016.

[37]韩大勇. 营销中的定价策略[M]. 北京：企业管理出版社，2006.

[38]赫尔曼·西蒙. 定价制胜[M]. 北京：机械工业出版社，2022.

[39]杨军昌. 公共定价理论[M]. 上海：上海财经大学出版社，2002.

[40]曾军平，杨军昌. 公共定价分析[M]. 上海：上海财经大学出版社有限公司，2009.

[41]卢洪友，卢盛峰，陈思霞. 公共品定价机理研究[M]. 北京：人民出版社，2011.

[42]王江，王镜. 博弈分析视角下的城市公共交通定价与补贴[M]. 北京：中国铁道出版社，2009.

[43]骆品亮. 定价策略(第四版)[M]. 上海：上海财经大学出版社，2019.

[44]蒂姆·史密斯. 定价策略[M]. 北京：中国人民大学出版社，2015.

[45]梁燕妮. 电动汽车充换电服务定价策略研究[M]. 北京：中国电力出版社，2021.

[46]朱红波. 智能电网实时电价定价策略[M]. 北京：经济管理出版社，2020.

[47]齐微. 基于顾客选择行为的产品线定价策略与优化研究[M]. 北京：中国经济出版社，2022.

[48]罗子灿. 消费者短视情况下以旧换新和定价策略对耐用品设计策略的影响[M]. 武汉：武汉大学出版社，2022.

[49]刘海英. 考虑消费者有限理性的动态定价策略研究[M]. 长沙：中南大学出版社有限责任公司，2018.

[50]内格尔. 定价策略与技巧：赢利性决策指南(第3版)[M]. 应斌，吴英娜，译. 北京：清华大学出版社，2003.

[51]郭军华，孙林洋. 再制造闭环供应链的定价策略与协调机制[M]. 北京：企业管理出版社，2022.

[52]IBMG. 国际商业管理集团. 超市卖场定价策略与品类管理[M]. 上海：工商联合出版社，2014.

[53]后东升. 零售店定价策略[M]. 北京：中国宇航出版社，2007.

[54]廖志宇. 房地产实战定价策略[M]. 北京：中国建筑工业出版社，2011.

[55]刘红红，田力. 跨国公司转让定价策略研究[M]. 北京：光明日报出版社，2010.

[56]郑文，王思淼，刘铮. 易逝品市场的定价策略[M]. 北京：经济日报出版社，2016.

[57]赵建民，沈建龙.餐饮定价策略[M].沈阳：辽宁科学技术出版社，2002.

[58]王毅达.网络零售：定价策略与渠道选择[M].北京：经济科学出版社，2008.

[59]辻井启作.涨上来，卖出去：产品定价策略[M].北京：电子工业出版社，2020.

[60]国际金融公司中国项目开发中心.定价与定价策略[M].上海：上海科学技术出版社，2003.

[61]李豪.航空公司机票销售双渠道供应链定价策略研究[M].北京：人民交通出版社，2019.

[62]陈云.网络时代企业渠道管理及定价策略[M].上海：上海社会科学院出版社，2007.

[63]马燕林.网络游戏运营的服务与定价策略[M].北京：知识产权出版社，2009.

[64]Thomas T. Nagle, Reed K. Holden. 定价策略与技巧(第三版)[M].北京：清华大学出版社，2002.

[65]丁雪峰.基于异质需求的再制造品定价策略研究[M].成都：西南交通大学出版社，2012.

[66]杨申燕.物联网环境下物流服务的创新与定价策略研究[M].武汉：湖北人民出版社，2016.

[67]应斌.定价策略与技巧赢利性决策指南(第3版)[M].北京：清华大学出版社，2003.

[68]刘永伟.转让定价法律问题研究——税法学研究文库[M].北京：北京大学出版社，2004.

[69]科斯塔斯·库康贝茨.通信网络定价——经济技术与模型[M].北京：北京邮电大学出版社，2007.

[70]姜春海.网络产业接入定价：一般理论与政策设计[M].大连：东北财经大学出版社有限责任公司，2011.

[71]李美娟.接入定价与网络竞争——基于中国电信业的分析[M].北京：人民出版社，2017.

[72]房林.网络产业互联互通的接入定价研究：以电信业为例[M].北京：中国统计出版社，2014.

[73]盛永祥.博弈视角下的网络产品与服务定价问题研究[M].南京：江苏大学出版社，2013.

[74]陈鹏程. 网络媒体环境下投资者行为与IPO定价研究[M]. 北京：经济科
　　学出版社，2018.

[75]曹晓刚. 不确定环境下的闭环供应链定价、协调与网络均衡决策[M]. 北
　　京：科学出版社，2018.

[76]倪渊，张健. 网络平台环境下数据、内容、服务以及技术资源价值评估及
　　定价[M]. 北京：经济管理出版社，2021.

[77]吴辉航，魏行空，张晓燕. 机器学习与资产定价[M]. 北京：清华大学出
　　版社，2022.

[78]周爱民，吴蕾. Excel与期权定价[M]. 厦门：厦门大学出版社，2011.

[79]陈志刚. 网络收益管理与定价研究[M]. 北京：中国物资出版社，2008.

[80]大卫·哈克特·费舍尔. 价格革命：一部全新的世界史[M]. X. Li，译.
　　桂林：广西师范大学出版社，2021.

[81]索尼亚·贾菲，罗伯特·明顿，凯西·B. 马里根. 芝加哥价格理论[M].
　　上海：东方出版中心，2021.

[82]陶华锋. 价格驱动：华为持续有效增长的秘密[M]. 北京：北京大学出版
　　社，2021.

[83]赫尔曼·西蒙，马丁·法斯纳赫特. 价格管理：理论与实践[M]. 吴振
　　阳，洪家希，译. 北京：机械工业出版社，2021.

[84]赫尔曼·西蒙. 定价制胜[M]. 蒙卉薇，孙雨熙，译. 北京：机械工业出
　　版社，2017.

[85]威廉·庞德斯通. 无价：洞悉大众心理玩转价格游戏(纪念版)[M/OL].
　　北京：北京联合出版有限公司，2017.

[86]陈颖. 病种价格再造[M]. 北京：中国医药科技出版社，2022.

[87]张永冀. 价格的情绪：随机到有序[M]. 北京：经济管理出版社，2018.

[88]钟海玥. 海域价格评估[M]. 北京：海洋出版社，2017.

[89]温桂芳，张群群. 中国价格理论前沿(2)[M]. 北京：社会科学文献出版
　　社，2014.

[90]邓郁松. 国际原油价格变化：机理与对策研究[M]. 北京：经济日报出版
　　社，2015.

[91]刘顺国. 与资本为伍——带你窥破价格波动的规律[M]. 北京：中国市场
　　出版社，2021.

[92]曹国奇. 价格形成机制体系研究[M]. 北京：九州出版社，2021.

[93]景春梅，刘向东，刘满平，苗韧. 城市燃气价格改革[M]. 北京：社会科

学文献出版社，2015.

[94] 戴维·奥斯本. 政府的价格：如何应对公共财政危机[M]. 商红日，吕鹏，译. 上海：上海译文出版社，2021.

[95] Lee B. Salez. 差异化营销：跳出价格战的无效陷阱[M]. 北京：电子工业出版社，2019.

[96] 于谦龙，陈林. 民用飞机航材价格管理研究[M]. 北京：企业管理出版社，2019.

[97] 聂竹青. 价格领地[M]. 深圳：海天出版社，2016.

[98] 杜海韬. 价格黏性的微观机制与货币政策研究[M]. 北京：中国经济出版社，2017.

[99] 杨娟. 蔬菜价格大数据研究[M]. 上海：上海科学技术出版社，2019.

[100] 张骏. 转售价格维持规制模式的多维透视[M]. 北京：社会科学文献出版社，2021.

[101] 拉巴赫·阿尔扎基，凯瑟琳·帕蒂罗，马克·昆汀，朱民. 大宗商品价格波动与低收入国家的包容性增长[M]. 王宇等，译. 北京：商务印书馆，2016.

[102] 张芳. 碳市场价格机制及区域协调发展研究[M]. 北京：经济管理出版社，2021.

[103] 刘静. 原油价格波动研究：基于时变组合方法与诸多指标的实证分析[M]. 成都：四川大学出版社，2020.

[104] 贺义雄，勾维民. 海洋资源资产价格评估研究[M]. 北京：海洋出版社，2015.

[105] 黄晓薇. 金融资产价格与主权信用风险[M]. 北京：对外经贸大学出版社，2015.

[106] 托马斯·图克. 关于价格和货币流通状况的历史（第 5 卷）[M]. 北京：中国财富出版社，2020.

[107] 朱显平，李天籽. 石油价格冲击对经济增长影响的研究——以中国为例的考察[M]. 长春：长春出版社，2012.

[108] 许咏梅. 中国茶叶价格形成的理论与实证研究[M]. 北京：中国农业出版社，2016.

[109] 李晓华. 生产要素价格上涨与中国工业发展模式转型研究[M]. 北京：经济管理出版社，2016.

[110] 史清竹. 马克思《工资、价格和利润》研究读本[M]. 北京：中国编译出

版社，2017.

[111]王春雷. 住宅市场价格泡沫及预警机制研究[M]. 北京：经济管理出版社，2011.

[112]刘吉双. 粮田流转价格补贴测度与分析研究——基于国家粮食安全战略的视角[M]. 北京：中国农业出版社有限公司，2021.

[113]吴桥. 原材料价格波动下制造商最优采购策略研究[M]. 杭州：浙江大学出版社，2020.

[114]张立中. 农产品价格波动与调控对策研究[M]. 北京：中国农业出版社，2018.

[115]保罗·米尔格罗姆. 价格的发现[M]. 北京：中信出版社，2020.

[116]康美药业股份有限公司. 康美·中国中药材价格指数报告·2016[M]. 广州：华南理工大学出版社，2017.

[117]谢飞. 对冲基金与国际资产价格[M]. 北京：首都经济贸易大学出版社，2019.

[118]白若冰. 生产价值论——兼论价格与货币[M]. 北京：商务印书馆，2010.

[119]许光建. 经济学与价格学基础[M]. 北京：中国市场出版社，2013.

[120]乔志敏，兰颖文. 价格评估学概论[M]. 北京：中国市场出版社，2013.

[121]王志飞. 当场签单：跳出价格战的价值营销法[M]. 杭州：古吴轩出版社，2019.

[122]张永平，孔庆贤，周胶生. 价格电子检查技术与应用[M]. 南京：南京大学出版社，2011.

[123]蒋和胜. 中国四十年价格改革研究[M]. 成都：四川大学出版社，2019.

[124]刘世炜. 农产品支持价格研究[M]. 成都：四川大学出版社，2018.

[125]朱晓辉，符继红. 旅游景区门票价格优化研究[M]. 北京：社会科学文献出版社，2017.

[126]原英. 农地非农化的价格确定问题研究[M]. 北京：中国农业大学出版社，2016.

[127]胡昌生，池阳春. 投资者情绪与资产价格异常波动研究[M]. 武汉：武汉大学出版社，2014.

[128]余杨. 光伏多晶硅原料国际价格形成机制研究[M]. 杭州：浙江大学出版社，2021.

[129]杜金富. 价格指数理论与实务[M]. 北京：中国金融出版社，2014.

[130]史录文. 药品价格形成机制研究[M]. 北京：中国协和医科大学出版

社，2017.

[131]国网能源研究院. 国际能源与电力价格分析报告[M]. 北京：中国电力出版社，2013.

[132]中国人民银行价格监测分析小组. 价格监测分析报告(2014年)[M]. 北京：经济科学出版社，2015.

[133]唐要家. 三级价格歧视竞争效应与反垄断政策[M]. 北京：经济科学出版社，2016.

[134]邹文理. 中国货币政策对股票价格的影响及其传导机制[M]. 北京：社会科学文献出版社，2014.

[135]李建琴. 中国转型时期农产品价格管制研究(以蚕茧为例)[M]. 杭州：浙江大学出版社，2006.

[136]胡志强. 我国新股发行的价格行为、市场时机与IPO浪潮研究[M]. 武汉：武汉大学出版社，2011.

[137]温海珍. 城市中心演变对住宅价格影响的时空效应研究[M]. 杭州：浙江大学出版社，2020.

[138]李靓，穆月英. 基于产业链视角的蔬菜价格形成研究[M]. 北京：中国经济出版社，2020.

[139]王伟国. 我国棉花价格预警研究[M]. 北京：中国农业出版社，2014.

[140]国家发展和改革委员会价格认证中心. 涉案财物价格认定与鉴定案例选编[M]. 北京：中国市场出版社，2014.

[141]程飙. 市场价格学[M]. 广州：暨南大学出版社，2009.

[142]洪隽. 城市化进程中的公共产品价格管制研究[M]. 武汉：武汉大学出版社，2013.

[143]王德章. 价格学(第二版)[M]. 北京：中国人民大学出版社，2011.

[144]李秋香，陈兴礼. 基于创新和服务的企业动态价格博弈及应用[M]. 北京：中国经济出版社，2020.

[145]赵建国，李贤儒，李自炜. 医疗服务价格规制对控制卫生费用的影响研究[M]. 大连：东北财经大学出版社有限责任公司，2019.

[146]利·考德威尔. 价格游戏：如何巧用价格让利润翻倍[M]. 杭州：浙江大学出版社，2017.

[147]余喆杨. 资产价格波动与宏观经济稳定研究[M]. 北京：中国农业出版社，2011.

[148]孔庆龙. 资产价格波动与银行监管[M]. 北京：人民出版社，2012.

[149]李伟伟. 基于复杂网络的我国蔬菜价格波动及传导特征研究[M]. 北京：中国农业大学出版社，2017.

[150]岑福康. 特大型城市国有建设用地价格体系理论与实践[M]. 上海：同济大学出版社，2014.

[151]Leigh，Caldwell，钱峰. 价格游戏——如何巧用价格让利润翻倍[M]. 杭州：浙江大学出版社，2017.

[152]杨春贵，云金平. 森林资源资产价格评估案例选编[M]. 北京：中国市场出版社，2013.

[153]国家统计局城市社会经济调查司，2013 中国价格统计年鉴[M]. 北京：中国统计出版社，2013.

[154]盛积良. 委托投资组合管理合同、绩效与资产价格研究[M]. 北京：经济管理出版社，2019.

[155]于江. 农产品价格风险预警及风险管理模式研究——以鸡蛋价格为例[M]. 北京：中国金融出版社，2016.

[156]李建平. 价格学原理[M]. 北京：中国人民大学出版社，2015.

[157]常雪. 消费者价格评价研究[M]. 天津：南开大学出版社，2017.

[158]余芳东. 我国空间价格水平差异的比较研究——基于购买力平价(PPP)视角[M]. 北京：经济科学出版社，2016.

[159]刘慧，矫健，李宁辉. 我国杂粮价格波动与影响研究[M]. 北京：经济科学出版社，2013.

[160]弗里德曼. 价格理论[M]. 北京：华夏出版社，2011.

[161]张化中. 价格预测方法与案例分析[M]. 北京：中国市场出版社，2012.

[162]赵小平. 价格管理实务[M]. 北京：中国物价出版社，2005.

[163]白瑞雪，白暴力. 价格总水平上涨的机制与原理[M]. 北京：经济科学出版社，2010.

[164]赵玉. 价格波动、传导与风险控制——以大宗农产品为例[M]. 北京：中国经济出版社，2015.

[165]阮加. 价格变动中的需求变动与就业变动：将货币和分工作为内生变量的分析[M]. 北京：中国社会科学出版社，2007.

[166]史璐. 价格管制理论与实践研究[M]. 北京：知识产权出版社，2012.

[167]田杨. 价格宏观调控法律制度研究[M]. 北京：群众出版社，2019.

[168]尹少成. 价格听证制度研究——行政法与法经济学的双重视角[M]. 北京：中国政法大学出版社，2017.

[169]中国银行业协会.《商业银行服务价格管理办法》理解执行手册[M]. 北京：中国金融出版社，2015.

[170]谢平. 中国金融四十人论坛：价格的逻辑[M]. 北京：中国经济出版社，2011.

[171]张维迎. 价格、市场与企业家[M]. 北京：北京大学出版社，1995.

[172]詹姆斯·C，安德森，尼尔马利亚·库马尔，詹姆斯·A，纳鲁斯. 向价格战说不——价值销售的赢之道[M]. 北京：商务印书馆，2011.

[173]尹隆. 媒体市场广告价格问题研究[M]. 北京：机械工业出版社，2013.

[174]罗光强. 中国农产品价格波动与调控机制研究[M]. 北京：经济科学出版社，2014.

[175]谢佑权. 商业经济与价格问题研究文集[M]. 北京：经济科学出版社，2011.

[176]宋洪远. 粮食价格波动、形成机制及调控政策研究[M]. 北京：科学出版社，2019.

[177]高艳云. 价格指数的理论与方法[M]. 北京：中国财政经济出版社，2008.

[178]叙永金，许增巍，苗珊珊. 价格波动、福利效应与中国粮食安全[M]. 北京：中国社会科学出版社，2015.

[179]徐鹏. 价格形势分析的理论与实践[M]. 北京：中国经济出版社，2012.

[180]钟敏龙. 价格营销学[M]. 广州：广东人民出版社，2019.

[181]周陈曦. 价格型调控转型中货币政策操作目标的效力检验[M]. 北京：中国金融出版社，2019.

[182]肖橹，刘茂红. 价格波动风险下钢铁业的营销管理研究[M]. 北京：北京大学出版社，2016.

[183]胡超. 极简市场营销：完整体系和落地打法[M]. 北京：北京联合出版有限公司，2020.

[184]托马斯·巴塔，帕特里克·巴韦斯. 深度营销：营销的 12 大原则[M]. 美同，译. 北京：北京联合出版有限公司，2019.

[185]克莱尔. 布鲁克斯. 共情营销[M]. 肖文键，译. 天津：天津科学技术出版社，2019.

[186]陈明宇，曹大嘴，傅一声. 大客户营销[M]. 北京：电子工业出版社，2021.

[187]戴维·刘易斯. 心理学家的营销术：如何操控消费者的潜意识、思维过程和购买决定[M]. 张淼，译. 广州：广东人民出版社，2015.

[188]特里·奥莱利. 让营销变简单(北美广告业终身成就奖获得者奥莱利的15堂营销战略课)[M]. 长沙：湖南文艺出版社，2021.

[189]罗建幸. 营销基本功[M]. 北京：机械工业出版社，2020.

[190]武永梅. 社群营销[M]. 天津：天津科学技术出版社，2017.

[191]姜桐. 赋能营销[M]. 北京：当代中国出版社，2021.

[192]官税冬. 品牌营销：新零售时代品牌运营[M]. 北京：化学工业出版社，2019.

[193]徐淼. 营销的原点：如何培养一个人的营销思维[M]. 北京：中国商业出版社，2022.

[194]叶茂中. 营销的12个方法论[M]. 北京：机械工业出版社，2020.

[195]达夫. 全能营销[M]. 北京：中国华侨出版社，2021.

[196]杨峻. 营销和服务数字化转型：CRM3.0时代的来临[M]. 北京：中国科学技术出版社，2020.

[197]孟庆祥. 华为饱和攻击营销法[M]. 北京：北京联合出版有限公司，2021.

[198]陈军. 大营销管控：持续做大做强的科学管控体系[M]. 北京：电子工业出版社，2018.

[199]张晓岚. 营销诡道——成长型企业市场销售谋略实录 成长型企业"赚钱"的实战体系[M]. 北京：电子工业出版社，2017.

[200]吴越舟. 资深营销总监教你搞定工业品营销[M]. 北京：北京联合出版公司，2015.

[201]贾丽军. 顶级品牌营销九式：中国艾菲实效排名50强营销秘诀[M]. 北京：中国市场出版社，2014.

[202]窦文宇. 内容营销：数字营销新时代[M]. 北京：北京大学出版社，2021.

[203]渠成. 全网营销实战：开启网络营销4.0新时代[M]. 北京：清华大学出版社，2021.

[204]聂风. 全域营销：付费增长与流量变现实战讲义[M]. 北京：电子工业出版社，2021.

[205]曹媛媛. 社群营销策略与实战[M]. 长春：吉林大学出版社，2021.

[206]胡希琼. 私域流量营销——私域+爆品，IP时代营销方法论[M]. 北京：电子工业出版社，2021.

[207]李光斗. 故事营销[M]. 北京：机械工业出版社，2020.